中国传媒大学"十二五"规划教材编委会

主任： 苏志武　胡正荣

编委：（以姓氏笔画为序）
　　　王永滨　刘剑波　关　玲　许一新　李　伟
　　　李怀亮　张树庭　姜秀华　高晓虹　黄升民
　　　黄心渊　鲁景超　廖祥忠

广播电视新闻专业"十二五"规划教材编委会

主编： 赵淑萍

编委： 刘　宏　曾祥敏　杨凤娇　崔　林　曹晚红
　　　曹培新　徐培喜　李　智

广播电视新闻专业"十二五"规划教材

新闻传播理论

刘宏 栾轶玫 著

中国传媒大学出版社
·北京·

目 录

绪 论 ·· 1

第一章 新闻传播的起源 ··· 1
  第一节 传播的历史演进 ·· 2
  第二节 印刷媒介的复制模式 ······································ 10
  第三节 电子媒介的感官革命 ······································ 13

第二章 新闻传播的本源 ·· 19
  第一节 新闻传播的基本概念 ······································ 20
  第二节 新闻传播的本质 ·· 34
  第三节 新闻传播的结构 ·· 40

第三章 新闻传播的社会功能 ··· 43
  第一节 传播的社会功能 ·· 44
  第二节 新闻的社会功能 ·· 50
  第三节 新闻传播功能优化 ··· 55

第四章 新闻传播的传者 ·· 57
  第一节 传者理论 ·· 58

第二节　传者人格 …………………………………………………………… 67
　　　第三节　新媒体时代传受一体化 ………………………………………… 70

第五章　新闻传播的受者 ………………………………………………………… 74
　　　第一节　受者理论 …………………………………………………………… 75
　　　第二节　受者人格 …………………………………………………………… 78
　　　第三节　新闻传播的效果 …………………………………………………… 82

第六章　新闻传播的介质 ………………………………………………………… 94
　　　第一节　纸质媒介 …………………………………………………………… 95
　　　第二节　电子媒介 …………………………………………………………… 99
　　　第三节　新媒介 …………………………………………………………… 107

第七章　新闻传播的过程 ………………………………………………………… 112
　　　第一节　新闻传播的实现 ………………………………………………… 113
　　　第二节　新闻的生产 ……………………………………………………… 124
　　　第三节　融媒体时代的新闻生产 ………………………………………… 135

第八章　新闻传播的伦理 ………………………………………………………… 144
　　　第一节　新闻传播的伦理范畴 …………………………………………… 145
　　　第二节　新闻传播的伦理流派 …………………………………………… 148
　　　第三节　新闻传播的伦理和谐 …………………………………………… 151

第九章　新闻传播的政策 ………………………………………………………… 162
　　　第一节　传播的控制 ……………………………………………………… 163
　　　第二节　新闻政策 ………………………………………………………… 170
　　　第三节　新闻传播的调控优化 …………………………………………… 174

第十章 新闻传播的法制 ·················· 184

第一节 西方的传播法 ················ 185
第二节 中国的政策和规制 ············ 191
第三节 新媒体时代的媒介监管 ········ 197

第十一章 新闻传播的研究方法 ············ 204

第一节 马克思主义新闻观 ············ 205
第二节 新闻传播的研究方式（新型研究方法展望）········ 211

结 语 ································ 215

绪论　新闻理论和传播理论的结合

一、新闻无学吗？

新闻学的历史并不长，新闻的理论史比起其实践史来说要短得多。从新闻作为一门学科创建以来，一直就有质疑的声音。这种质疑声不仅仅来自外部的其他学科，甚至也来自新闻界内部。因为比起其他学科，新闻界一线的人员经常嘲笑高校或者研究所的新闻理论。

虽然在中国已有几百所高校设有新闻院系或者专业，且新闻理论的书籍已经更新了好几代，有关新闻无学的论调已经日渐式微，但是不可否认，怀疑的眼光依然存在。

一门学科的存在很大程度上是依赖于它的理论部分，而新闻学的情况是它的史学部分研究得最为透彻，也最具学术价值。业务部分就不必说了，因为新闻本就偏重实践性的学科。相比较而言，新闻理论就成了弱项，这也是频频出现新闻无学论这种论调的一个重要原因。

从国际角度分析，西方的理论研究也与中国有所不同，西方的理论和实践的分工非常明确，理论的提纯比较明显，换言之，理论比较纯粹。具体到新闻学来言，其更多地被纳入实践的范围，但也会有一些应用理论，比如，在西方的很多高校中，教授新闻学的老师往往来自新闻实践一线，不一定需要获得博士学位。而教授传播学的老师则偏重于理论，基本上都需要拥有博士学位。反观中国，我们身处亚洲，有东方人的思维特点，讲究整体性，理论和实践的界限划分得不是特别清晰。且我们的新闻理论在早期受到日本和苏联的影响。

就"新闻无学"这个说法而言，它似乎在中国表现得更加强烈，也就是说，这个说法的始作俑者好像是中国人，并且这种说法有着浓厚的政治背景。很多人认为新闻和政治靠得最近，因此，政治理论完全可以取代新闻理论。

二、传播学能够取代新闻学吗？

在 20 世纪后期中国改革开放以后，西方的传播学被引入中国，很多新闻学人对此是有抵触的，因为他们怕传播学会取代新闻学。此外，一些新闻学人认为传播学不过是用了新的词汇替代了新闻学的概念，所谓换汤不换药。

之后，还发生过新闻学和三论结合的事件，三论指的是信息论、系统论和控制论。这种突围可以看作是新闻学对传播学的一种回避，恰恰在这个时期，中国特别重视科学，尤其是自然科学，因此，很多研究社会科学和人文科学的都热衷于与自然科学的嫁接，希望能够搭上自然科学这条船，借船出海。但是，这种突围很快被证明是失败的，留给新闻学的就只剩下信息论的信息定义。

在经历过这段弯路后，新闻学又重新回到了传播学的身边。这时候，有人提出了保卫新闻学的观点，希望能够阻止传播学对新闻学的影响。这种观点包含了一种误解，认为新闻学和传播学实在是太像了，如同双胞胎，传播学就等于西方的新闻学，并且传播学的外延比新闻学广，因此，终有一天传播学会完全取代新闻学，或者是通过合并来吞噬新闻学。

这种突围和担心是有一点中国特色的，因为这种情况看上去并未在西方出现，换句话说，西方的新闻学并没有中国的新闻学发展得强大，甚至可以说，新闻学是被视为一种应用理论，偏重于实践，因此，它和传播学的区别还是很明显的。

三、为什么把新闻学和传播学放在一起？

原因之一：新闻学和传播学都是交叉学科。

它们靠得最近，如果把新闻替换成信息，它们就更像了。换言之，它们的研究对象非常相似，只不过信息的概念比新闻广，但是新闻又不完全等同于信息，因为新闻是一种特殊的信息，而传播学是在研究一般的信息。

从研究的历史来看，新闻学和传播学的年纪差不多；而从研究对象的历史来说，传播学要比新闻学古老得多，因为信息的历史要远比新闻的历史长。从信息到新闻，可以说是人类的一种阶段性进步。

虽然很多学科都对新闻学有所帮助，但是，坦率地说，对新闻学影响最大的应该是传播学，更确切地说，是大众传播学。事实上，大众传播学的飞速发展时期也正是新闻学方兴未艾的阶段，这似乎是一种不谋而合。中国的情况也是如此，我们引进最多的也是大众传播学，主张保卫新闻学的人所针对的也正是大众传播学，因为在传播学中，与新闻学最吻合的就是大众传播学。

原因之二：新闻学和传播学的互补关系。

新闻学的研究侧重于动机和效果，而传播学的研究偏重于过程和结果，因此，新闻学和传播学在研究上存在互补的关系。过程研究是新闻学研究的一个软肋，而这一点正好是传播学研究的强项，在此，新闻学与传播学可以各取所需。

从研究方法上来看，新闻学研究基本上都是定性研究，而传播学擅长于定量研究，在这一方面它们也可以互补。

原因之三：新闻传播学已经成为一门学科。

在中国，新闻学和传播学已经结合成一门新的学科，在高校中它们也大多是合二为一的。同时，不只是高校的专业院系这样划分，社会上的研究机构也是这么组合的。

chapter 1

第一章　新闻传播的起源

本章要点

1. 梳理新闻传播的历史
2. 阐述印刷媒介的诞生及其带来的复制模式
3. 阐述电子媒介带来的感官延伸,介绍电子媒介时代的几种传受模式对新闻传播历史的梳理至少有几个好处：一是可以从中看到一些新闻传播的演变规律，这对未来的社会发展也有意义；二是让我们能够以纵向的角度理解媒介的生态状况；三是能够让我们进一步靠近新闻的起源。就历史而言，几乎任何历史都可以既是独立史，又是关联史。本章力图采用照顾到这两种历史的叙述方式。人类历史上第一次大规模的文明普及可以说与文字的发明有关，因此，我们用了很长的篇幅来分析纸质媒介的变化。广播电视和网络在某种程度上来说都是感官媒介，也就是说，它们改变了我们的感官世界，创造了感官文明，同时这种文明至今仍然深刻地影响着我们。

第一节　传播的历史演进

一、新闻的起源

马克思指出："最初人类表现为种属群、部落体、群居动物。"[①] 较早出现的原始群称为"游群"，通常包括男女20～45人。[②] 从人类的社会关系来探讨新闻的起源，可以看出，人类是群居动物，因此人与人之间必然会产生各种联系、发生各种关系，而这些关系的建立和维护是要以一定的信息为基础的。没有群居就没有社会，也就无法进行人类繁衍并进一步构成人类社会。所以，早期的西方新闻学者也从人类的群居性看到了新闻产生的另一个重要根源，那就是由于群居而必须交流的欲望。对这种强调交流的群居来说，依据的不仅是人的自然性，还有人的社会性的一面。

---

① 《马克思恩格斯全集》，中文1版，第46卷（上），497页，北京：人民出版社，1979。
② 参见〔德〕亨利希·库诺夫著，袁载繁译：《马克思的历史、社会和国家学说》，84页，上海：上海人民出版社，1966。

> **背景延伸**
>
> **人类历史上有没有原始新闻？**
>
> 在人类历史上，究竟有没有原始新闻？这是一个有争议的问题，问题出在对新闻概念的理解上。新闻和信息究竟有什么区别？所有的新闻都是信息；但是，所有的信息却未必是新闻。今天，我们甚至还可以这样来区分二者：新闻是包含政治的，信息却不是。所以，很多人打着信息的幌子做新闻，因为这样很安全。信息是实用的，更讲究服务性；而新闻似乎更侧重精神层面，或者说更具有公共性。信息更娱乐一些，新闻更严肃一些。信息基本上没有什么时间限制，新闻强调时效，有生产周期。信息不那么强调真实性，而真实性是新闻的生命。新闻是"带着响的、能够炸的、有社会反应的"。而信息没有这种效果。
>
> 如果进一步分析，在新闻和信息之间似乎存在着什么模糊的东西——如同一个灰色地带——也许我们可以称之为"信闻"。就是既像新闻，又像信息。或者说它是似是而非的，看上去只有信息专业人员才能判断这种差别。
>
> 再回到历史，最初的新闻是什么样的？没有记录供我们判断。但可以推测的是，在原始社会，信息和新闻的概念还很难分清楚，信息传播早于新闻传播，我们今天推断新闻的历史更多是从新闻的传播形式而非内容出发。比如说，我们已很难推断出人类历史上的第一条新闻是什么，第一条信息是什么。

语言为原始的信息传播提供了思想媒介，这是人类最早的意媒，它构成信息传播的符号。在原始社会，知晓欲和呼告欲是人类生存意识的体现，可归结为传播媒介产生的心理因素。呼告欲反映了人类报告信息的强烈欲望。知晓欲是听取信息的强烈欲望，给报告信息者带来快慰。知晓欲和呼告欲作为传播信息的心理互映，表现出人类种群延续的互动关系和自卫能力。这可以算是本能说，认为新闻的产生源自人类本能的需要。若用马斯洛的需要层次理论来解释，主要是指最初的两个层次，即"生理"和"安全"。

还有另一种看法可以纳入好奇说，他们认为新闻是由于人类对外界以及自身的好奇而产生的。持好奇说的新闻学者认为，人类对外部世界的好奇心是产生新闻行为的根本原因。"好奇说"是西方比较流行的一种新闻思潮，直至20世纪40年代，西方理论家还认为，好奇的本能是新闻媒介产生的首要原因。这一说法的代表人物主要是美国新闻教育家约斯特。他在《新闻学原理》一书中，对于新闻起源的问题提出如下的观点：人一生下来就有一个能够进行传播的"说话器官"和"听觉器官"。

还有人认为，新闻传播的产生源于人类自身具有的"新闻欲"，即本能。今天几乎所有关于新闻起源的猜测都指向了信息，除了媒体，或者说媒介机构。换句话说，新闻起源问题一定程度上等于新闻机构的产生问题。

延伸阅读

对新闻的起源还可以有另外一种猜测，到目前为止，主要有两个说法，一个是商业，另一个是战争。也许我们可以再加上一种可能，就是人类为应对重大危机而创造了传播媒体。理由是如今危机传播越来越受重视，并且传媒的日常功能越来越弱。当然，这是倒推历史，毕竟媒体的历史并不长。

二、原始信息的传播方式

（一）游群身体传播

较早出现的原始组织称为"游群"，由血缘家庭构成，通常包括男女20～45人，这时候原始社会组织开始形成。游群相互传播手势和口头信息，身体成为天然的媒介载体。先民活动的范围仅仅局限于"游群"之内，属于群体传播时代。

群体的定义是什么？现在比较通用的方法似乎是以人数为标准。在中文字面意义上，群体和集体又有什么差异呢？集体有褒义色彩，而群体有贬义味道，群体目前更多被视为乌合之众。群体这个概念现在有被妖魔化的趋势，群体和组织似乎成了对立物。问题是，群体传播最后是否都会走向组织传播？然后，在组织内部又出现去组织化，重新格式化，回到了原始的群体传播？群体传播和组织传播的区别又是什么？如果我们把群体定义为没有组织化的一群人，那么群体传播似乎就是无政府主义的传播。从某种意义上说，组织化就是一种格式化，是要在群体中形成中心和层级。假如大众传播被一个组织控制，那么大众传播就很有可能演变为一种扩大化的组织传播，只不过它更加外部化。群体传播对应的是个体传播，新媒体给我们带来的是个体传播时代，还是个人群体混合传播时代？

那么，群体传播是古已有之吗？这个问题涉及人类的传播本能，也有关群体传播的动机。人是群居动物，应该有群体传播，但是，古时的传播概念和今天相比会有很大的不同。当我们研究群体心理时，我们好像在研究一个久远的时代。而当我们研究群体传播时，我们似乎又回到了现在。总之，群体传播和群体心理仿佛存在某种时间段上的不匹配。因此，当我们用群体心理的理论来研究群体传播时，就有点借古讽今的感觉。群体传播的动机是什么？它和人类的传播本能又是什么关系？群体心理通常比个体心理复杂，群体传播往往是分层的，或者说是分阶层的，隔断的。因此，很难看到群体对群体的传播，更可能看到个体对个体的传播。

群体传播是不是一个伪命题？换言之，历史上到底有没有群体传播？如果说有群体传播，那么相应就该有个体传播。问题是，群体传播是混乱的传播，还是有序的传播？意见领袖在其中起什么作用？群体传播和普通的大众传播有什么区别？群体传播是一个群体对另一个群体的传播吗？

（二）母系氏族的闻讯传播

大约在 300 万至 350 万年以前，原始人的群居进入到规模更大的母系氏族社会，几个家族共居，群体的最高人数达四五百人，人类活动空间扩大，仅仅用口语、手势传播信息无法让大家都能听到和看到，由此出现了实物、烟火和击鼓传信，统称闻讯传播。

（三）部落的初级符号传播

距今约 5,500 年至 4,000 年前，中国父系氏族社会出现，更多不同血缘的家庭结成部落公社，人类开始定居，孕育出氏族制度。人类活动的范围进一步扩大，人类常常离开村落，到几百里以外去打猎，用烟火、鼓声等自然介质传播信息产生了困难。于是，人类广泛应用图示信息、结绳信息使身外传播的空间扩大，这些被统称为初级符号传播。

（四）奴隶制和封建社会的文字传播

由于国家的出现，人类活动的范围扩大到方圆近千里，甚至数万里，要求有远距离和异时的信息工具。人类发明了文字，出现了能够携带或运输的手抄新闻。文字不仅可以表达信息，还可以用来陈述复杂的思想，对事件进行深刻的分析，这是人类创造的高级传播符号。到封建社会，文字已经十分完善，与图示和结绳记事相比，这个时候已出现高级符号传播。

文字的发明通常被认为是人类复制史上的一场革命。从历史的角度看，人类早期的庙宇建设也是一种复制，方便大家前往，不必跋山涉水。而今天人们到各地去是为了看不同的东西，于是，复制文明发生了危机。比如，中国的高楼大厦常常被视为复制了西方城市。用中国古话说：成也萧何败也萧何。媒体得益于复制文明，如今又打击了复制的概念。

三、原始信息媒介的进化

原始信息思维的形成，为媒介的发现和运用构筑了意识基础，成为人类创造历史的直接结果。人类历史的主要内容不是自然史，而是利用自然的思维活动史及其成果史。原始信息推动着原始信息媒介的产生，在原始生产力、原始社会关系和原始思维的跨度中架起了意义的桥梁。它不断由简单向复杂的介质跨越，但却无法挣脱当时的生产力框架。从媒介角度看，信息思维可以理解为介质思维，比如说现在流行的互联网思维，还有影像思维。

从某种意义上说，人类的媒介史也是一部身体史。如今有苹果手机以后，媒介变得"性感"了，历史地看，从手托书到手翻书，从电视遥控器到电脑鼠标，最后是触摸屏。媒介离我们的身体越来越近，直到变成了我们身体的一个部分。麦克卢汉说："媒介是人的身体的延伸。"当我们说媒介越来越人性化时，有可能是在说媒介越来越身体化，媒介开发了我们的身体。我们今天有体验式采访，那么，有没有体验式媒介？除去纸质媒介和广播不算，电视让人有身临其境的感觉，特别是直播。而手机让人的这种感觉更明显，有苹果手机以后，媒介似乎激发了我们的触觉。从听觉到视觉再到触觉，媒介的体验感好像在增强。从别人替我们体验，到自我体验，触觉媒介显得更为重要。

（一）"手势语"传播

语言的形成有一个漫长的过程，因此，"手势语"才成为人类最初的表达手段。我们的祖先在短时间内不可能编码出复杂的有声语言，并且这种语言还要被一定范围内的人们所认同，以便形成众群落约定俗成的"音码"。手势媒介具有直观性和简单的模拟功能，容易被同伴理解和反馈，在人类早期被广泛用来相互传播信息，完全是可能的。

手势语是一套有意义（"语义"）的手势符号，构成无声的意媒系统，和手臂这一介质融合为最早的传播媒介。手势符号必定是一个一个出现的，每个手势都把一定的意义固定下来，为大家所共同理解和接受。作为思维交流的手段，手势意媒离开现实的操作对象和操作过程，脱离具体事物的时空，就能取得与语义的吻合。"如果从体质状况和条件来看，早期猿人和晚期猿人只能具有一种正在形成中的手势语言，早期智人才能建立一套手势语言的符号系统。"[①]

手与臂是介质，与手势构成人身媒介。在黑夜和障碍物阻隔的条件下，手语无法把信息传给对方，远古的人类不得不采用其他手段。可以肯定，手势语只是原始社会信息传播的古老媒介之一，它在某些大陆可能最先应用，也可能和有声语言及下面的几种粗糙的媒介同时存在。

（二）口头传播

有声语言完善到能够达到交流的程度，出现了原始信息的口头传播，语言和说话器官

---

① 刘文英：《漫长的历史源头》，384页，北京：中国社会科学出版社，1996。

构成口语传播媒介。人类有了语言，口头新闻随时都可能在人与人之间进行传播，这种人人自有的媒介在今天也是交流新闻的普遍形式。

口语新闻媒介曾被许多国家使用，自古至今一直延续下来。奴隶制时代的罗马帝国曾设置过口语新闻"机构"。恺撒大帝在边境设立关卡，盘问从他国来的旅行者，搜集他们的见闻，详细调查他国的政治、兵制和军备、人民的生活状况。罗马人喜欢打听异闻奇事，他们常常围着远来的旅客，询问远方的消息。有的以此为业，在集市上向市民宣讲，以此获取酬报。他们把新人新事编成诗歌，走遍各个城郭，口中吟唱，报告重要新闻。除此之外，也有人在咖啡店谈论时事，议论社会政局。例如，古时伦敦的咖啡店就常有贵族、政治家、有名或无名的文人聚集，彼此交换消息、探听秘闻，[1]古代的口语新闻逐步成为阶级社会中一种国家行为或商业行为。

公元前59年，尤利乌斯·恺撒在当选为罗马执政官后不久，即发布命令："今后元老院的工作报告，务须每日公布。"为此，罗马政府就在罗马议事厅外大街上立了一块涂上石膏的木板，每天在上面书写文字，报道元老院的议事情况。当时称其为"阿尔布"（Album），后人则称其为《每日纪事》。《每日纪事》在形式上与现代的阅报栏颇为相似，其内容除记录元老院议事外，还记录本城婴儿出生和死亡的人数，各项税收入库情况，法庭审判及皇族活动等。当恺撒拒绝称王时，《每日纪事》还发表评论赞扬他。

恺撒在公元前44年遇刺身亡，他的外甥屋大维成了罗马最高统治者。公元前27年，屋大维被元老院尊推为"奥古斯都"，罗马帝国由此成立。公元前6年，屋大维创办了《每日纪闻》。其报道内容，主要有帝国政事、战争消息、刑事案件、名人言论、宗教活动和议会记录等。屋大维本人亦曾为《每日纪闻》撰文，反对罗马人的大家庭制度。该报除公开张贴外，还由书记员抄写多份，分送给首都及各大都市的政界要人和驻各地的军队。至公元2世纪时，罗马帝国的版图已把现在的西班牙、德国、英国、土耳其、伊拉克西部和非洲北部包括在内。《每日纪闻》也传播到了上述各地。

古代雅利安部族中的行吟诗人是口语发展的产物，他们又是促进口语发展的因素。他们向人们弹唱或背诵以往史事和在世的头人的事迹；他们还讲述自己编撰的故事。就其承担的职责和使命而言，他们是活的书本，活的人物史，是历史学家，同时也是最早报道现实变化的新闻记者。古希腊著名的史诗《伊利亚特》和《奥德赛》，就是这些行吟诗人历代累积的成果。

延伸阅读

古希腊还有一次著名的口头新闻传播，在公元前490年5月，波斯帝国重兵侵犯希腊城邦，在雅典东北部的马拉松平原登陆。希腊人奋起抗击，以弱敌强，终于取得了辉煌的胜利。士兵菲迪皮茨奉命从40多公里外的马拉松战场以最快的速度跑回雅典，向聚集在中央广场的人群激动地宣布："我们胜利了，雅典得救了"，一报道完这一重大消息，他就倒地牺牲了。为了纪念菲迪皮茨，人们创立了马拉松长跑比赛。

---

[1] 参见郭步陶：《申报新闻函授学校讲义》，25页，上海：商务印书馆，1935。

(三) 实物媒介的远程传播

以某些物体作为意媒和介质,构成原始社会的实物信息媒介。实物不是意符,但利用实物的特征代表一种意义,就成为一种象征性的意媒,它本身同时也是介质。实物媒介往往具有一定的稳固性,比如说,烽烟和石头。而玫瑰花作为意媒则是后来的事。

实物媒介在原始社会只在一定范围内使用,是一种特定的通信手段,严格地说,它的信息传播功能并不明显。一般而言,实物媒介的使用需要具备如下条件:一是部落内对实物的含义事先作过约定,用实物把信息告诉暂时无法见面的接收者;二是当事人双方面临共同的处境或发生冲突时,用实物通知对方或向对方发出警告,使对方作出某种反应。

实物媒介作为口语新闻的补充,脱离了传播主体的存在,具有初步的客体形式,是人类最早的身外新闻载体。实物媒介使新闻储存于一定的介质上,给处于异地或从事不同行业的人送达信息,开始了新闻的远程和异域传播。身外媒介的使用还表明,与意媒相分离的固态化介质开始出现,信息的含义记录在固态载体上,需要远距离知情者的破译才能知晓。实物媒介可以划归为加拿大学者英尼斯所说的偏向时间的媒介,古老、稳定、久远。在原始社会,这种不易挪移的媒介反而是最方便的。

(四) 声光传播

原始社会的声光信息媒介,多指用鼓声、烽火和烟雾传播信息。鼓声、烽火和烟雾都是物理现象,发生后很快消失,需要事先对信号的含义进行约定,并在视听能力所及的范围内使用。这种媒介传播的共时性和距离限制,制约了其传播范围。

声光媒介对物理现象的运用,扩大了原始信息的传播速度和距离。声光传播作为人类视觉和听觉媒介的最初开发,是人类追求传播时效的萌芽。但这种媒介只能报告简单的讯息,无法叙述事件详情,也不具有记载功能。有些烟火的颜色可以代表特定的含义,如青烟、白烟、红烟、黑烟、紫烟等表达不同的意思,但无法表达事实的细节。例如早期的灯塔。

(五) 图示传播

图示媒介表现出原始人复制世界的智慧,满足了人类传播新闻的两种需要,一是让更多不在场的人知道已发生或存在的事物,二是把事件永久地记载下来,让后人知道。以线条组合的方式反映事件的特征和内容,构成图解的报告形式,记载的是图示媒介的崭新功能。在各原始氏族中,大都出现过图示新闻传播时期。

图示用线条把事情的情节写下来,构成信息画面,是"象形"思维的产物。从旧石器向新石器过渡时期一直到原始社会末期,图示媒介已普遍使用。图示只是物象的摹写,因事而异,因此不可能形成稳定的思想载体。对同一个物象,哪怕是对物的指称,不同的部落也有不同的图示,不同氏族对同一个物象画法也不一样。图示需要一定的介质才能传播,原始社会的图示介质主要是岩壁、兽皮和树干,今天保留下来的只有岩壁图画。原始的图示信息不只是表达单个的意义,而是叙述一个事件,更具有新闻的含义。它是新闻发展史中的"活化石",再现了新闻起源的事象史观。这就是说,新闻的内容是具体事实,图画是事实的形象摹写,揭示了人类意识中事象史的源头。人类认识世界的符号系统是从图示开始的,图画新闻作为社会意识的飞跃,是人类思想史的第一个踪迹。

四、手抄新闻媒介

(一)手抄新闻的产生

手抄新闻,又称书信新闻、文字新闻,用文字抄写、记录消息。手抄新闻媒介主要应用于原始社会末期、奴隶制社会和封建社会的初期和中期。手抄新闻产生的历史条件有两个:

首先,文字的发明是手抄新闻出现的前提。真正意义的文字是从图画意媒发展而来的,原始图示信息是手抄新闻的母亲。随着社会、思维和语言的进步,对传播信息的要求越来越精细,图示渐渐分解成一个个固定的符号,用确切的笔画逐渐固定了下来,形成了文字。文字出现后,随之出现了手抄新闻,传播媒介发生了第一次革命。我们之所以把用文字抄写新闻视作一次革命,是因为它改变了数十万年信息传播的形态,使原始新闻发生了质变,标志着人类文明的真正出现。

其次,手抄新闻出现于奴隶制社会,是国家统治和宗教活动的产物。此时,由于人类活动范围达到数百里以外,国家需要在大范围内通过传播信息来实行管理。在国家和寺庙运作中记载事件、计算和统计财务,这些成为国家统治和宗教祭祀的重要任务,文字和手抄新闻便产生了。在文字发明后,手抄新闻风行一时,直至出现手抄报纸。中国在公元前200年前后的西汉时期就用各种手抄媒介发布政令、文告和通报,到唐代出现了手抄的邸报。

中国自唐朝以来出现了进奏院制度,而进奏院制度的出现亦推动了最早的报纸——官报的产生和发展。唐代中期,开始建立藩镇,设置节度使,尤其是安史之乱以后,节度使设置颇为广泛。而这些节度使,管辖领域辽阔,拥兵自重,成为削弱中央集权的巨大隐患。其纷纷在京都设邸,而这些节度使所设的邸,正类似于我们今天所说的记者站或者驻京办事处之类。这些在京城设立的办事机构的任务是上呈章奏,下报上情,传发信息。

宋朝建立以后,统治者吸取唐朝、五代的教训,竭力削弱地方势力,在加强中央集权的同时也加强了对官报的控制。宋代"邸报"就是宋朝的官报,从唐朝时期出现的官报到了宋朝有了进一步的发展。这种由中央政府统一编印和发行新闻的制度,是宋代报纸的一大特点。为了加强对封建官报的控制,宋王朝还制定了报纸的"定本"审查制度。这是我国新闻事业历史上最早出现的有文献可查的新闻检查制度。

(二)手抄新闻的介质

手抄新闻由意媒及介质两部分构成,正如前文所述,意媒是手抄新闻的主要内容,一部分是人类沟通所需的内容,一部分是国家统治与宗教活动的一些政令、文告等。手抄新闻的介质有很多种类,具有多样性的特点。古代的石头、泥板、甲骨、青铜器、草纸、竹简、兽皮、缣帛和手工纸张都充当过介质。没有介质无法传播信息，意媒只能停留在传播者的脑海里。但介质本身无意识性，离开意媒无法直接表达传播者的意图。

甲骨是中国迄今为止所发现的最古老的手抄新闻介质，由文字意媒构成手抄新闻媒介。甲是龟甲，骨是兽骨，以牛的肩胛骨居多。刻写在这些甲骨上的文字，称为甲骨文。甲骨上的文字记载很少是为了传播知识和经验，而大都是把当时的事件或某件史实记录在案，将此定性为新闻传播是合适的。

除此之外，手抄新闻的介质还有石头和石壁。在石面上刻画文字，记录事件或对世事发出感慨，是那时的"新闻与评论"。《墨子》中有"镂于金石"的记载，现存最早的石刻为陕西省凤翔县出土的石鼓。在青铜器上铸镂的文字，称为金文，也是手抄新闻媒介。甲骨、石头和青铜器等虽然能够负载文字，起到信息留存和传递作用，但都不便于人们书写，大大限制了新闻传播的速度和范围。

从周朝末期开始，中国出现了新的手抄新闻介质——"简"和"牍"。"简"是经过削制的狭长竹片，在上面书写新闻或言论，将其编连成册，叫作"简册"。"牍"是经过整制的木片，在上面写文字结集成册，称为"版牍"。后来统称为"简"。以后，在我国又出现了一种轻柔的书写材料，那就是缣帛。在这种以丝质为材料的介质上抄写新闻，便于携带，长篇的历史记载就成了书，即书帛。在东汉时期，中国又发明了造纸术，创造了轻便的信息传播介质。中国的造纸术加速了人类信息复制时代的到来，为印刷术的发明提供了重要构件。

中国古代手抄文字新闻离不开笔、墨之类的工具。在甲骨、金石上作书用的"笔"是"刀锥之类"的东西，在帛上书写用木棒，甚至用手指点墨直接写。在商代，毛笔是主要的书写工具，商代后期遗留下来的甲骨和玉、石、陶等类物品上都能看到少量的毛笔字。"墨"是书写绘画的色料，中国人在公元前2500年左右就发明了"墨"，当时是用天然矿物还是用烟炱做原料制墨，至今还不清楚。

古埃及人把新闻书写在莎草纸、石板、贝壳上，也有写在象牙、皮革、陶片、布帛、兽类肩胛骨上的，最常用的是莎草纸。古希腊人、古罗马人以及阿拉伯人都曾用这种纸书写新闻。英文

> **要点小结**
>
> **传播的历史演进**
>
> 一、新闻的起源
> 二、原始信息的传播方式
> 三、原始信息媒介的进化
> 四、手抄新闻媒介

中的 paper（纸）即从纸草而来。

两河流域在乌鲁克文化时期（公元前 3500～前 3100 年），苏美尔人主要用泥板作为书写材料。苏美尔人以泥板作为新闻载体是一个伟大的创造，其影响遍及西亚广大地区，延续使用了 3,000 多年，直到公元 1 世纪才为羊皮所取代。

第二节　印刷媒介的复制模式

一、印刷术的革命

"印刷术"一词，从起源来说，在西方和东方的意义不同。欧洲的印刷术兴起时，指的是活版印刷，即用金属的活字进行印刷。欧洲的印刷始自图板，把图像雕刻在木板上，用以印刷大量纸牌，那时西欧已有纸的应用。中国发明的纸由阿拉伯人传到西班牙，第一个造纸厂创立于 12 世纪，15 世纪出现了一位与毕昇一样伟大的发明家，他就是德国的美因茨人（Mainz）约翰内斯·谷登堡（Johannes Gutenberg）。谷登堡印刷术的出现为印刷媒介的发展铺平了道路。

活字印刷术很快传入意大利和法兰西，不久也传到英国。英国的肯德（Kent）于 1471 年在伦敦创办了第一家印刷厂。1500 年，伦敦有出版商 5 家，1523 年增至 33 家。商品经济的发展要求广泛传播各类信息，邮局因掌握邮路而消息灵通，有的邮政局长兼做活版印刷新闻书的编辑和发行工作。从此，书籍、新闻传单以及后来的报纸都已成为与文明生活不能分离的东西，识字人口的多少成为一个国家文化程度的指标。

> **链　接**
>
> 印刷术的整个历史进程中有几个瞩目的事件：
> 1702 年，英国第一份日报《每日快报》(Daily Courant) 印刷出版，标志着印刷报纸的诞生。
> 1814 年，《泰晤士报》(The Times) 和《晚邮报》(Evening Mail) 采用了蒸气印刷机，每小时可印 1,000 至 1,200 张，展示了印刷新闻时代的到来。
> 1863 年，美国人威廉·布洛克（William Bullock）制造出世界上第一台轮转印刷机（rotary press）。轮转机至今还是适用的报纸印刷机，用大捆卷筒纸，可以继续不断地印下去，无须再把纸逐张送入。

二、印刷媒介的诞生

（一）报纸的产生及意义

（1）报纸是印刷术发明后的产物，是封建社会中末期科学技术发展的结果。印刷术的发明使得新闻产品传播的广度与速度都超越以往。这一近代科学技术的产物直接催生了报纸这一印刷媒介的产生。

（2）交通工具的进步、邮政系统的建立，人类居住的集中和城镇的出现是报纸产生的重要条件。报纸的投递较以往更为便捷，这客观上促进了报纸这一媒介的发展。

（3）印刷术和报纸的产生也是手工业和简单的机械工业与商品经济发展的结果，同时也是国家统治的产物。它一度担当起国家统治的信使，是一个不可或缺的统治助手。

这一依托于印刷术而生的全新媒介的出现推动了历史文明的一次大跨越，具有深远的历史意义：首先，印刷术及报纸实现了文字传播的复制扩散，改变了手抄新闻的低效与笔误，对新闻事件进行深入的阐述，出现了深度报道，丰富了新闻体裁及其表现形式；其次，它带来了科学知识，促进了识字的普及，推动了人类文化的进步，教育事业开始兴旺发展，促进社会进一步分工；再次，它推动了科学技术的进步和生产力水平的提高，促使近代工业的出现，反过来，城市化又便利了报纸的发行；商业广告的投放为报纸的生存和发展提供了所需的资金，促进了新闻事业的发展，也为资本主义的发展创造了条件。

（二）新闻期刊的特点

1. 期刊源于宣传小册子、廉价读物等印刷品

最早的期刊为英国人爱德华·卡乌（Edward Cave）于1731年创办的《上等社会人》月刊。我国境内最早出现的现代意义的中文期刊是英国传教士威廉·米怜（William Milne，1785～1822）创办的《察世俗每月统记传》，它的英文名称是"Chinese Monthly Magazine"，按照现代的译法就是《中国月刊》或《中文月刊》。

2. 按照读者的需要逐渐固定下来，连续出版

以《察世俗每月统记传》为例，这份刊物最初每期印500份，免费赠送，三年后增加到1,000份，1820～1821年间每期曾印到2,000份。

3. 最早的期刊大多为迎合特定读者的需求而非普及读物

例如《察世俗每月统记传》，它是中国第一份现代意义的期刊，这本杂志以传播基督教为目的，虽然名为"察世俗"，实际上，每期中宗教内容占到80%，世俗内容只有20%。

作为印刷媒介的一个品种，新闻期刊与报纸相伴而生，它在某种程度上扩展了报纸的深度与广度，它的主要作用体现在：第一，新闻期刊是纸质新闻产品的主要形式之一，多刊载深入报道、评论、知识性小品，廉价销售推动了发行量的增长；第二，新闻期刊中的时事新闻在时效上不如报纸，但具有相应的深度和广度，经常插入精彩的图片，在特定读者中有一定的影响力；第三，新闻期刊向来以"厚度成就深度"，尤其在调查性报道、解释性报道以及图片报道方面卓有成效。此外，新闻期刊的评论具有深远的影响力，一些封面报道甚至成为一个时代的符号（比如《新周刊》提出用"飘一代"来命名这一时代的一些特殊人群）。

（三）通讯社的产生

通讯社是专门搜集和供应新闻稿件、图片和资料的新闻发布机构，作为新闻流通的重要渠道，曾被称为"消息的总汇""供应新闻的大动脉"。通讯社是现代社会新闻媒介的

纽带，是新闻的搜集和批发组织，不断给人们提供重大的消息。通讯社产生的时代背景如下：

1. 报纸数量增多，激烈的竞争客观上催生了近代通讯社

近代报业在工业革命后发展迅速，报纸数量越来越多，报纸对新闻的需求也大为增加。各家报纸单靠自己的力量搜集各地的新闻既不经济也不可能，专门搜集和供应新闻的机构——通讯社便应运而生。

2. 经济发展引发信息需求

18～19世纪欧洲工业革命推动了经济的发展，人们急需了解大量的生产和市场信息，这为通讯社的出现提供了需要，也是产生通讯社的原因。

3. 无线电技术为通讯社提供了技术保障

通讯社能够适时而生，除了人们对于信息的需求以及经济的发展之外，可以说，技术是通讯社的助产士，它帮助了通讯社这一媒介最终来到人间。1820年法国物理学家安培（Ampère）发现电流通过电线可以传递信息，最后由美国人塞缪尔·莫尔斯（Samuel Morse）发明了电报，并在巴尔的摩和华盛顿之间架设了一条用于商业的电报线路，莫尔斯为此还创造了一种通信码，称为莫尔斯电码，为世界各国新闻界，特别是通讯社的出现准备了技术条件。

三、印刷媒介的意义

（一）印刷媒介使新闻具有社会职能

印刷媒介在一天内覆盖一个领土辽阔的国家，把最新消息传播到千家万户，充分体现出新闻的本性，获得了新闻传播的全部意义。新闻传播空间的极度扩大，使事件的影响力波及国内外的受众，新闻的职能开始具有社会价值。从此，新闻传播不再是个人或少数人的活动，而是把相当数量的人带到信息流中，形成了公众的价值标准和认知习惯。从这时起，人类第一次被信息所整合。

（二）印刷媒介推动大众识字运动

阅读不仅需要识字，还需要有一定的政治和生活常识，报刊的发行推动了教育的发展，使政治日益深入人心。

（三）印刷媒介推动政治文明

印刷媒介一度被用来维系国家统治，它在政治制度转变时期发挥了政治宣传作用，使人道的、民主的政治理念被广大人民所接受，推动了政治文明的进步。事实上，一直到今天，一个国家的报纸个人拥有率与该国公民的政治参与程度存在极大的相关性。

（四）印刷媒介成为现代经济的重要扩张因素

19世纪中叶，需求新闻的人增多了，而且人们急需了解整个社会以至全球的情况。一批近代廉价报纸涌现出来，使超越封建文明的现代生产方式和生活方式在世界开始普及。在这一时期，几乎所有私有印刷媒介都成了企业，将源源不断的广告夹杂在报刊中间，使印刷媒介和资本结合得更加紧密。

（五）印刷媒介促成媒介市场的形成和传播制度的建立

印刷媒介不仅孕育了大型的报刊企业，而且孕育了新闻采编机构的多样化，出现了通讯社、特稿社、新闻发言机关等信息发布组织，以满足媒体对信息订阅需求。此外，纸张、油墨、印刷机及其部件等介质材料的生产，形成了新闻生产原料市场，扩充了媒介市场机制。媒介活动需要建立市场规范、社会规范和法律规范，各种各样的传播体制在印刷媒介的扩张下建立起来。

> **要点小结**
>
> 印刷媒介的复制模式
> 　一、印刷术的革命
> 　二、印刷媒介的诞生
> 　三、印刷媒介的意义

第三节　电子媒介的感官革命

一、电子媒介的感官延伸

电子媒介是指运用电信号、传输线路和接收装置传播视听信息，包括广播、电视和网络。人类学会利用电子技术创造了听觉与视觉的新闻媒介，极大地延伸了感官，发生了第三次、第四次和第五次传播革命。电子媒介的出现具有两方面重要意义：首先，它使得世界变得高度整合，传播由继时性变为共时性，信息的获得与分享变成了零时间与零距离；其次，电子媒介扩大了人类的感官范围，传播不仅仅是先前印刷媒介时代的"视觉"感知，而是扩展为"视、听、触"等多种感知。电子媒介带来的这场感官革命，促进了人类对客观世界的认识。

（一）电子媒介的世界整合

电子媒介的出现使得媒介具备了高度跨越时空的特性，信息借助广播、电视、网络可以瞬时到达世界各个角落，传播由先前的"历时性"转化为"共时性"，由先前的"地域性"演进成"全球化"。可以说，电子媒介的出现促进了世界的整合。首先，电子媒介传播信息的高速化，缩短了人类认识客观事物的时间，跨越了人体无法迅速抵达的空间，一切意义都随着媒介的加速运动而变化，一切个人与组织的相互作用都随着信息的加速提高了变化的节奏，社会变革接连不断；其次，电子媒介拉近了人类的距离，逐步加深整合了人类的经济与政治活动，推动了世界一体化的进程；再次，借助电子媒介，人们对外部世界的感受更加真实，听觉与视觉获得了大量世界真相，人类认识真理的难度和曲折性减小了，由此促进了科学技术、生产力与政治制度的进步；最后，电子媒介突出了事物的形象，栩栩如生地再现了社会的活动场面，有极大的鼓动性和感染力，使公众对政治和社会事务有明晰的印象，激发了公众参与公共事务的热情，极大地增加了他们参与社会管理的机会。

（二）电子媒介的感官放大

电子媒介放大了感官范围，是一次超感官的传播革命。印刷媒介时代，人类的受传体验仅仅停留在"阅读"的视觉层面。随着电子媒介的出现，人类的受传体验由"视觉"扩展到"听觉"（广播的出现），由"听觉"扩展到"视听"合一（电视的出现），最后扩展到"视觉、听觉、触觉"三位一体（网络的出现）。受传状态也由先前的单一感官的"低度"参与，发展到多种感官的"高度"参与。随着新技术的不断出现，它一方面成功塑造了现有媒介形态，另一方面扩大了人类的媒介体验，电子媒介使得人类的感官感受放大，加深了人类对客观世界的认识。

电子媒介促进人类感官感受的放大主要表现在以下两个方面：

首先，由高科技武装的电子媒介使人们观察到更多的世界动态，属于实时感官媒介，是目前最先进的载体。人类通过广播、电视、网络等电子媒介能够做到"所听即所得""所见即所得"，较先前文字载体的描述，在某种程度上，电子媒介使得人们对事物的观察更真实可感，对世界的体验也更可能见微知著。其次，电子媒介的传播能力比以往任何一种媒介都具有优势，传播的信息量大、传播速度快、信息的覆盖面广、影响效果明显。电子媒介的这种特性使得"分享"社会场景、"共享"社会信息成为可能。人们参与社会事物的能力也进入了"超地域"时代，每个人所知所感不仅仅局限于先前的一地一城，而是跨越国界、走向全球，感知范围的广度与深度都远远超过了之前。

二、电子媒介的受传模式

（一）广播的听觉模式

1920年9月29日，美国匹兹堡的约瑟夫·霍恩百货商场发出广告，出售10美元一台的收音机。10月27日，美国商业部发给威斯汀豪斯公司KDKA电台营业执照，11月2日，电台正式播音。这是世界上第一个正式的广播电台，当天播送了哈丁和考克斯的竞选活动。

广播，这种听觉模式的电子媒介具有以下特点：

1. 声音是广播的生命

广播是一种听觉媒介，它是一种基于声音的音频媒介，因此，声音是广播的生命。声音的强联想赋予广播独特的魅力，可以说广播是一种"声"入人心的媒介。广播不仅有声音上的现场直播，同时，热线也表现了广播对人的沟通的直播。

2. 跨时空、跨地域

广播不受时空限制，时效性极强，可以做到现场实时报道。一个新闻事件发生，利用广播可以在最短时间内传播很远。

3. 成本低廉，准入门槛低

广播无论从采录设备还是传输设备而言，较之电视都是一种低成本的媒介。它的准入门槛低，这也是有无数"火腿电台"得以生存的理由。随着广播进入新媒体时代，"播客广播"的出现为广播带来了新的发展机遇，这种新型广播也是一种低门槛、人人皆可参与的媒介。

4. 广播是一种移动媒介

在 3G 时代没有来临之前，最便携的媒介形态可以说是广播。一个收音匣子，可以边走边听，受众的受传状态是一种"动态"行进中的状态，这是广播的优势之一。具备特有的伴随性收听方式，只占用部分的感官吸纳信息，其他感官还可去做其他事情，无须特别注意或注意力也可随时转移。广播的这种无须占用"眼球"却能灵活移动收听的媒介，在城市化加速、人们拥有轿车数量激增的情形下备受追捧。对中国人来说，广播已经不再是农村的大喇叭，也不再是城里的小喇叭开始广播，而是车载广播占主流。

5. 对受众没有文化要求

它是具有广泛受众的普众化媒体。它能把受众交流的范围扩大到最大空间，随着卫星广播和网络广播的出现，传播空间达到了极限，几乎覆盖了全球。这种听觉媒介，有现场感、对象感、真实感和交流感；按照节目编排的时间顺序进行线性传播，过耳不留，受众不可选择。线性传播的这一状况随着"播客技术"的加入已得到全面改观，播客广播是传统广播进化的一种高级形态，它是一种"可选择"的广播，"人人皆可播"的广播，是一种提供广泛民众参与的新型广播形态。

如果说文字是不在场，视觉是在场，那么，听觉就是半在场，既在场又不在场。这似乎是如今广播现场报道比较受冷落的原因之一。在宗教中，音乐是最佳说服工具。假如说文字靠抽象，视觉靠具象，那么听觉就是靠想象。文字有文学，视觉有电影，听觉有音乐。

（二）电视的视觉模式

1936 年 8 月，英国创立了世界上第一个电视台，11 月 2 日播出第一个电视节目。伦敦奥林匹克展览厅内坐着的几百名观众，第一次看到了魔术般的景象。

电视这种视觉模式的电子媒介具有以下特点：

1. 镜像媒介

电视图文并茂，现场感极强，把事实直接呈现在观众面前，是一种向人脑注入镜像的传播形式，是人类的第四次传播革命。电视把"事实"直接呈现在观众面前，由观众亲自去看、去观察、去判断。画面和音响绘声绘色地再现了真实的影像，记录下的事实具有真切的实感。电视不仅使观众听到记者的口头报道，也能看到新闻人物的形象，看到生活的环境，亲眼目睹事件的真相。电视使用声音和图像向观众直接传播，大众有一种置身事件现场的感觉，媒介反映社会、引导社会观念发生了一场镜像革命。社会发展的真实不但表现为真相的重现，也表现为景象的实录与储存。电视向人的大脑注入镜像因素，使人类正在形成"眼见为实"的历史观。

2. 声像兼有，视听兼备

观众在接受过程中，伴随电视画面的生动变换，声音同时作用于观众的听觉，对信息的全部含义具有深刻的体会。报纸、广播把事实变成文字或语言意媒，是一种转述方式。读者、听众根据转述了解和想象发生的事件，很难还原事件的真相。记者不可能把事实丝毫不差、绝对准确地转述出来，读者和听众对新闻的感悟也不可能和原来的事实一样，报纸和广播新闻不可避免地带来了某些不确定性。

3. 一目了然，思维介入少

声像互动以及对各种景物的再现，观众对事件清晰可见，很少加入思维的联想、判断和领会。由于看电视很少动脑，麦克卢汉说它是冷媒介。与报纸、广播所倚赖的文字、声音的"富想象力"不同，电视的画面营造真实感的同时，也必然伴随着"弱想象力"，正如麦克卢汉所言，电视是一种低参与度的冷媒介。正是在这个意义上，电视已经演变成了一种家庭伴随媒介，有家庭就有电视，即便是作为听的媒介。

4. 线性传播，不容选择

电视和广播一样都属于线性传播，在报道和叙述事实时，顺着事物的自然发展传播画面，按照媒介的意图安排新闻的顺序，观众的选择性变得更加困难。电视传播稍纵即逝，声像保存需要录制器械，对一般观众来说有一定难度。

电视局限性的表现：首先，观众收看电视的时间和所看到的画面受到媒体的制约，电视台决定观众观看什么和观看多少，这就给一般观众造成一种假象，电视上没有播出的事件似乎就没有发生，观众的视觉被控制在电视媒介的议程框架内。其次，电视图像是客观图景的摄录，对报道内容似乎没有任何改变，观众确信它比其他媒体都更真实。如果电视镜头是人为设计的场面，观众看到的仍然是真实的画面，无法识破它的虚假性，它的欺骗性更大。最后，由于电视是图像传播，缺乏深入的阐释功能，所以呈现的只能是事物的影像。如果没有语言的解说，尽管它编排得生动感人，观众也难以从图像中看到事实的真相。

（三）全感互动的网络模式

互联网起源于美国国防部在 1969 年创办的一项工程，名叫阿帕计算机网（ARPANET），当时用 4 台计算机互联试验。到 1977 年网络节点达到 57 个，连接各类计算机 100 多台。发展至今，互联网已成为一个联通全球无法计数的电脑的终端系统。一种电子传媒从投入使用到拥有 5,000 万用户所需要的时间，广播用了 38 年，电视用了 13 年，有线电视用了 10 年，而互联网仅用了 5 年。随着技术的不断完善，文字、图像、声音等多种手段的应用，形成了交互、全链接、易复制和时效高与信息量超大的媒介。由于网络在通信、资料检索、客户服务等诸多方面的巨大潜力，它已从单纯的信息渠道转变成一种新的商业运营模式和生活方式，渗透到人类日常生活的各个方面。互联网用户的增速正在迅猛发展，有人断言，21 世纪是第四媒体时代。

互联网这种基于网络模式的电子媒介主要有以下特点：

1. 融合一切媒介的媒介

网络是推动媒体全球化的生力军，作为包容一切媒介的媒介，它将把一切传统媒体包容进去，成为自由的、个人的和公共媒介的高度融合。网络融合了传统媒介的特征，形成发散型传播结构，以非线性方式将信息送达广大受众。互联网拥有一切传播技能和类型，既有人际传播、组织传播，也有大众传播，是多种传播方式的综合体，是包容了印刷（打印机功能）、电影和广播电视等功能齐全的信息媒介。

2. 具有多种传播方式

与传统的媒体相比，网络传播汇聚了多种传播手段，更加个性化，包含了人际传播、组织传播、大众传播，实现了点对面和点对点的新闻传播。在网络上，国界区别已不明显，不同国家的人也可以实现直接交流，加速了全球化的实现。

3. 互联网是一种受众高度参与的媒介

互联网实现了点对点、点对面的传播。较之此前出现的媒介形态，它无疑是自由的、个人的和公共媒介的高度结合，对它的任何控制都不能改变它的这一本性。它就像一张万维之网，把人类纳入信息交互的海洋。它是双向或多向的，并由使用者负责安

要点小结

电子媒介的感官革命

一、电子媒介的感官延伸

二、电子媒介的受传模式

排如何使用,成为交互的大众新闻媒介。网络新闻的多媒体和互动性可以给受传者以全面的服务,用大量新闻满足他们的需求,让其在网上直接交流。通过互联网不仅可以像观看电视一样直接目睹新闻事件及其发展的过程,还可以随时点击反复观看,发表对新闻事件的评论。

除了互联网,基于网络模式的另一电子媒介形态是手机网。手机也具有网络的全感互动模式,而且它加入了"移动"接收的特性。这使得传者与受者的状态都发生了改变。

(1)手机新闻信息一般短小精悍,不仅范围广,而且更新和传播的速度快。比如手机报纸,一般是将一些新闻进行简明处理,让读者可以在狭小的屏幕上清晰地阅读。

(2)手机的"贴身"特性,使得它的传播是"任何时间、任何地方、任何人",从而突破了时间、空间与对象的限制。从这一角度来讲,它更是一张移动中的传播网络。手机的这个特点让新闻在原有的五要素之外增加了三个要素,即任何时间、任何地点、任何人。

(3)手机的交流手段更加方便,增加了交流频率和扩大了交流内容。手机短信被人们广泛应用,正是说明了这种媒介使用简单,较之面对面的电话,短信因为意媒是文字,而使得传播更富想象空间。

(4)手机具有即时反馈的特点,传播对象是个人,大量应用于个人的电话和查询业务,也用于搜寻目标新闻。

思考与研讨题

1. 新闻的起源是什么?
2. 新闻是何时以及如何脱离信息的?
3. 复制对文明有什么样的影响?可以联系当今的"转发"这一现象。
4. 从媒介历史的角度看,报纸会不会消亡?
5. 从媒介演变的历史看,未来的媒介形态会是什么样的?

chapter 2

第二章　新闻传播的本源

本章要点

1. 介绍新闻传播的基本概念和价值要素
2. 介绍新闻传播的内在本质,新闻与事态、事实的关系
3. 通过新闻形态、构建方式和品类分析新闻传播的结构

在本章中，我们力图从新闻的基本概念入手，探讨新闻传播的本质。在新媒体时代，重新探讨这种本质是非常重要的。

第一节　新闻传播的基本概念

一、新闻的定义

（一）国外相关的新闻定义

在英文中，与新闻一词相对应的词汇有好几个，如 story、news、reporting、coverage、release 等，每一种表达方式似乎都能够代表"新闻"的某一方面。而最常见的表达方式是 news。据说这个词是由英文的北东西南（north、east、west、south）四个词的第一个字母组成的，意思是"四面八方消息的集合"。据《牛津辞典》解释：新闻一词作为"新闻报道"，是 1423 年苏格兰詹姆士一世在他的敕书中首次运用的。

美国学者伯德逊（Patterson）把"news"一词拆而析之，似乎还讲出了几分道理。他说：news 中的 n 可以表示"newsworthiness"（新闻价值），e 表示"emphasis"（突出重点），w 表示"who, what, when, where, etc."（何人、何事、何时、何地等新闻要素），而 s 则表示"sources"（消息来源）。合起来就是，应予重点报道的、有新闻价值的重大事实，在写作上，它应具有明确的消息来源，并应具备基本的新闻要素。

美国《纽约太阳报》编辑室主任约翰·博加特（John Bogart）于 19 世纪 70 年代提出：狗咬人不是新闻，人咬狗才是新闻。

美国《纽约先驱论坛报》采编主任斯坦利·瓦利克尔（Stanley Walker）于 20 世纪 30 年代提出：新闻是三个"W"：women（女人）、wampum（钱财）、wrongdoing（坏事）。

美国堪萨斯州《阿契生市环球报》主编爱德华·贺提出：凡是能让女人喊一声"哎呀，我的天哪"的东西，就是新闻。

美国《纽约太阳报》主编查理·德纳提出：新闻是一种令人惊叫的事情。

美国《旧金山考察报》主编阿瑟·麦克尤思提出：读者看后说"哎呀"的是新闻。

美国杂志作家威尔·艾尔温提出：反常的事情就是新闻。

德国柏林大学新闻学教授道比德特提出：新闻就是把最新的现实的现象在最短的时间距离内，连续介绍给最广泛的公众。

日本新闻协会会长小野秀雄提出：新闻是根据自己的使命对具有现实性的事实的报道和批判，是用最短时距的有规律地连续出现，来进行广泛传播的经济范畴的东西。

法国巴黎新闻学院教授贝尔纳·瓦耶纳提出：新闻是刚发生和刚发现的事物。

美国报纸主编人协会会长卡斯柏·约斯特提出：新闻是已经发生或正在发生的事实的报道。

美国哥伦比亚大学新闻学教授麦尔文·曼切尔提出：新闻是关于突破事物正常轨道或出乎意料的事情的情况。

美国《纽约时报》编辑马克尼尔提出：报纸和读者所关心的当前事物，经过记载和编辑，即成新闻。

日本新闻学者俊藤武男提出：把最新的事实，精确而迅速地印成了使多数人感到有兴趣和获得实际收益的，都是新闻。

艾弗雷特·丹尼斯和梅尔文·德弗勒提出：新闻是就某个具体问题、事件或进程提出现实看法的报道。

丹尼尔·麦道格尔：新闻是对事件的报道，而不是事件本身固有的什么东西。

> **延伸阅读**
>
> 美国学者乔治·莫特在《新闻学纲要》一书中曾经给出过一些形象的公式：
> 常人 + 平凡生活 = 0
> 常人 + 不寻常的成就或冒险 = 新闻
> 常人 + 活了 79 岁 = 0
> 常人 + 活了 100 岁 = 新闻
> 1 名歌剧女演员 + 1 个银行行长 − 10 万美元 = 新闻
> 1 个男人 + 1 辆汽车 + 1 支枪 + 1 瓶酒 = 新闻

（二）国内的新闻定义

1919 年 12 月，徐宝璜的著作《新闻学大意》（后改名《新闻学》）出版，这是我国第一部新闻学著作。在这本著作中，他给出了我国近代新闻学研究中最早的新闻定义：新闻者，乃为多数阅者所注意之最近事实也。[①]

1922 年 2 月 12 日，李大钊在北大记者同志会上的演说中给出一个新闻定义：新闻是现在新的、活的社会状况的写真。[②]

1924 年，邵飘萍的《新闻学总论》出版，在书中他给出一个新闻定义：新闻者，最近时间内所发生认识一切关系于社会人生的兴味、实益之事物现象也。[③]

1943 年 9 月 1 日，陆定一在《解放日报》上撰文《我们对于新闻学的基本观点》，文中给出的新闻定义成为以后 60 年来我国新闻理论界最广泛认可的定义：新闻的定义，就是新近发生的事实的报道。[④]

胡乔木于 1946 年 9 月 1 日在《人人都要学会写新闻》一文中提出新闻的定义：新闻

[①] 参见徐宝璜：《新闻学》，10 页、25 页，北京：中国人民大学出版社，1994。
[②] 参见李大钊：《在北大记者同志会上的演说词》，载《新闻战线》，1980（2）。
[③] 参见邵飘萍：《新闻学总论》，80 页，1924，转引自王益民：《系统理论新闻学》，38 页，武汉：华中理工大学出版社，1994。
[④] 参见陆定一：《我们对于新闻学的基本观点》，187 页，载《中国共产党新闻工作文件汇编》（下卷），北京：新华出版社，1980。

是一种新的事实。①

范长江在 1961 年的《记者工作随想》中提出新闻的定义：新闻就是广大群众欲知、应知而未知的重要的事实。②

复旦大学新闻学教授王中于 1981 年 5 月在《新闻大学》第 1 期上撰文《论新闻》，针对陆氏定义提出修改后的新闻定义：新闻是新近变动的事实的传播。③

中国人民大学新闻学教授甘惜分在 1982 年出版《新闻理论基础》一书，书中提出新闻的定义：新闻是报道或评述最新的重要事实以影响舆论的特殊手段。④

复旦大学新闻学教授宁树藩于 1984 年 12 月在《新闻大学》第 8 期上撰文《论新闻的特性》，提出新闻的定义：新闻是向公众传播新近事实的讯息。⑤

中国人民大学新闻学院教授成美、童兵在 1993 年出版的《新闻理论教程》中提出：新闻是新近发生的事实变动的信息。⑥

中国传媒大学教授胡正荣在 1995 年出版的《新闻理论教程》中提出：新闻是新近发生的事实的报道的信息。⑦

复旦大学新闻学院教授李良荣在 1995 年出版的《新闻学概论》中提出：新闻是一种信息，是传达事物变动最新状态的信息。⑧

（三）我们的观点

中外关于新闻的定义可以分为以下五种：

第一，"事实说"。即将新闻看作一种事实或者是被传播的事实。其中，以美国新闻学家弗兰克·莫特和我国著名记者范长江为代表。

第二，"报道说"。即将新闻视为一种报道或传播的活动。其中以陆定一为代表。事实要成为新闻，必须要经过新闻传播媒介的报道，但是新闻传播媒介的"报道"本身不是"新闻"。⑨

第三，"手段说"。即将新闻归结为达到某种目的特别是政治目的的手段。其中，以日本新闻学家小野秀雄和我国新闻学家甘惜分教授为代表。

第四，"兴趣说"或者"趣味说"。这种观点将新闻看成能够引起受众的兴趣特别是引起受众感官刺激的因素。

第五，"信息说"。这种观点认为，新闻是经过新闻传播媒介传播的事实的信息。其中，以日本新闻学家和田洋一和我国复旦大学新闻学院宁树藩教授为代表。

---

① 参见胡乔木：《人人都要学会写新闻》，224 页，载《中国共产党新闻工作文件汇编》（下卷），北京：新华出版社，1980。
② 参见范长江：《记者工作随想》，317 页，载《中国记者》，1991。
③ 参见王中：《论新闻》，载《新闻大学》，1981（1）。
④ 参见甘惜分：《新闻理论基础》，50 页，北京：中国人民大学出版社，1982。
⑤ 参见宁树藩：《论新闻的特性》，载《新闻大学》，1984（2）。
⑥ 参见成美、童兵：《新闻理论教程》，40 页，北京：中国人民大学出版社，1993。
⑦ 参见胡正荣：《新闻理论教程》，23～24 页、27 页，北京：中国广播电视出版社，1995。
⑧ 参见李良荣：《新闻学概论》，30 页，福州：福建人民出版社，1995。
⑨ 参见李卓钧：《新闻理论纲要》，23 页，武汉：武汉大学出版社，1995。

据此，我们可以提出这样的问题，没有发生的事情是新闻吗？按照传统的新闻学定义，新闻应该是指发生过的事情，也就是说，是过去式。可是，今天的情况有所不同，如今很多的新闻都是一种预测，属于未来进行时，报道这个新闻时，这个新闻还没有发生。这是一种新闻的透支，被预报出来的新闻可能在后来有所变化，因为未来有许多的不确定性。大数据有可能会增加新闻的预测性。

我们不妨重新审视新闻的定义，我们常常说，今天的新闻就是明天的历史。问题是，我们在传统的新闻定义中几乎看不到有历史的元素。新闻定义五花八门，从来就没有统一的定义。大部分的新闻定义都是以时间来划分新闻和历史的边界的。可是，究竟什么时候新闻就变成了历史？这个问题一直是模糊的。只有今天的新闻不是历史吗？

再往前看，新闻在未来会消失吗？更激烈的问题：新闻是不是已经消失了？不只是在中国，全球的新闻都输给了信息。传统的新闻是要有"五个W"，而今天的新闻只要有一个W就可以了。娱乐新闻已经蹂躏了新闻的经典定义。我们不禁要问，娱乐新闻算是新闻吗？按照新闻的经典定义，能称得上新闻的东西应该是有变动的，而多数娱乐新闻没这个要素，比如，有的报道是某个明星换了一个发型，这能算是新闻的变动吗？顶多是粉丝关心的信息。也就是说，这是少数粉丝关心的特定资讯，不应该算新闻。所有新闻都是信息，所有信息却未必是新闻。新闻的历史不短，但是，把报道新闻作为职业的历史并不长。如今的新闻只是为了政治而存在吗？

还有一个问题就是，新闻是观点吗？新闻的定义有多种，但是，往往都不会有观点的字样，新闻只能是事实。过去有观点新闻的提法，不过，那仅是指报道观点的新闻。

今天的电视直播对新闻定义产生了很大的影响，传统的新闻定义强调新近发生，而电视直播是报道正在发生的事情，也就是说，有不确定性，属于不完整新闻。广播直播是只闻其声，不见其人。电视直播是色香味俱全，看上去电视直播包括了比新闻更多的东西。如果按此重新定义新闻，新闻就是正在发生或将要发生的事实。

新闻是从何时脱离信息的？听上去这是一个新闻史的问题。我们今天习惯于用媒体或者新闻机构的诞生来确定新闻的生日。虽然信息时代的说法比新闻时代更时尚，但是，这显然属于一种概念的追加和后补。换言之，我们后来意识到，比新闻更早出现的应该是信息。新闻是古已有之吗？

我们的新闻定义：新闻是已经发生或者正在发生乃至将要发生的有传播价值的事实。

二、新闻价值

（一）国外相关的新闻价值定义

美国著名记者沃尔特·李普曼（Walter Lippmann）在他的《舆论学》[①]一书中，最先对

[①] 〔美〕沃尔特·李普曼著，林珊译：《舆论学》，北京：华夏出版社，1989。

"新闻价值"进行理论探讨。李普曼认为,新闻价值就是指事变、惊奇、地理上的接近性、个人的影响和冲突。

1. 时间性

新闻是"易碎品",刚刚或正在发生的新闻事件最有新闻价值,事件发生后再去报道,新闻价值就要大打折扣了。

2. 接近性

接近性有两层含义,一是地域接近性,二是心理接近性。地域接近性是指受众会更关心自己居住地或居住地附近所发生的新闻。但是,如今地域接近性受到了很大的挑战,在中国畅销的《环球时报》就是一个案例,好像中国人更关心国外发生的事情。与此同时,墙里开花墙外香的现象也频繁出现。在我们的模范人物报道中,经常有一个怪现象,就是距离被报道者越近的人,往往越不相信媒体的宣传。这好像是远交近攻,似乎不符合新闻价值规律,按理说应该是离你越近的人和事,你应该越关心。这说明离被报道者越远的人,反而越容易相信比较夸大的报道,因为他们不了解近距离的内部情况。心理接近性是指新闻要接近受众的心理,越接近受众心理的新闻越能引起受众的共鸣,引起受众的注意。

3. 显著性

在新闻报道中,人们往往会比较关注显要人物的行为,所以显要人物引起的注意要高于非显要人物。

4. 重要性

新闻的重要性是由新闻所报道的事件、现象对社会所产生的影响决定的,因此,影响所涉及的领域、成员越广,对现实和未来的影响程度越深刻,其重要性就越显著。

5. 趣味性

西方新闻界很多人认为,"趣味是吸引读者的良方"。

(二)国内的新闻价值定义

我国最早论述新闻价值的是徐宝璜。他在《新闻学纲要》中提出,"新闻之价值云者,即注意人数多寡和注意程度之深浅之问题也"。

关于新闻价值的定义,我国不同学者提出了不同的看法,主要有"标准说""素质说""功能说""效果说"等。

持"标准说"的代表性观点:"新闻价值是记者衡量事实可否成为新闻的标准"。其强调记者的主动性,认为新闻价值是记者凭自己的新闻敏感、自己的经验和对当前形势了如指掌达到的。[1]

---

[1] 参见李春邦:《新闻价值的含义》,载《广西大学学报(哲学社会科学版)》,1983(1)。

持"素质说"的学者认为,"新闻价值就是事实所包含着的足以构成为新闻的种种特殊素质的总和"[①]。其强调新闻价值存在于事实之中。

"功能说"是从新闻对社会的影响的角度来认识新闻价值的,代表性观点:"新闻价值是新闻事实适应社会需要的一种功能,是不以人们意志为转移的客观存在,这种功能越大,新闻价值就越高"[②]。其看重的是新闻满足读者需要。

最近一两年,新闻价值的概念被官方突出地提出来,不只是新闻规律的问题,更重要的是提升到了为人民服务的高度。

(三)我们的观点

我们可以将新闻价值定义为:新闻价值就是编辑记者对新闻的一种价值判断。

三、传播的定义

"传播"的英文对应词是 communication,《新英汉词典》中对它的解释有:通信、通讯、传达;(意见等的)交换、交流、交往;(疾病的)传染;交通、交通工具等。在英文中可以找到许多与 communication 共有词根的单词,比如 community(社区), communism(共产主义),这个共有的拉丁语语源就是 communic(分享)。传播的含义在于信息的共享。

(一)国内外相关研究成果

传播学集大成者威尔伯·施拉姆(Wilbur Schramm)认为,传播几乎是社会的基本过程,实际上,正是由于我们有着超出物理性接触水平以上的更高层次上信息交流,才有可能获得名为"社会"的各种关系。假如可以使用一个比喻的话,那么,"传播同社会的关系如同血液或神经系统与人体的关系"。

1970年,法兰克·丹斯(Frank Dance)在《传播学报》(Journal of Communication)上撰写了一篇论文,由澄清传播观念入手,对定义问题作出了重大突破。他发现在已有的传播定义中,存在着15种明显的观念成分(conceptual components)。由视传播为符号(symbol)的交换者到视传播为施展权力的有机体,林林总总,各种定义彼此迥然有别。这15种有关传播的观念成分如下:[③]

(1)符号/语文/说话:传播是思想或理念的语文交换。

(2)了解:传播是我所以了解他人乃至被他人所了解的过程。它是动态的,不断为了回应整个局势而改变和转换。

---

① 陈韵昭、吴文虎:《我们对新闻价值的基本观点》,载《复旦学报(社会科学版)》,1984(3)。
② 何光先:《试论价值、要素和效果》,载《安徽新闻阵地》,1982(2)。
③ 参见 Frank Dance, "The Concepts of Communication," *Journal of Communication*;转引自徐佳士:《大众传播八讲》,4~6页,台北:正中书局,1992。

（3）互动/关系/社会过程/互动：即使在生物层面，也为一种传播；否则，共同行动就不能发生。

（4）"不确定"的减少：传播的发生，是由于需要减少不确定性，需要行动有效率，需要防卫或增强自我。

（5）过程/传播：资讯、观念、情绪、技术等传递，使用的是符号、语文、图像、数字、图表等。它是通常被称为传播的传递动作或过程。

（6）转达/传递/交换：某一事物的观念，从一地或一人转达到另一地一人。这种转递之后仍可继续维持共享。因此，传播一词亦含有参与的意义。

（7）联结/束缚：传播是把生命世界中不连续的部分互相联结的过程。

（8）共同性：传播是把原本为一人或若干人所独知的东西，变为二人或数人所共知。

（9）通道/载具/工具/路线：传送军事信息、命令等的工具。经由电话、电报、无线电、信差等载体传播。

（10）复制记忆：传播是以复制记忆为宗旨而影响他人注意力的过程。

（11）明白的回应/行为改变的回应：传播是一个有机体对一个刺激所作的明白的回应。

（12）刺激：每一传播行动可视为一次资讯的传递，其中包括一个明白的刺激，从一个来源发向一个收受者。

（13）有意图的：传播的中心兴趣是那些行为局势，其中由一个来源传送一个信息给一个或多个收受者，前者具有影响后者行为的自觉意图。

（14）时间/局势：传播过程乃是把一个结构完整的局势，以所希望的设计，转换为另一个局势。

（15）权力：传播是权力得以施行的机制。

20世纪70年代末80年代初，国内研究者引进、翻译了一些国外传播学基础著作，由此拉开了国内传播研究的序幕。国内学者对传播的定义作出了自己的解读。比如，学者张允若将传播界定为"人类传递或交流信息的社会性行为"[①]。

（二）我们的观点

传播可以分为广义的和狭义的，前者泛指一切形式的信息传播，后者特指新闻传播。

四、新闻的真实性

（一）西方新闻学对"真实性"的界定

在西方的新闻理论书籍中很少有对新闻真实性这一问题的单独论述，即使有一些西方学者在著作中专门讨论了新闻的真实性，在表述上也相当笼统，对于真实性甚至没有提出一个

---

① 张允若：《对传播学几个基本概念的辨析》，载《杭州大学学报》，1998（1）。

确切的概念。美国学者麦尔文·曼切尔（Melvin ManCheel）在《新闻报道与写作》一书中谈到："新闻记者必须是正直诚实的人，他信奉事实，包括正确无误地拼写姓名、不承认未经证实的断言。"①

西方新闻界虽未将"真实性"作为一个明确的概念上升到理论层面来进行论述，但他们也认同新闻真实至高无上的地位，他们把它视为新闻记者的职业道德，是一种新闻伦理的体现。美国《展望》杂志在一篇社论中说道："每种专业都有基本的品德要求。因此，正如牧师的基本品德是诚挚，士兵的基本品德是勇气，而新闻记者的基本品德是忠实叙述；不诚挚会破坏教会的特殊价值，胆怯会破坏军队的特殊价值，不能忠实叙述事实也会破坏报纸的特殊价值，不论它是周报还是日报。"②美国报纸主编协会采用的新闻伦理规约中也谈到，对读者诚实是所有配称为新闻事业的柱石：（1）从所有真诚的角度出发报纸必须诚实。在其控制范围内，不能借说考虑不周或不够准确，不能借口不具备这样的关键素质。（2）标题必须完全符合它代表的报道的内容。③

（二）国内的新闻真实性研究

国内较早明确提出"新闻真实性"概念的是陆定一，他于1943年9月在《解放日报》发表《我们对于新闻学的基本观点》，阐述了"新闻的本源是事实""新闻如何能真实"的问题。在谈到办报经验时他说："1942年我在延安办报，有两条主要经验：一条就是新闻要真实。第二条就是要依靠党的领导。"他指出：作为党报的采编人员，一定要实事求是，深入实际，调查研究，根据事实写出真实的新闻来。④

与西方相比，我国对新闻真实性的具体界定也表述得相当详尽、具体，不仅提出了"具体真实""整体真实""要素真实""事项真实""现象真实""本质真实"这些概念，甚至还有"本质真实""整体真实"这些概念引发的学术争鸣。比如，李瑞环在《坚持正面宣传为主的方针》的讲话中提到："新闻真实不仅要求每一篇具体报道的新闻要素必须真实准确，而且要求从新闻宣传整体的把握上做到真实、客观、全面。"⑤江泽民在《关于党的新闻工作的几个问题》的讲话中也同样强调了："要注意和善于从总体上、本质上以及发展趋势上把握事物的真实性。"⑥

新闻和信息究竟有什么区别？这是老问题。新闻一定是信息，信息却不一定是新闻。信息是实用的，更讲究服务性；而新闻似乎更侧重精神层面，或者说更具有公共性。信息更娱乐一些，新闻更严肃一些。信息基本上没有什么时间限制，而新闻强调时效。信息不那么强调真实性，而真实性是新闻的生命。

---

① 〔美〕麦尔文·曼切尔等著，艾丰等编译：《新闻报道与写作》，144页，北京：广播出版社，1981。
② 〔美〕利昂·纳尔逊·弗林特著，萧严译：《报纸的良知》，32页、364页，北京：中国人民大学出版社，2005。
③ 参见张宸：《当代西方新闻报道规范》，44页，上海：复旦大学出版社，2008。
④ 转引自刘志萍：《新闻真实与虚假探析——从陆定一关于"新闻学的基本观点"谈起》，载《东南传播》，2010（2）。
⑤⑥ 新华社新闻研究所编：《新闻工作文献选编》，北京：新华出版社，1990。

（三）我们的观点

新闻真实性是新闻的特性之一，指新闻报道必须以事实为基础，符合客观实际。

五、新闻的客观性

（一）国外对新闻客观性的界定

关于"客观性"（objective）的词义，美国《韦伯斯特英语大辞典》的解释是"独立于一个人心思之外的、真实的、确实的"，或者是"无偏差或偏见的、无关联的"以及"不带人情的"。

新闻客观性这个概念是由西方新闻界最先提出来的。"1900年美联社改组时提出以'报道事实，而不报道意见'为宗旨，这是美国，也是西方国家第一次正式把客观性定为新闻传播的原则，也标志着'客观性'作为一个重要新闻观念的问世。"[①]美国新闻界是在他们经历了"党派报纸的黑暗年代"之后提出的这一理念。

19世纪30年代，一种特别注重技术及其客观性的社会调查性新闻发展起来，这就是精确新闻主义（precision journalism）。精确新闻主义采用社会学的研究方法，进行定量分析，专门以"硬数据"作为新闻报道的内容，以体现新闻报道的客观性和精确性。精确新闻强化了新闻的"客观性"特征。

（二）中国学者对新闻客观性的研究

新中国成立后，新闻学界对客观性的了解是在批判国外资产阶级新闻学的"超党派"的客观性过程中逐步确立起来的。他们认为，西方学者把客观性强调到了不恰当的地步，"用'客观性'代替一切办报方针，把自己的报道说成是完全'超阶级''超党派''不偏不倚''纯客观'的东西，好像他们的报道只陈述事实，而从不表达意见"[②]。于是在此基础上提出了"用事实说话"的口号。童兵认为"'用事实说话'成为中国新闻界对新闻的客观性、客观报道原则的朴素理解和操作方法，是有中国特色的新闻传播'客观性'。"[③]由此看来，中西两种新闻的客观性在用"事实"方面是一致的，但在"说话"与否以及"为谁说话"上却是不同的。

事实上，20世纪70年代以来，格拉斯哥大学媒介研究小组发表了一系列经典作品，其中包括《坏新闻》《更多的坏新闻》《新闻：战争与和平》《眼见为实》等，这些著作揭示了新闻，尤其是电视新闻的生产过程，向人们揭示"在客观、公正、中立的名义下，英

---

① 童兵：《比较新闻传播学》，94页，北京：中国人民大学出版社，2002。
② 郑保卫：《新闻学导论》，57页，北京：新华出版社，1990。
③ 童兵：《比较新闻传播学》，99页，北京：中国人民大学出版社，2002。

国电视新闻表现怎样"①。格拉斯哥小组的研究对象之一是英国广播公司（BBC），而BBC一向被世人认为是客观报道做得最好的媒体之一。然而，格拉斯哥小组的研究报告揭示出，即使是BBC的新闻报道，也存在大量不真实、不客观的内容，尤其当报道不得不依赖官方的消息来源提供信息的时候。

（三）我们的观点

所谓新闻传播事业的客观性原则，是指新闻工作者凭借所搜集到的且能够观察又能查证的种种事实，以及试图了解现实的一种方式。

李普曼说："真正的新闻从业人员不是那种会抢新闻的伶俐的记者，而是那些无畏的、耐心的、用科学方法装备起来的人。"②

六、新闻的时效性

（一）新闻时效性是中西方新闻界的共同追求

西方新闻界流传着一句话：今天的消息是金子，昨天的消息是银子，前天的消息是垃圾。

西方新闻界还有一句经典话：新闻是易碎品。

（二）新闻时效性的内涵

新闻时效性是指新闻事件的发生与新闻报道之间的时间差，时间差越短，则新闻的时效性越强。

通常情况下，全时与即时的概念是很难区别的，因为他们在时间规定上是一致的，也就是说报道与事件发生的时间基本上是保持一致的。但是，在"全时"的概念中更加注重的是时间的连续性与纵深感。

七、信息的定义

（一）西方学者对信息的界定

信息正式作为一个科学概念提出，是20世纪40年代后期的事情。1948年，信息论的创始人美国数学家克劳德·申农（Claude E. Shannon）发表了著名论文《通讯的数学理论》，第一次阐述了信息论的基本理论问题。他指出，"信息（information）就是消除或减少收信人对讯息（message）的某种不确定性，信息是不确定性减少的量"③。与此同时，美国数学家诺伯特·维纳（Norbert Wiener）出版《控制论》一书，也提出了关于信息的概念。他

---

① 〔英〕约翰·埃尔德里奇著，张威译：《获取信息——新闻、真相和权力》，3页，北京：新华出版社，2004。
② 转引自邵志择：《新闻客观性原则：态度和方法的悖谬》，载《新闻与传播研究》，1997（1）。
③ 转引自李元授：《新闻传播学》，20页，北京：新华出版社，2001。

说：“信息这个名称的内容就是我们对外界交换来的东西。”①

大众传播学家施拉姆等人认识到申农对信息定义的局限性，认为"直接运用数学方法是有局限性的，因为人类信息领域不像数学和电学那么简单……"②。为弥补定义的缺陷，施拉姆还认为：信息就是"传播材料"或"传播内容"。由此看出施拉姆已经察觉到人文科学与通信理论对信息的定义应该有不同的解释。这种不同的解释应是由各自学科的特点和实用价值所决定的。

（二）中国学者眼中的信息定义

据《辞源》解释，信息就是"消息"。早在唐代李中的《碧云集·暮春怀故人》一诗中，就有"梦断美人沉信息，目穿长路倚楼台"的句子，距今已有千余年的历史。

1984年，李良荣的《"信息热"和新闻改革》一文，正式将信息论和传播学中的信息引入中国新闻学，并得出"新闻是一种信息的传播"的结论。所以，我国学者对信息概念的解释一般是指传播的内容，即"信息意为消息、情报、知识、资料、数据等"③ "信息是具有意义的消息、事实或知识。"（《英汉大众传播辞典》）"信息论是指用符号传送的报道，报道的内容是接收符号者预先不知道的。"（《现代汉语词典》）当然也有的学者从哲学信息概念上引申出"信息是物质运动的一种反映"的定义。④

（三）我们的观点

信息是认识过程中沟通主体和客体的中介。从整个物质世界的构成看，物质、能量和信息是构成客观世界三位一体的基本要素。世界是物质的，物质是运动的，运动中的物质能够蕴涵和释放出相应的能量。在一定能量的驱使下，物质把自己的要素、结果和功能显现出来，这就是信息。外界事物能够直接刺激人的感官、进入人的头脑的，只能是信息，而不是物质或者能量。⑤

综合以上认识，本教材给信息的定义为：信息是客观事物运动和变化的内涵和对这个内涵经识别后所得到的内容的总称。所有的新闻都是信息，但是，反过来说，并非所有的信息都是新闻。从大数据的角度来看，数据就是有价值的信息。

人们对信息的认识和解释大致有三个层次：第一是哲学层次的，第二是学科层次的，第三是现代日常生活层次的。信息概念是由这三个层次的信息含义有机构成的概念体，它既有层次区分，又是密切联系的整体。⑥

---

① 转引自吴文虎：《传播学概论》，152页，武汉：武汉大学出版社，2000。
② 转引自苑子熙：《应用传播学》，206页，北京：北京广播学院出版社，1991。
③ 参见上书，204页。
④ 参见戴元光：《传播学原理与应用》，145页，兰州：兰州大学出版社，1988。
⑤ 参见蔡铭泽：《新闻传播学》，50页，广州：暨南大学出版社，2003。
⑥ 参见李康、杨介林：《信息概念简论》，载《电化教育研究》，1997（2）。

从新闻传播学的观点看，信息可以划分为以下三种类型：[①]

第一，语法信息、语义信息和语用信息。语法信息是陈述事物运动状况的符号编码的排列组合。例如形象、颜色、声音、气味等自然信息以及语言、数字、电码等人工信息。这类信息只表述事物的客观运动状况，而不表述信息所包含的内容。语义信息是上述语法信息对观察者所具有的意义。例如从声音信号中可以听懂语言，从光波信号中可以辨别物体。语用信息是上述语法信息对于接受者所具有的效用、价值和利益。例如"滴水贵如油"对于久旱无雨的农民，"商机值千金"对于商人等。

第二，事实性信息、意见性信息和情绪性信息。事实性信息是对客观事物所作的客观、公正、准确的报道和反映，主要回答"是什么""怎么样"的问题。意见性信息是对客观事物所作的价值判断、因果分析和理性抉择，着重回答"为什么""怎么办"的问题。情绪性信息是对社会生活中大众的情感体验、精神状态所作的真实直观的表达和陈述。

第三，指导性信息、确认性信息和娱乐性信息。指导性信息是有利于确认与调整人们共同活动及其相互关系的原则和维护正常社会秩序的信息，如法律条文、命令、通告等。确认性信息是那些不要求人们强行遵守，只希望人们相信它所说的是事实，是否采取行动由受众自己决定。娱乐性信息既不要求受众遵守什么，也不要求受众确认什么，它只希望让受众轻松愉悦。

观点是信息吗？广义地说，一切都是信息；狭义地说，信息更多指向事实，而非观点。不过，当新闻界很多人提倡观点新闻时，观点已被纳入信息。但是，观点好像更倾向于增加不确定性，这不符合信息的定义。观点和事实是不是要用不同的信息定义？

> **要点小结**
>
> 新闻的特性
> 一、真实性
> 二、客观性
> 三、时效性

八、舆论的定义

学者对舆论的定义：

舆论的英文是 public opinion。在欧洲，古代就有类似记载，但正式使用 public opinion 这个词却很晚。直到 18 世纪，伏尔泰和卢梭的著作中才正式出现"舆论"的概念，词义与汉语大致相

[①] 参见戴元光：《传播学通论》，249 页，上海：上海交通大学出版社，2000。

同,指公众的意见。舆论被当作一门独立的学问来看待,则是美国著名报刊专栏作家李普曼出版的《舆论学》。①

舆论是群众就他们共同关心或感兴趣的问题公开表达出来的意见综合——《美利坚百科全书》。②

舆论乃为民间所持守的、政府要仔细听从和考虑的意见——美国哈佛大学教授 V.O. 克依(V.O. Key):《舆论和美国民主》。③

舆论是指当人们是同一社会成员时,对一个问题的看法——美国学者伦纳德·杜布。④

(三)我们的观点

舆论分好坏吗?看到有好舆论的说法,那么,由此推论,什么又是坏舆论呢?舆论和新闻有类似的地方,都具有客观性,你可以评好新闻,但是,这属于效果评价。新闻并不因为你说是坏新闻就不发生。你也许可以创造好的舆论环境,然而,你无法制造舆论,因为人造舆论和自然舆论有明显的区别。

一般来说,舆论有铁三角。我们的社会舆论大体由三种力量组成,官方、媒体和大众。过去没有网络时,大众的舆论表达缺乏渠道,几乎变成隐形的。媒体的舆论常常被视为社会舆论,有了新媒体以后,我们开始有所区别了。官方的舆论通过一些特别的方式释放出来,并非只有媒体一种渠道。

新旧媒体的舆论顺序有差异。传统媒体往往是把自己看成舆论的代表,所以,他们的终点站似乎才是舆论;而新媒体就不同了,它们好像从一开始就求助于舆论,舆论是它们的助推器,只有舆论哗然,才能使新媒体受到重视。尽管新媒体的舆论有时会显得负面一点,但是,感觉它离社会舆论场近一些。

舆论能被生产吗?有人提出舆论生产的概念。舆论引导目前是常用概念。舆论能被消费吗?舆论本身是天然的生态,还是能被生产出来的?虽然网络推手对网络舆论有一些影响,但是,很难说网络舆论就是可控的。况且网络舆论只是社会舆论的一部分。还有一个问题,谁是舆论生产者?

信息和舆论有什么区别?信息应该是舆论的基础。而舆论本身也是一种信息。很多人把信息等同于新闻报道,而把舆论和新闻评论画上了等号。但是,从专业词汇的角度看,这两个词汇并非对立的概念,它们是从不同的方向展开的。在一定程度上说让媒体加强舆论监督也是不准确的。

综合以上定义,本教材认为:舆论是一定范围内的多数人针对现实社会以及社会中的各种现象、问题,以言语、情感、行为等方式表达出来的大体一致的信念和态度。

---

① 参见张国良:《新闻媒介与社会》,193 页,上海:上海人民出版社,2001。
②③④ 参见胡钰:《新闻与舆论》,112 页,北京:中国广播电视出版社,2001。

九、媒介的概念

（一）国外学者对媒介的界定

西方的"媒介"（medium）一词大约出现在 19 世纪末 20 世纪初，意指"事物之间发生关系的介质和工具"。"媒介"在拉丁文中有"公共"（public）的含义。丹尼斯·麦奎尔（Denis McQuail）为解释这一概念提出了几个暗喻：媒介是使我们看到身外世界的窗口，是帮助我们领悟经历的解说员，是传送信息的站台或货车，是包括观众反馈的相互作用传播，是给予指示和方向的路标，是去伪存真的过滤器，是使我们正视自己的明镜，是阻止真理的障碍。美国传播学者乔舒亚·梅罗维茨又加了三个暗喻———媒介亦如管道，又如语言，还如环境。[①]

斯蒂文·小约翰在《传播理论》一书中甚至没有给媒介下一个明确的定义，而是用了将近一章的篇幅从组织模型、媒介的内容与结构、作为社会机构的媒介、媒介和观众等方面对媒介做了近乎全面的描述。[②]

目前关于媒介的定义中比较常见的、比较简单的是把媒介概括为传输信息的工具，[③]稍微复杂一点的有《关键概念：传播与文化研究辞典》中的定义："一般来说，媒介是一种能使传播活动得以发生的中介性公共机构。具体点说，媒介就是拓展传播渠道、扩大传播范围或提高传播速度的一项科技发展。广义上讲，说话、写作、姿势、表情、服饰、表演与舞蹈等，都可以被视为传播媒介。每一种媒介都能通过一条信道或各种信道传送符码。但这一术语的这种用法正在淡化，如今它越来越多被定义为技术性媒介，特别是大众媒介。有时它用来指涉传播方式（比如是用'印刷媒介'还是'广播媒介'），但更常用于指使这些方式成为现实的技术形式（比如收音机、电视机、报纸、书籍、照片、影片与唱片）。"[④]

传播学意义上的媒介定义，有狭义和广义之分。被称为"现代大众传播学之父"的传播学家施拉姆提出："媒介就是插入传播过程之中，用以扩大并延伸信息传送的工具。"[⑤]这是得到普遍认同的关于媒介定义的一般观点。由此狭义的定义所理解的媒介，往往指涉报纸、广播、电视以及当下的网络等传播信息资讯的载体，而著名的传播学家麦克卢汉却对媒介有着更为广义上的定义。他认为媒介是人的延伸，除了报纸、电影、广播、电视，还包括一切人工制造物，一切技术和文化产品，甚至包括大脑和意识的延伸。任何新的媒介出现，导致新的延伸。车轮是腿脚的延伸，书籍是眼睛的延伸，衣服是皮肤的延伸，住宅

---

① 参见〔美〕斯蒂文·小约翰著，陈德民、叶晓辉译：《传播理论》，575 页，北京：中国社会科学出版社，1999。
② 参见上书，576 页。
③ 参见〔美〕罗杰·菲德勒著，明安香译：《媒介形态变化》，247 页，北京：华夏出版社，2000。
④ 〔美〕约翰·费斯克等编撰，李彬译注：《关键概念》，161 页，北京：新华出版社，2004。
⑤ 〔美〕威尔伯·施拉姆、〔美〕威廉·波特著，陈亮等译：《传播学概论》，144 页，北京：新华出版社，1984。

是人体温度控制机制的延伸，城市则是适应庞大群体需要的、人体器官的进一步延伸。①

（二）中国学者眼中的媒介定义

从词源学上说，"媒"在中国先秦时期是指媒人，现也多用于指"介绍婚姻的人"，除此之外，还延伸至"使双方发生联系的人或事物"②。"介"意指"处在二者之间的""在中间起着联系作用的"，因而其常有"中介""介绍""介入""介质"等组词和用法。其中，"介质"是指"一种物质存在于另一种物质内部时，后者就是前者存在的介质；某些波状运动（如声波、光波等）借以传播的物质叫做这些波状运动的介质，也叫媒质"③。

清华大学李彬教授说："按照通常的理解，传播媒介有两种含义。第一，它是指传递信息的手段、方式或载体，如语言、文字、报纸、书刊、广播、电视、电脑、电话、电报等。第二，它是指从事信息采集、加工、制作和传播的社会组织，如报社、出版社、电台、电视台等。在传播学中，传播媒介包含以上两种含义，细分起来如果是指传播活动的手段、方式或载体，那么一般就用'媒介'这个词；如果是指传播活动的组织机构或人员，那么一般就用'媒体'这个词。"④

（三）我们的观点

媒介主要是指传播过程中传受双方沟通和交流信息的各种信道。

第二节　新闻传播的本质

新闻的本质揭示的是新闻内在的东西，是指新闻区别于其他意识形式的规定性。目前，人们的研究更多地局限于新闻的外在现象，无论认为新闻是新近发生的事实信息，还是一种新的重要的事实，揭示的都是新闻的外观。新闻的本质虽然必须通过它的外在实体去认识，即从认识事实开始，但不能把事实视作新闻的本质。通过分析事实跨进新闻的本质之门，再返回到对新闻事实的深入探讨，是本节研究的主要任务。

一、新闻的事象与事态

（一）新闻的事象

新闻的事象是指构成新闻事实中的复合性、运动性和可感性的元素，即每个最小时间

---

① 〔加〕赫伯特·马歇尔·麦克卢汉著，何道宽译：《理解媒介》，163 页，北京：商务印书馆，2000。
② 刘家丰：《现代汉语辞海》，765 页，北京：新华出版社，2002。
③ 中国社会科学院语言研究所词典编辑室编：《现代汉语词典》，第 4 版增补本，650 页，北京：商务印书馆，2002。
④ 李彬：《大众传播学》修订版，138 页，北京：清华大学出版社，2009。

单位出现的事实迹象，包括事实中一切能够被人感觉到的东西，可被记者目睹和描述。

首先，事象是构成事实的自然因素，事实一旦出现和存在，就表现为多个事象的复合系统。任何事实都不是无缘由的单一因象，而是一种多因象的组合。事实的因象是各种因果关系产生的迹象，构成事物运动的时空连续性，能被记者的感官所发现和描述。事实独立于记者头脑之外，发现了它只是发现了它的存在，而它的存在则是一种时空转换的撮合。

其次，事象作为事件的现象环，使事实呈现多脉络的现象序列。

最后，事象和事实的本质可能是分离的。事象是事实的外在部分，可被记者感受到，有的事象可能从某一特定联系方面表现本质，有的则不能代表本质。对于记者而言，则是更准确地去感受事实的本质，即不被事象所惑，而能够透过现象看本质。通过对事物与现象的多维观察来接近事实本质。

认识和把握事象具有重要意义：首先，任何一条新闻都要通过许多事象再现事实，把事实分解为事象，可使新闻立足于完整的或主要的事实，但又不至于片面地抓住一点而放弃事实的全局感；其次，对事实的若干事象加以鉴别，可以区分哪些事象价值大或较大，认识新闻的关键环节，并能对主要事象进行开掘性报道，从而发现新闻的真实意义；再次，对于若干事象，记者在建设新闻时，首要是对新闻框架背景整体把握，然后围绕主要事象进行事实组构；最后，则是对这些事象协调地排列、组成有价值的事象，使事实的各部分和谐地呈现出来。

（二）新闻的事态

新闻的事态是指新闻中事实总和的关系，表现为事实各种联系的趋向，囊括了多种事实间及现象间的状态和动向，形成以人、事为核心的事态链。

维特根斯坦在《逻辑哲学论中》提出这个概念，"事态指事物的状态，事实指实际存在着的状态，表明事物必然出于一定的状态，而且相互之间必然保持一定的关系……世界的本来面目是事实的总和，而不是事物的总和，即事物必然处于一定的状态，而且是相互联系的。"[①]

新闻事态是由事态与物态共同构成的。

（1）事态包含物态。在事态关系中，经常有一些附加成分出现，即某些物体被人和某个组织所使用，这些事实中的被动物就是物态，包括日用品、生产工具、武器、食品、建筑物、场所或某种自然物。可以说这些物态正是新闻事态的承载物，一定的新闻事态一定是依附于物态之上的，借物态来表达与传递出来。

（2）事态和物态时时发生"用"和"被用"的关系，构成活生生的事实的现象链。事态离不开物态，任何新闻都是二者的有机结合。在事态关系中，经常出现物态的切入，即

[①] 转引自冯契主编：《哲学大辞典》，1354页，上海：上海辞书出版社，2001。

某些物体被人和某个社会组织所使用，构成事实中的被动物。物态是日常用品、生产工具、武器、食品或某种自然物，以事态的附加成分出现。没有它们，就不可能构成一定的事实。就人而言，新闻中的人物多是穿衣做事的行为人，只有和某些物打交道，才能构成完整的事态系统。这种相互联系的纽带及其变化，形成新闻的外在结构。

（3）事态和物态的关系不是单纯的耦合，而是必然和偶然的统一，新闻中大量的事态反映了事实发展的必然性。记者正是由此认识事实的趋向和本质，判断事实的意义。事态和物态从表面上看不是分离的，但它们之间的关系又不是单纯的偶然，而是必然和偶然的统一。记者常常只见人不见物，或只见物不见人，使物态与事态处于离散状态。新闻中的每一现象都是事实本质的某个侧面，记者采访得到的事实大都是片面的、表面的、局部的，更是多变的和易逝的。从事态与物态的总体来说，事象比本质丰富、生动；本质比事象深刻、稳定。好新闻摄录的事实应当反映这两个方面，再现事实的全面联系。

（4）仅有事态构不成新闻实体，它和物态有机结合，形成新闻的外在形体。记者要再现事实的本质，必须把握事态间这种内在的特殊形式，判断事实的知悉意义。任何一条新闻都要通过一些事象表现出来，而任何事象都是从某一特定联系方面表现本质，新闻建构具备了这一关联才会发生效应。所以，新闻事实揭示的内在联系，让受阅者认识事件的必然性与作用，表现为事象与本质的统一。记者面对事象和本质之间的关系，不能只看一面，不顾另一面。如果只看二者的统一而不注意是否存在对立，就会否认深入采访的必要性；如果只看到它们对立而不重视其统一的一面，就会否认透过事象认识事实本质的可能性，采访就会陷入盲目。

二、事实与新闻的要素

事实不是抽象符号，而是有血有肉的现象环，即事象。罗素认为："事实这个名词照我给它的定义来讲只能用实指的方式来下定义。世界上每一件事物我都把它叫做一件'事实'。太阳是一件事实；恺撒渡过鲁比康河是一件事实，如果我牙痛，我的牙痛也是一件事实。……并且如果这句话为真，那么另外还有件使它为真的事实，但是如果这句话为假，那就没有那件事实。"[①]罗素大体指出了事实的若干特征，归纳他的观点，不外乎是说，事实是真实存在的具体事物，多表现为事件的现象环。

（一）新闻事实的定义

事实是指客观存在的事物、事件或现象，通俗地说，就是事情的真实情况，包括原生事实、经验事实、历史事实、现在事实和将来事实。对于新闻报道而言，包括新闻事实和一般事实（非新闻事实）。

---

① 转引自冯契主编：《哲学大辞典》，958页，上海：上海辞书出版社，1992。

1. 事实的特征

首先,事实不是抽象的符号,而是可视可闻的现象,因此可被人们感知和描述。可感性是事实的重要特征,古语云"眼见为实",也强调了事实的这种可感性。其次,事实的客观存在是事实的根本属性,事实是一种客观存在,而不是先验于人们头脑中的主观体验,具有普遍、绝对和永恒的意义。此外,事实一般是可以认知的,具有可陈述性。不可认知、不可陈述的事象我们一般不称之为事实,事实一定是人们对于可认知、可陈述的信息的一种描述,在某种意义上具有确定性。再次,事实是变化的,世界上不存在静止的事实。事实变动的因果关系以及各种事实互为存在的前提,构成事实的内在联系;事实的事态和物态的关系以及变化过程,构成事实的外部联系。最后,事实的内在联系揭示出事实的本质,事实的外部联系显示出事实的表象。事实是社会的细胞。自然界是由物质构成的,人类社会是由事实构成的。事实的发生和发展是社会的普遍性,每时每刻都有事实再现社会的动态,它们的互生和更新表现为社会的发展状态。

2. 事实对于记者的制约

事实对于记者的制约表现在多方面:首先,事实具有独立性。事实独立于记者头脑之外,记者发现了它只是发现了它的存在,没有新近发生于某地的事件,就没有关于这一事实的新闻。在记者发现它之前,它以客观事实的形态存在,记者发现它并加以报道后成为新闻事实。其次,事实不以记者的主观认识为转移,记者不按事实的客观存在反映它,就无法正确地反映世界。事实是一种客观存在,记者如果想探寻外部世界的真理,就要准确地发掘客观存在,描述这种客观存在,并按照客观存在的原生样态进行其本质的探究。从这个意义上而言,事实实际上制约了记者的主观想象,客观新闻报道原则则是在这一前提下展开的。最后,事实有外部联系和内在联系,不探求事实的内在联系就无法反映事实的本质。记者要在实践中认真地观察、采访才能发现和认识事实;记者捕捉事实的主要环节,抓取最能反映事实本质的事象,才能把事实的真实情况再现出来;此外,记者只有注意事实的具体细节和发展过程,新闻才能呈现出客体的事貌;与此同时,因为事实的发生是个时间概念,事实的变化伴随时间的推移,陈述事实离不开时间的转换。

(二)新闻的要素

新闻要素是指构成新闻事实的主要元素,即事实存在的要素,可归纳为主体(谁)、事件(什么)及其发生的时空(何时、何地),以及事件结局(怎么样)和为什么等事象,简称为"五个 W 一个 H"。

(三)新闻要素之间的关系

(1)新闻通过新闻事实的要素再现新闻事实的基本框架,构成每个要素的内容都是事件的细小部分,它们把新闻事件完整地展示出来。

（2）新闻的主体是导入性要素，可以是人也可以是物，回答"谁"或"什么"的问题。

（3）事件是事实主体相互联系、相互作用的状态，通常以时空要素"何时、何地"（when 和 where）表现为主体及环境的相互影响和事实的矛盾冲突。最后显露出"怎么样"（how）这个结局要素。

（4）"为什么"（why）要素是新闻事实的本质。记者掌握了主体行为的归宿和事物的最后走向，有可能或需要的话，还要揭示事实的因果关系，写出"为什么"（why）的要素，展示事实的内在联系，即展示事实的本质。

三、新闻事实的类型与结构

（一）一般事实与新闻事实

一般事实是指没有获悉功能的事实，在自然界和人类社会中大量地、每时每刻都在发生，是处于自然状态并被人所熟悉的事物。一般事实主要具有如下特征：一般事实的发生都具有必然性，是客观世界规律的直接或间接的反映，大都具有雷同性；每个一般事实在什么时候、什么地方发生都难以预料，具有不期而遇的偶然性；一般事实大量重复出现，是常见的，不会引起人们的注意，因此一般事实大都被舍弃在新闻之外；一般事实无穷无尽、每时每刻都在发生和消亡，随着时间推移，新事实和旧事实不断交替，构成世界变化的序列。

但一般事实对于新闻报道而言却具有重要作用：首先，一般事实可能成为奇异、重大事实的先导或延续，注意跟踪和观察它有可能最先发现奇异或重大事实。而有些一般事实对奇异、重大事实具有引导和铺垫作用，记者选择、加工新闻事实时，大部分一般事实都要被舍弃，但也有少许的一般事实成为新闻的材料。其次，记者确定重要和奇异事实时是同一般事实比较而言的，较多并反复出现的事实可以肯定为一般事实，罕见的、偶尔出现的事实是对记者有价值的事实。

新闻事实是指被记者选定的、带有知悉意义的事实，具有客观性、真实性和片段性，包括现时事实、历史事实和将来事实。新闻事实具有如下特点：首先，新闻事实具有"未知性"特点，新闻事实指实在的现象、事件，但必须是绝大多数人未知的事实，一旦被多数人了解，就不再是新闻事实。其次，新闻事实必须具有"满足人类知晓需求"这一特性，新闻事实必须给人提供知晓的需求性，"从来没有发生过"是判断这种需求性的重要标准，所以新闻事实同一般事实相比是稀少的、罕见的，需要记者到处探寻或辨别才能发现。这一点对于信息过剩时代的新闻事实选择尤其重要，新闻是那些能满足受众知悉愿望且有意义的事实的集合，而不是无意义、琐碎信息的汇集。最后，新闻事实和一般事实往往混杂在一起，是由一般事实变动而来的，它本身也包含一些没有知晓价值的细节或多余情况。一般事实当遭遇特定情境或者遇到特殊变化时，也可能成长为新闻事实而进入到记者的视野中来，新闻报道就是不断甄别一般事实，不断地从一般事实中找到有可能成为新闻事实的元素。从一般事实中发现新闻事实，就要求记者要贴近生活、深入社会，到实践中了解各行各业的活动，越是有冲突的地方、变化较多的地方、人们议论纷纷的地方，越容易出现新闻事实。记者还要不放弃外界提供的任何新闻线索，要在与一般事实的比较中确定新闻事实。此外，最为重要的一点即是要用受众的眼光衡量事实是否能够满足他们的需要，受众感兴趣、受众特别关注的事实，就有可能是新闻事实。

（二）短促事实与连续性事实

短促事实是指一个在极短时间内发生的事件，不再发展的事实。建构这类新闻也有很多方式，但把事实要素一次性都写出来，线索单一，就能构成反映世界的一个孤立的图式。

连续性事实是指继续走向成熟的事件，在这一进程中，每条新闻对它的报道只是截取了一段新的事态。

（三）硬事实与软事实

硬事实指新闻中时空界限清晰、不能任意改变的事实，也称固态事实。包括新闻事件中的人物、地点、时间、数据、服饰样式、色彩、事件经过等，是搭建新闻框架的基本材料。硬事实具有如下特点：（1）硬事实作为新闻中刚性的事态，时空概念及事实要素缺少弹性，必须精确无误。（2）记者对事象没有改变的任何余地，否则要冒失实的风险。（3）硬事实没有混沌模糊的形式，记者对它的识别和再现容易取得一致，大体用相同的词句来表现。（4）反映硬事实容易做到准确，甚至达到相当的精确度。（5）一则新闻可以没有软事实，但不可缺少硬事实。

软事实是新闻中难以确定具体时空界限、表达情态或意态的事实。情态事实是事实有声息的细节，通常表现为现场气氛和人们的情感；意态事实是新闻中的议论成分，对事实的性质、意义和作用作出阐释，揭示记者对事实的评价。软事实仍然是客观事实，不允许记者主观杜撰。软事实具有如下特点：（1）软事实一般较模糊、较含蓄，可以多写，也可少写，记者对软事实的陈述具有可变性。（2）对事实的情态和意态有不同的表达方式，记者只要忠于已经发生的事实，可用不同语言再现这种事实。因为有了软事实，记者在重构这个世界时会表现出不同的角度与描述风格。软事实也是决定新闻报道风格多样性的重要因素。（3）软事实的广延性可以浓缩，也可以伸展，还可进行一定程度的渲染。在新闻娱乐化时代，软事实被媒体强调，"细节、画面感、质感、甚至能嗅得见味道的文字"成为这一时代"软事实"的鲜活注脚。

新闻必须是一个事件，是一个图式构造，具有时间的跨度。麦茨曾指出，叙事的功能之一在于根据某种时间架构（即故事时间）创造另一种时间架构（即叙事时间）。[①]构图就像一张图画凝聚了叙事的内容，时间减缩了，内容紧缩了，接受者的视线经过多次扫描重

---

① Christian Metz，Notes Toward a Phenomenology of the Narrative，*Film language*: *A semiotics of the Cinema*. 1983，p.18.

建了影像的时空。从而,事件的内涵在象征中重新显现。新闻构图一旦形成,便有了相对的稳定性,其图式的相对性是我们生存于其中的世界的再现。记者的新闻拼图与人们拥有的任何认识图式一样,本质上是对客观世界的反映,它始终是开放的,后继新闻不断从旧图式向新图式转换,世界的面貌便逐一展现出来。

第三节　新闻传播的结构

一、新闻的形态

新闻的形态是指新闻中的事态、意态及其表现形式的总和,又称新闻的实体。事态与物态的聚合,形成新闻的外在结构,使受众获得感性的外部世界;新闻的意态是指新闻所蕴涵的思想,表明事物发展的趋势。新闻的意态是多维的,包含事实的倾向、品类和角度。

一般而言,新闻的实体主要有两种格式:标准的新闻与非标准的新闻。标准的新闻,即消息、通讯,是一桩或几桩事实的有机展示,给人们提供秩序井然的具体事件。非标准新闻没有本报讯或电头,没有导语,叙述事实缺少严谨的结构,各种事实服务于一个主题而随机地展开。事实与分析纵横交错,以表达新闻的意义为主线,例如深度报道、新闻访谈等。

新闻形态构成的模式如下:

(1)最近点投射主题的模式。不管哪种新闻,新闻实体都表现为记者对事实主题的揭示,陈述要以最近时间的事实为起点,再现事实的发展。

(2)材料堆积模式。这种模式揭示主题主要靠材料的对比,在新闻中收集丰富的材料围绕主题展开,用大量事实客观地显现主题。

(3)话语模式。新闻选择重点事实,陈述时多用关键的话语突出事态的特征,"点破"主题。

(4)展示事实过程的线性模式。重视事实的发展进程,由时空某一点展开事实的演变线索,逐一揭示事实的内在联系——事实的现象和本质的关系、事态生成的因果与前提或条件。

二、新闻的建构方式

新闻的建构是指记者协调地排列、组构每个事象和事实,使新闻获得一种实体并显露一定的意义,再现新闻的内在联系和外部结构。新闻的建构适合人们认识事实的习惯,就是一种最佳的报道框架。本教材把新闻的建构概括为以下四个步骤：

（1）确定选择事实的出发点。新闻建构的起点是客观存在的新闻要素，即没有事实做基础，新闻建构就无从谈起。

（2）新闻的基础建构。在确定了选择事实的出发点之后，新闻建构则面临着如何将新闻要素有机组合在一起，按照表现客观事实的需要合理排列新闻事实的"五个W"或"六个W"，清晰地揭示新闻事件发展的脉络。

（3）安排新闻的结构。构建新闻还需合理安排新闻的基本成分，新闻一般由标题、导语、主体、背景和结语组成，需要把这些部分和谐地衔接起来。

（4）不同事实类型的组构。构建新闻要注意有价值的一般事实和新闻事实的穿插，硬事实与软事实的联结，将软事实自然、圆熟地嵌入硬事实中，构成一篇富有生机的报道，是新闻建构完美的重要标志。

三、事实的品类与新闻的意义

（一）事实的品类

事实的品类指事实的品位差异，构成事实引人注目的个性与分量，一般指事实的重要程度、新奇程度、趣味程度、显赫程度。事实的品类是事态具有的若干意义因素，主要有事实的分量品位、相关性品位和反常性品位。

（1）分量品位。在事实的分量品位中，重要性是事实的首要品位，通常指意义重大、影响深远，能引起全社会关注和议论的事实。

（2）相关性品位。事实的相关性品位，指同受众在空间上临近，或与人们的切身利益较近，或与人们的生活紧密相关的事实。

（3）反常性品位。事实的反常性品位，表现为事实具有异常性、特殊性、显赫性和趣味性。

（二）新闻的意义

新闻建构是基于一系列新闻事实的基础之上的，其目的是形成新闻的意义，意义是影响人们观点的原发动力。新闻建构中的意义传达是通过新闻角度的选择、新闻倾向的表达而逐渐建立的。

（1）新闻的角度是指新闻事实中由一个或几个事象构成的某种意义的特征，包括主要角度和次要角度，每个角度都是事实某一方面特质的表现。

（2）新闻的倾向主要是指新闻记者及媒介机构的新闻立场。

（3）新闻意义的形成。新闻的意义指新闻事实蕴涵的思想，多表明客观事实的趋势，包括媒体表露的倾向、记者对事实的评价以及记者突出事件利害的动机。新闻意义的形成是通过对事实的选择与组构而实现的。

四、趋势性事件与构建世界

人类生活的媒介世界大多数是由趋势性事件而非偶然性事件构成的，趋势性事件使得人们对世界的观察有连续性，能获得整体性印象。趋势性事件指记者建构新闻、反映客观世界必然出现的事件。趋势性事件又分为主导趋势性事件和次要趋势性事件。在新闻学范畴中，趋势性事件与非趋势性事件或称偶然事件，是相对的两个概念。

也许我们可以按照新闻传播内容划分出三种形态：第一种是事实传播，或者更专业地叫事件传播，只传播事实，不带观点，强调客观；第二种是观点传播，往往是采访有观点的人；第三种是话题传播，通常是针对人们议论纷纷的事情而进行的一种背景式传播，经常有粉丝基础。

事实本身会说话吗？"用事实说话"是《焦点访谈》节目的口号。但是，从中文字面上看，事实至少有两层意思：一是材料和案例；二是有反驳意向的叙述。换言之，前者是不会说话的死材料，后者是会说话的表述。所谓摆事实，讲道理，事实胜于雄辩，多是建立在第二种事实的基础上。

> **思考与研讨题**
>
> 1. 新闻传播的本质到底是什么？
> 2. 你对新闻的定义是什么？
> 3. 请你给新闻价值要素重新排序。

chapter 3

第三章　新闻传播的社会功能

本章要点

1. 传播的深度功能
2. 国内、国际新闻报道的功能
3. 新闻传播中的逆反效应

功能，简单来说就是事物或方法所发挥的有利作用。从宏观来看，社会是一个高速运转的复杂系统，新闻传播作为一个子系统在其中发挥着举足轻重的作用。那么，从微观进行分析，新闻传播究竟有哪些社会功能呢？

第一节 传播的社会功能

一、传播社会功能的学说

关于传播社会功能的明确表达，最早出现在哈罗德·德怀特·拉斯韦尔（Harold Dwight Lasswell）1948年的论文《社会传播的结构与功能》中。在这篇论文中，拉斯韦尔提到了"五W模式"。在讨论完传播的模式之后，拉斯韦尔讨论了传播的三种功能，即"监视周围环境，联系社会各部分以适应周围环境，一代代传承社会文化"[①]。这三种功能可以简单地概括为：监视功能、联系功能和传承文化功能。监视功能指的是大众传播帮助人们持续地、及时地关注环境的变化，这种功能通过向受众提供新闻信息来完成，这类信息中主要是指一些危险情况和与经济、公众以及社会生活密切相关的重要新闻；联系功能指的是大众传播"指示人们应如何对周围发生的事件作出反应"[②]；传承文化功能指的是大众传播通过对知识和社会规范的传播，使之在社会成员中一代代地传递下去。

赖特继承了拉斯韦尔"三功能说"，并在此基础上围绕大众传播的社会功能问题提出了"四功能说"。

（1）环境监视——大众传播在特定社会的内部和外部收集与传达信息的活动。

（2）解释与规定——大众传播并不是单纯的"告知"活动，它所传达的信息中通常伴随着对事件的解释，并提示人们应该采取什么样的行为反应。

（3）社会化功能——大众传播在传播知识、价值以及行为规范方面具有重要的作用，也称之为大众传播的教育功能，与拉斯韦尔的"社会遗产传承"功能相对应。

（4）提供娱乐——大众传播的一项重要功能是提供娱乐，尤其是在电视媒体中。

施拉姆从政治功能、经济功能和一般社会功能三个方面对大众传播的社会功能进行了总结。他认为，大众传播的政治功能主要包括监视、协调、社会遗产、法律和习俗的传递。经济功能包括：关于资源以及买和卖的机会的信息；解释这种信息；制定经济政策；活跃和管理商场；开创经济行为等。一般社会功能包括关于社会规范、作用等的信息；接受或拒绝它们；协调公众的意愿，行使社会控制；向社会的新成员传递社会规范和作用的

---

① 〔美〕沃纳·赛佛林、小詹姆斯·坦卡德著，罗世宏译：《传播理论：起源、方法与应用》，347页，台北：五南图书出版股份有限公司，2000。

② 同上书，348页。

规定、娱乐等。

施拉姆分类法的重要贡献在于它明确提出了传播的经济功能，指出了大众传播通过信息的收集、提供和解释，能够开创经济行为。大众传播的经济功能并不仅仅限于为其他产业提供信息服务，它本身就是知识产业的重要组成部分，在整个社会经济中占有重要的地位。这也是对新闻传播的经济属性的确认。

另外两位美国学者拉扎斯菲尔德（Paul Lazarsfeld）和默顿（Robert Merton）在《大众传播的社会作用》一文中则特别强调了大众传播的另外三种功能：社会地位赋予功能、社会规范强制功能和麻醉功能。

（1）社会地位赋予功能

它指的是"任何一种问题、意见、商品乃至人物、组织或社会活动，只要得到大众传播的广泛报道，都会成为社会瞩目的焦点，并获得很高的知名度和社会地位"①。

（2）社会规范强制功能

大众传播媒介通过将背离公共道德和偏离社会规范的行为曝光于社会面前，从而唤起普遍的社会谴责，将违反者置于强大的社会舆论压力下，起到重申社会准则并促使人们共同遵守的作用。

（3）麻醉功能

各种各样的传播媒介为人们提供了大量形形色色的信息，人们沉醉在这些信息之中，减少了直接参与社会活动的热情和可能，结果只会满足于被动的知识积累，丧失了社会活动能力，与社会的关系越来越疏远、冷漠。

对于传播的功能研究来源于西方社会学的结构功能主义学派，并吸收了心理学、社会心理学的研究成果。默顿在对大众传播媒介的功能分析中，引入个体、群体、社会结构、文化结构等具体分析单位，将研究者的目光从社会整体转向能够进行经验分析的具体层面，这就使对传播活动的功能研究摆脱了以往对传播功能一体化认识的模式，能够在心理功能、群体功能、社会功能、文化功能等不同方面展开对传播活动的全面考察。对隐性功能、显性功能、正功能、负功能等概念的辨析和引入，则为分析

背景延伸

威尔伯·施拉姆（Wilbur Schramm，1907～1987），是传播学科的集大成者和创始人，人们称他为"传播学鼻祖""传播学之父"。施拉姆对传播学的巨大贡献在于他把美国的新闻学与社会学、心理学、政治学等其他学科综合起来进行研究，在前人传播研究的基础上，归纳、总结、修正并使之系统化、结构化，从而创立了一门新学科——传播学。他创立了第一个高校传播学研究机构，编撰了第一本传播学教科书，授予了第一个传播学博士学位，也是世界上第一个获得传播学教授头衔的人。

---

① 郭庆光：《传播学教程》，115 页，北京：中国人民大学出版社，1999。

大众传媒的多重功能提供了一套有效的话语系统。

二、传播社会功能的分类

从功能呈现的方式来看，它可以分为显性功能和隐性功能。显性功能是人们可以明显看出或感觉到的作用或效能，而隐性功能则是人们不易察觉的作用效应。这二者有可能产生正面作用，也可能产生负面作用。

案例精选

2007年5月30日，人民网发表《江苏无锡部分地区自来水发臭 市民抢购纯净水》的报道，通过对无锡自来水发臭、市民抢购纯净水事件的报道将蓝藻污染水源这一严重的环境灾难告知公众，同时引起公众对太湖环境的关注和反思。随后的时间里，该专题随时更新，《专家称太湖藻类水华可能持续近5个月》《太湖蓝藻暴发可能扩大 引发无锡严重水危机》《李源潮赴无锡解决水污染危机 解决尚无时间表》《清水入太湖 水质得改善》《无锡：已打捞蓝藻6,000吨——贡湖水源地水质明显好转》等将太湖蓝藻危机的严重状况及治理的最新进展告知公众。从积极的方面来说，这些报道促进了环境的法制化进程。但是，消极作用是苏州的经济损失巨大。苏州是一座历史名城，旅游业是苏州的一个支柱产业。苏州的一些知名景点每年可吸引300万左右的境内外游客前来观光旅游，每年的5月开始是苏州旅游业步入旺季之时，六七月更是高峰。此次蓝藻暴发的报道正好影响了原本该旺季的旅游业，其旅游接待量和效益下降了一半。

从功能释放的效应来看，传播可以分为正功能和负功能。正功能是信息传播的正常效果，也是传播者所预期的和追求的。只要传播者在事前对整个过程逐项精心组织，巧妙安排，通常都能实现。负功能则是传播者在传播活动中不愿见到的和力求避免的令人不愉快的负效应。在大众传播中，每一项正功能都可能转化为负功能，但被批评较多的主要有这样几种负功能：虚假信息，信息泛滥，信息污染，麻痹大众，垄断意见，人情冷漠，金钱至上。负功能对正功能的影响力有干扰、滞退的消极作用；而正功能的有效发挥，也有助于抑制负功能的产生。问题是，媒体究竟能够做什么？有很多人希望媒体无所不能，比如，可以发射"催泪弹"让观众哭得稀里哗啦，但是，在哭过以后，一些观众会怀疑这种电视节目的真实性。这里就涉及媒体的界限，媒体到底可以做什么？或者说什么是它不能做的？不能做不是因为它被禁止做，而是回归媒体的基本功能。媒体不是法庭，也不是情感调解室。

从功能应用的区位来看，它可以分为思想功能和交际功能。思想功能是指人类传播活动对人的思想意识所产生的各种作用，包括教育、启发、娱乐、影响等。交际功能是指传播活动对人与人之间的交往关系所产生的各种作用，包括享受家庭温暖、感受朋友情谊、追求补偿、摆脱挫折、抵制强权、驱除紧张感、打破孤独感等。

从功能产生的渠道来看，它可以分为个人功能、组织功能和社会功能三种。

从功能产生的纵深度来看，它可以分为传播的直接功能与深度功能。传播的直接功能是人们在社会中可以直接感知到的作用力，影响着人们对环境的认知。其深度功能则通过对人的社会、政治、经济的深入影响改变世界的状况。这种深度功能建立在直接功能的基础上，是一种潜移默化的影响，但这种影响最为深远。

媒体还有一种放大功能。比如江苏卫视的《非诚勿扰》节目，一位80后女嘉宾说了一段极端的话以后，大家会以为80后都这么想。不过我们还可以发现另一种放大，就是编辑部内部的放大。这两端的放大共同组成媒体的放大功能。

三、传播的深度功能

总的来说，传播的深度功能能够促进个人的社会化，推动经济发展，提升政治化水平。

（一）培育、提升人的社会化

所谓社会化就是指作为个体的生物人，通过社会交互作用，学习社会文化，参与适应社会生活，成长为社会人的过程。具体来讲，社会化包括两个方面的含义：一是个人在社会中通过学习活动，掌握社会知识、技能和规范，取得社会成员的资格。二是个人积极参与社会生活，适应社会环境，再现社会经验。因而，人的社会化是个人学习社会和参与社会的统一。[①] 人们无论是学习还是参与社会生活，都无法避开大众传媒对人的意识和行为的作用及影响。具体表现在：

1. 大众传播为人的社会化提供内容支持

媒介给人类提供了包括谋取物质生活资料的劳动方式和生活方式，比如婚姻家庭形式、人际交流形式、社会体制形式等。各类新闻报道告诉人们，这一切都是在人们的相互作用下、在社会互动中逐渐产生的。媒介把个人的生存目标和手段传授给他人，就是个人的社会化。

2. 大众传播建构人的个性化和价值观

社会化的过程，是使人们形成一些进行社会交往的共性的过程，但其中也有个性的获得。人在社会化的本质过程中，所获得的结果是不同的，表现为个人兴趣、性格、气质等的差别，以及个人的思想、意识、觉悟、品德的差别。媒介培养人的社会化，更多地表现为培养人的个性，以鲜明生动的各类人物命运感化、塑造受众。媒介提供了各种社会价值的范例，让人们逐渐认识到自己的价值观将有可能成就哪种类型的人生。

3. 大众传播提供人的发展方向

大众传播中的人物新闻、犯罪新闻、社会新闻展示了人的复杂经历和应有的生存方式。比如"雷锋""焦裕禄""任长霞"等典型人物报道为受众提供了学习的典范，对个人的发展起到了一定的积极作用。社会关系实际上决定着一个人能够发展到什么程度。就人本身而言，他与自然、社会和人自己本身的关系也存在一个由"狭窄""片面"到比较"全

[①] 参见李芹：《社会学概论》，93页，济南：山东大学出版社，1999。

面"的过程,并在这个过程中不断完善自身,促进自身的发展。

(二)推动经济形态的发展

大众传播中的经济报道指引人类深刻认识社会结构,对提高生产力、改造社会产生了巨大作用。具体表现:

1. 展示经济的发展动力

18世纪初的欧美报刊,关于珍妮纺纱机、风力动力机、蒸汽机及各类手工工场的报道令人目不暇接,走进手工工场的工业繁荣成为报刊上的壮丽景观。这些新闻表明科学技术产生的新兴生产力对社会制度和意识形态产生了极大的影响。

2. 预测经济形态的发展

一般来说,每篇经济报道都是对单一经济现象的披露和说明;在一定时期内,无数篇相关经济报道能够显示社会经济的发展方向。首先,报道新的经济形态。比如据媒体报道,进入21世纪,世界各种经济势力不断整合并发生变化,涌现出许多新型的经济形态,如信用经济、眼球经济、拇指经济、网络经济、虚拟经济和知识经济等。与传统的经济形态相比,这些新型的经济形态具有不同的特点,如满足更高层级的人类需求、消遣性、共时化、休闲性、时尚性,以第三产业为主要载体等。此外,阐释社会经济变革,经济报道可以揭露经济形态的内部矛盾,从而为经济变革指出正确的方向。它一般通过以下三种途径进行的:第一,科学地报道经济体制改革的目标;第二,通过经济报道引导经济发展战略的调整;第三,通过报道政治领域的变革来对经济变革产生作用。

(三)推动社会政治变革[①]

近代以来,新闻传媒日益成为强有力的政治宣传工具,不断地推动着政治制度的变革。当代大众传播的政治功能,更多地表现为推进政治民主化的作用。在社会主义初级阶段的历史背景下,党和政府通过政治新闻传达大政方针,告诉人们政治动向,激发人民的政治觉悟,促使民众踊跃参与政治生活,从而发挥着改变不合理的政治现状、建立优良政治制度的深度功能。

1. 促进政治社会化

所谓政治社会化,是指"一个通过社会互动而形成政治态度和政治行为的过程"[②]。这个互动行为是在整个社会政治系统与社会成员个人之间进行的,政治系统将时代主导的政治文化,通过各种传播方式,传达到社会成员个体,教育和训练逐渐成为合乎政治系统要求并能担当应有的政治角色的政治人。政治社会化是一个复杂的系统信息传播过程,在传播主体政治体系和传播对象之间进行,作为中介性质的传播渠道除了家庭、社会、学校之

[①] 参见周武军:《大众传播媒介的政治功能研究》,52~65页,长春:吉林大学博士论文,2008。
[②] 莫东江:《青年的政治社会化与教育(上)》,载《青年研究》1998(1)。

外，政治社会化主要的传播手段是依靠大众传媒来实现的。

2. 促进政治文化的传播

加布里埃尔·A·阿尔蒙德（Gabriel A. Almond）认为"政治文化是一个民族在特定时期流行的一套政治态度、信仰和感情"①。由于政治思想在政治文化中处主导地位，以及自身的重要性和具备的强制性表现形式，作为政治文化次要地位的政治心理要能够与政治思想协调统一，才能达成政治文化的形成和实现。这就需要在政治思想和政治心理之间建立一个相互促进的渠道，大众媒介所具有的传播优势便成为实现这一目标的最好的工具之一。

3. 促进有效的政治沟通和政治说服

（1）大众传播与政治沟通。对于政治沟通的定义，较有影响的《布莱克维尔政治学百科全书》是这么解释的："赋予政治过程以结构和意义之信息和情报的流动。政治沟通不只是精英对其民众发送信息，而且包括全社会范围内以任何方式——不论是对公共舆论的影响、对公民的政治社会化或是利益动员——影响政治的整个非正式沟通过程。有些理论家业已将统治视为一种包括信息和情报的收集、储藏和传播在内的庞大沟通工程。"②大众传播的政治沟通功能是通过预置、监督、贯彻、动员和渗透五个基本方面来实现的。大众传媒参与政策制定是通过其预置功能，也就是议程设定实现的，通过提供一定的决策议题，吸引决策者和公众的注意和参与，影响决策的形成和执行。在议程设定过程中，媒体、公众和政治精英三者进行互动才能真正形成合理有效的政治决策。大众传媒从政治沟通角度而言，其监督作用体现在对公权力的政治监督方面。贯彻、动员和渗透是我国大众传媒的显性特点，在政治沟通中，贯彻相当于履行着执行的功能，通过对政策的理解，进行由上至下的传播，这是大众传媒作为"党和政府的喉舌"的定位所决定的。而动员是根据意识形态的需要，用高度意识形态的语言和高度计划性的报道方式，进行全社会性的政治动员，实现执政党或政府所倡导的经济政治和社会发展的政治行为。这种功能在改革开放前的中国政治社会中是群众运动的组成部分。渗透功能是大众传媒按照政治社会化的要求进行的政治教育等方式来实现的，并与动员相呼应。

（2）大众传播与政治说服。"民主的本质在于统治者与被统治者之间的沟通，而沟通的目的就是为了彼此说服对方，这就是政治说服。政治说服是政治的本质"③，政治的失败往往是说服的失败。政治说服的两个主体是作为统治者的政治精英和被统治者的社会公众。对于政治精英来说，进行政治说服的目的，是为了使社会公众保持或者适应与政治系统要求相一致的、维护政治统治所需要的政治态度和价值观等；而社会公众希望通过政治说服影响政治精英，维护自己的利益诉求。在政治说服过程中，大众传媒起到中介和桥梁

---

① 〔美〕加布里埃尔·A·阿尔蒙德、〔美〕小 G·宾厄姆·鲍威尔著，曹沛霖等译：《比较政治学》，29 页，北京：东方出版社，2007。

② 〔美〕戴维·米勒、〔美〕韦农·波格丹诺编，邓正来译：《布莱克维尔政治学百科全书》，547～548 页，北京：中国政法大学出版社，2002。

③ See Deane Alger, *The Media and Politics*, Prentice-Hall, Inc, 1989, p.41.

的作用，利用自身的传播和引导优势，汇集了政治精英和社会公众的政治说服目标和内容，促进两者之间的良性互动，同时将政治说服的影响渗透到社会的各个阶层和角落，从而影响政治精英和社会公众的思想和行为，为最终达成政治一致服务。

4. 政治监督

（1）大众传播与政务公开。近年来，在依法治国进程不断加快的背景下，我国各地各部门相继出台了一些政务公开的规定，其基本要求：政府机关的一切活动，除了必须保密的信息或涉及个人隐私外，政府有义务向社会公众公开。大众传媒作为基本的信息传播工具，正在逐渐适应政府的政务公开制度。对大众传媒而言，应借助政务公开的契机，以政务公开制度为依据，为公众提供多元的政治表达渠道，积极介入政策过程的不同阶段，推动政策制定执行的合法化。

（2）大众传播与舆论监督。在现代社会，除了法制的健全、政体的完善、公民社会的发展，大众传播成为政治监督的常见方式。作为政治系统的子系统，大众传播在对其进行监督方面作用显著。在我国，大众传播的政治监督功能主要是通过在新闻报道过程中的舆论监督形式来实现的。在转型的社会中，大众传播担负着监督社会系统和政治系统运转的双重职能。对社会系统的监督体现在弘扬传统文化和价值观，倡导主流的理想和生活观念，监督、监测有损社会风气和道德风尚的思想和行为；而政治监督则是根据党和政府的要求，对党和各级行政部门及人员进行监督、揭露腐败和滥用职权等行为。

第二节　新闻的社会功能

报道新闻是大众媒体"第一功能"，是其他功能实现的基础。新闻媒介被形象地称为："社会守望者""社会雷达""社会监视器"，它们都是在强调新闻事业的环境守望功能。传播学者拉斯韦尔在《社会信息交流的结构与功能》中说："在动物社会里，社会成员扮演着专业分工的角色。有的从事环境的监视，负责担当哨兵，在距离动物群较远的地方活动，警戒周围的环境。一旦发生威胁，就立刻大声吼叫起来。运动着的动物群，一听到'哨兵'的吼叫声、啼鸣声、尖叫声，便会应变而迅速地行动。"[①] 如今在信息时代，受众们更是如饥似渴地追逐着自己感兴趣的新闻，以此来适应环境的变化。

一、新闻报道的社会功能

大众传媒通过专业新闻活动发现社会中丑恶的事实并将其公布于众，从而起到抑制丑陋现象的作用，促使社会能够按照规范有序运行，这被称为新闻的监督功能。舆论被称为

---

① 〔日〕和田洋一：《新闻学概论》，6页，北京：中国新闻出版社，1985。

大多数人的意见，它对个人、社会群体乃至政府都能起到一定的制约与监督作用。媒体通过新闻报道引发并促进舆论，传播并代表舆论，新闻中的借古讽今对社会的监督内容是多方面的：大至社会的经济基础和上层建筑，小至社会成员的个人行为；上至政府的路线、方针、政策，下至社会的某一具体事件，力求维护社会的正常秩序，扶正祛邪、惩恶扬善。

（一）国内新闻报道的社会功能

各类新闻报道涉及社会生活的方方面面，能够满足不同受众的不同需要。比如，近年来很受欢迎的民生新闻，将平民在生活中遇到的酸甜苦辣披露出来，尤其是将他们无奈的投诉、遭遇的不公及时报道出来，引起政府的重视，促进民生、民权问题的解决。又比如体育新闻和娱乐新闻，因为人们有了较好的经济条件和更多的休闲时光来享受精神文化生活，休闲娱乐成了现代人生活中不可或缺的内容。

还有一个问题是，当国内传播和国际传播发生冲突的时候怎么办？从全球角度看，二者的差异是越来越小，但是，由于各种各样的原因，这种差别依然如故。越是大国，这种差异似乎就越大。如果用国内报道思维统领国际报道，很容易引起国际受众反感；反之，如果用国际报道思维来统领国内报道，又会冲击国内报道。这是今天面临的新问题。

（二）国际新闻报道的政治功能[①]

从政治角度看，国际新闻的功能主要体现在以下六个方面。

1. 通过提供国际政治信息，满足受众的知情权

国际新闻是民众了解国际形势和国际舆论的主要渠道。每当重大的国际事件发生，人们都希望了解国外发生了什么重大事件，各国政府对这些事件的态度和措施，世界民众对事件和各国态度的反应如何等，这些都要靠国际新闻传播。在现代政治条件下，国际新闻媒体通过信息传播已经成为国际舆论的主要代言人，而国际舆论直接影响到政府的决策。

人民日报社旗下的《环球时报》是国际评论的典型，虽然它主营国际报道，但是，它惯用的是中外对比式报道，提供经验之谈。虽然它作了很多国际报道，如今反而是它的国际评论更出彩，更能反映中国在国际评论上的开放。

2. 通过议程设置而影响国际舆论，建构话语权

例如，美国媒体对越南战争的报道影响了民众对战争的态度，对海湾战争的报道则影响了世界舆论关注的焦点。又如，在以美国为首的北约入侵南联盟之前，西方通讯社及其媒体就科索沃的民族矛盾大做文章，大量地、片面地进行报道，甚至利用虚假新闻，报道当地的"种族清洗"，将南联盟总统米洛舍维奇形容为"希特勒"，将科索沃描绘成"集中营"，这使得西方国家民众对科索沃的局势得出了片面的认识，形成了有利于以美国为

---

① 参见刘笑盈：《国际新闻学》，259～290页，北京：中国广播电视出版社，2010。

首的北约对南联盟动武的国际舆论。

3. 服务国际战略及外交，维护国家利益

国际战略，"是指一个国家对较长一个时期内整个国际格局、本国的国际地位、国家利益和目标，以及相应的外交和军事政策等总的认识和谋划"①。外交是国际战略的组成部分，而且是一个短时期显现出来的现象，新闻报道也是以及时和迅速作为基础，所以在这一层面上，国际关系与外交关系更为密切。国际新闻影响外交的方式主要有以下几个方面：首先，国际新闻报道可以为外交政策或重大的外交活动营造声势，烘托气氛，进行舆论铺垫；其次，除了官方和情报信息外，国际新闻报道也是外交决策重要的消息源；最后，传媒还通过国际新闻报道直接参与外交进程。由于传媒的加入，外交的内容和形式也日益丰富，外交的透明度和民主化都在提高。

4. 监督政府或国际社会，促进民众的政治参与

尽管政府和媒体都服务于国家的整体利益，但是维护的方式并不完全相同，媒体的国际新闻报道在服务外交政策的同时，也可以在监督政府的对外政策方面发挥重要作用。另外，媒体对国际社会的监督分两个层次：一个是其他国家媒体对某一国家的外交政策的批评，另一个就是对全球性事件的公共话题的报道和评论的形成，从而促使公民自愿通过各种方式参与到政治生活中来。

5. 展示"软实力"，建构国家形象

国家形象，是"国际社会公众对一个国家相对稳定的总体评价"②，是"一个主权国家和民族在世界舞台上所展示的形状相貌及国家环境中的舆论反映"③。可以列出一个公式：国家形象 = 国家行为 + 媒体传播 = 国际社会公众的总体印象和评价。

> **链　接**
>
> 　　一方面，国家形象体现在他国媒体对形象国的国际新闻报道中（他塑），另一方面，也体现在本国媒体对本国形象的对外报道中（自塑），还体现在这两种报道的合作与冲突中（合塑）。国家形象直接影响了世界人民的人心向背，也可以被称为"软力量"，它是通过自己思想的吸引力或者决定政治议题的能力，让其他国家自愿效仿或者接受体系的规则，从而间接地促使他人确定自身的偏好的能力。国际传播能力直接体现为"软实力"的组成部分。

6. 社会动员与政治社会化

社会动员是"人们所承担的绝大多数旧的社会、经济、心理义务受到侵蚀而崩溃的过程，人们获得新的社会化模式和行为模式的过程。"④媒体的报道在许多国家的现代化过程中扮演了社会催化剂和动员令的作用，特别是国际新闻的报道。所谓政治社会化是

---

① 张季良主编：《国际关系学概论》，73 页，北京：世界知识出版社，1989。
② 杨伟芬主编：《渗透与互动》，25 页，北京：北京广播学院出版社，2000。
③ 李寿源主编：《国际关系与中国外交》，305 页，北京：北京广播学院出版社，1999。
④ 转引自：〔以〕S.N. 艾森斯塔德著，张旅平等译：《现代化：抗拒与变迁》，2 页，北京：中国人民大学出版社，1988。

指公民获得指导政治生活的习惯和规则、结构和环境因素的过程，政治信仰和规范借以代代相传。大众传播在政治社会化中发挥作用的主要方式：提供政治信息；表达政治意见；提供榜样示范；引导国民等。国际新闻报道可以起到传递政治价值观和固化意识形态的作用。

（三）国际新闻报道的经济功能

国际新闻中的经济报道分为国际经济报道、对外经济新闻传播和全球性经济新闻报道三个部分。国际经济报道探讨的是生产要素在国家之间的流动与控制问题，与国际经济学一致，在内容上可以分为国际贸易、国际金融和国际经济关系报道三个方面。

对外经济新闻传播的主要目的是在向接受者宣传本国文化和生活方式的同时，提供更多的可供经济选择和决策的信息，促进本国经济的发展。而全球性经济新闻报道则是经济全球化和跨国媒体集团的伴生物，主要是指世界性通讯社和跨国媒介集团对世界性经济事件和现象的整体性报道。这些报道从各个方面丰富着我们对世界经济信息的了解，为国际经济的发展提供了帮助。

在提供经济信息的同时，国际新闻的经济功能还有解读各国经济政策和社会经济活动、监督社会的经济运行、传播经济意识和消费观念、促进本国和国际经济发展的重要功能。例如英国凯恩斯主义从提出到登上正统的地位仅仅用了十年时间，其中尽管有时代背景和各国政府的重视，但是与媒体的充分报道也不无关系。

在国际新闻领域，国际新闻本身也是可以带来利润的商品，国际新闻的交换、购买和收看都有经济的因素在起作用，而著名的国际媒体也往往是著名的商业企业。国际新闻商品化是与媒体的企业化和市场交换机制的形成同时开始的。美国有线电视新闻网（CNN）的创立是国际新闻商品化的典型。那么，媒体有没有国际公信力？通过报道国际新闻，是否就能提高一个媒体的国际公信力？媒体的国际公信力和国内公信力有什么关系？国际公信力是建立在国内公信力的基础上吗？如果一个媒体在国内都没有公信力，谈何国际公信力？归根结底，媒体还是一种国家产物，它的主要读者应该是在国内。进一步说，国际报道和国内报道是什么关系？如今在中国看来，前者比后者透明，这是一种独特的现象。问题是，这二者能拉开多大的距离呢？如果说没国内报道做基础，国际报道又能单独走多远呢？

（四）国际新闻报道的文化功能

国际新闻与文化和跨文化传播具有密切的关系，新闻本身就是一种文化的符号和载体，国际新闻也是跨国跨文化的新闻。"所谓社会整合，也就是一个特定社会成员通过某种方式而凝聚在作为社会核心的价值观、信念周围，彼此结成紧密关系并在行为方式上基本保持一致。"[①]国际新闻提供的社会整合包括两个层次：首先，它可以通过传播新闻而增

---

① 邵志择：《新闻学概论》，43页，杭州：浙江大学出版社，2006。

加国家层面的共同体意识；其次，在当代全球传播的环境中，国际新闻传播还可以增强人类的共同意识。

二、新闻评论的社会功能

"所谓新闻评论是传者借用大众传播工具或载体，对新近发生或发现的新闻事实、问题、现象直接表达自己意愿的一种有理性有思想有知识的论说形式。"①

（一）培养受众理性

党的方针、政策反映了最广大群众的根本利益，也是群众最关心的问题。宣传、解释党的政策是新闻评论的一项基本任务。对于一项新的政策，它的基本精神、要点、意义何在？执行过程中产生这样或那样的阻力，如何解决？这些问题都需要新闻评论及时进行宣传和回答。当前农户兼业化、村庄空心化、农村老龄化的趋势愈发明显，今后谁来种地成为全民关注的热点。为此，《人民日报》2013年2月1日发表社论《创新农业经营体制 增强农村发展活力》，解读了中共中央国务院《关于加快发展现代农业 进一步增强农村发展活力的若干意见》，认为这是党中央连续发布的第十个指导"三农"工作的"一号文件"。

（二）教育受众的功能

新闻评论大多数是就每天发生的新闻事件和各种新问题做文章。现代生活瞬息万变，新事物新问题层出不穷。人们读报对某事某人不仅要知其然而且还要知其所以然，了解它们的来龙去脉、社会意义以及与自己的关系。新闻评论正是在这里显示它的特有功能。评论作者以其敏锐的眼光和深刻的洞察力观察生活，分析问题，寻幽探微，力求发掘事实的本质及其丰富的内涵，帮助读者认识社会和自己身边发生的事件，获得思想上的启迪和教益。

（三）舆论监督的功能

具体来说就是反映民意，舆论监督。新闻评论既起到党的喉

背景延伸

由于社会分工专业化和生活节奏加快，群众受工作环境、社交范围、生活条件的限制，对某些与自身息息相关的社会现象，比如油价上涨、医疗保障未能惠及全民、社会保险有缺口、房价居高不下等，由于对有关政策了解不够全面，认识不够透彻，又因涉及自己的利益得失，更容易产生埋怨和牢骚。我国处于社会主义初级阶段，社会又处于转型期，各种规范有待进一步完善，诸如腐败问题、治安问题、贫富不均等问题还没有得到有效解决，群众对这些现象的看法往往过于偏颇，心理的失衡会导致对政府行为的不理解和抵触情绪，把政府当作发泄不满的对象，极易引发社会的不稳定。

要点小结

新闻评论的社会功能
（一）培养
（二）教育
（三）监督
（四）导向

---

① 赵振宇：《一项需要普及和提高的公民素质——关于新闻评论的三点理性思考》，载《新闻大学》，2007（4）。

舌的作用,又起到人民喉舌的作用——反映群众的呼声要求,为民立言;它对党和政府的工作,对社会各个方面,起到舆论监督的作用。近年来,一些地方靠出卖耕地、林地、山地乃至湖泊获取经济利益的事情屡见不鲜,在一些地方,卖地甚至成为地方经济发展的支柱。《工人日报》2010年6月9日发表社评《遏制"卖地生财"的"发展冲动"》,文章认为:"如何进一步完善对相关部门和人员的监管,应该成为接下来制度设计的重点。比如,如何避免土地审批权集中于某个部门甚至某些人,如何完善对地方政府及官员的政绩考核,如何畅通失地农民、土地权益受到侵害的公众反映诉求的路径,等等,都需要我们认真思考。"这些评论发出的呼声的确发人深省。

(四)舆论导向的功能

具体来说就是批驳谬论,坚持真理。新闻评论是进行政治思想斗争的重要武器。当前,中国正逐渐步入"汽车时代",而酒驾也正成为越来越凶残的"马路杀手",为此《广州日报》2009年8月19日发表评论《严打醉驾,还要反思酒文化》,文章认为:"一定程度上说,传统的劝酒、逼酒陋习助长了酒驾的恶习。尽管《交通安全法》明令禁止酒后驾车,但鉴于酒文化的根植过深,汽车文化一时还未能对其造成有效冲击。酒文化虽然包罗万象,但肯定容不得酒驾。因而,在严打酒驾之外,有必要对酒文化中那些劝酒、逼酒陋习给予一定的警示,让劝酒者也承担部分酒驾责任。"这一正确的舆论导向成功提高了国人的安全素养。

> **背景延伸**
>
> "公民新闻"(Citizen journalism)产生于20世纪90年代的美国,伴随着今天Web2.0时代的到来而兴盛。目前,对公民新闻还没有一个权威的定义,我们可以把它理解为"公民(非专业新闻传播者)通过大众媒体、个人通信工具,向社会发布自己在特殊时空中得到或掌握的新近发生的特殊的、重要的信息。"网络传播使公民成为记者变成可能,而且人们更趋主动地寻找正在发生的新闻,有时候还通过相互合作完成新闻报道。公民新闻对传统新闻传播格局产生了重大影响,虽然主流媒体不会因为公民新闻的出现被挤垮,但是权威性已经受到了挑战。

第三节 新闻传播功能优化

随着微博等新媒体技术的全面兴起,传播的反功能、潜功能和非功能大行其道。所谓反功能就是消极功能,而潜功能就是还没有开发的功能。至于说非功能,就是毫无意义的一些呈现。今天大家利用微博平台来实现自己的话语权,然而多元化的动机和各种偶然性因素的介入致使这一媒体充斥着各种混乱:有人审丑,有人围观,有人传播流言,有人自我娱乐。这些行为,有的走到社会主流媒体的对立面进行质疑,从而体现出强大的传播反功能;有的看不出有什么显在的功能,但在无形中对社会产生各种压力;还有一些传播既没有目的,也没有效果,从而呈现一种非功能的状态。

一、公民新闻兴起对新闻传播提出挑战

公民新闻指从新闻的采访、写作到最后的编辑发布,都不假手于专业记者或编辑,完全由"读者"自己采写的新闻。网络是公民新闻的"原发地",它的未来应该是在与大众传媒的并存、交融和协调中谋求发展,在互动合作中一起共享着信息时代的资源。在这种背景下,传播的功能变得比以往任何时候都要更加多元化,它在具体情境中被不断重构。这样的传播方式正在颠覆着我们对传播社会角色的理解,也正在使我们的传播控制走向失效。因此,如何将新闻传播的功能进行优化成为与时俱进的要求,也成为媒体人刻不容缓的责任。

二、新闻传播功能优化①

根据当今受众的特点,努力改进新闻报道方式。比如,要改平面化的报道方式为立体化的报道方式;要改单线性的因果报道方式为多维性的宣传方式;要"人化"地宣传新闻典型,防止"神化"地宣传新闻典型;要注意宣传上的两面法,防止宣传上的一边倒;要善于将要宣传的基本主题组织到为受众所能接受的宣传主题中去;要多作潜移默化式的新闻宣传,少作急风暴雨式的新闻宣传,等等。这里,需要特别强调的是应该抛掉新闻报道中的"枪弹论"观念。因为这种针锋相对的宣传方式,很容易将受众置于对立的立场上,诱发他们的逆反心理,促使他们进行"对比评定",导致逆反效应。

> **思考与研讨题**
> 1. 什么是传播的社会功能?它有哪些分类?
> 2. 新闻报道有哪些社会功能?
> 3. 新闻评论有哪些社会功能?
> 4. 怎样看待新闻传播中的逆反效应?
> 5. 怎样做到新闻传播的社会功能优化?

---

① 参见程世寿:《重视新闻宣传中的逆反效应》,载《新闻知识》,1988(4)。

chapter 4

第四章　新闻传播的传者

本章要点

1. 介绍研究传播者的相关学者、模式及理论
2. 阐释传者人格及其构成、作用，辨析新闻民工与新闻名流的形成及区别
3. 阐述新媒体时代传受关系一体化特征及其影响

背景延伸

哈罗德·拉斯韦尔（Harold Lasswell, 1902～1978），美国著名的政治学家，传播学四大先驱之一。对传播学的贡献集中在宣传分析和传播过程研究等方面。1927年出版的《世界大战中的宣传技巧》是宣传分析的代表作。1948年发表的《传播在社会中的结构与功能》中提出了传播的三大功能，还提出了著名的"5W"模式：

谁（Who）→说什么（What）→通过什么渠道（Which channel）→对谁（Whom）→取得什么效果（What effects）

对于新闻传播中的"传者"一般有两种理解。一是指个体，即在大众传播媒介组织中如通讯社、杂志社、报社、广播台、电视台、网络等专职从事信息传播活动的专业人员，如记者、编辑、编导、主持人等；二是指新闻媒介组织，由职业化了的个体组合而成的群体。传者对信息进行搜集、过滤、加工、制作，然后再加以传播，从而到达受众。由此可见，传者是信息的控制者，在传播过程中具有决定权，决定了什么可以传播什么不可以传播，以及信息在何时以何种方式进行传播。传者在社会信息的生产与流通中担任着十分重要的作用。进一步了解"传者"，首先让我们把视野投向新闻传播学领域有关传者的理论。

第一节　传者理论

1948年，哈罗德·拉斯韦尔（Harold Dwight Lasswell）提出了"5W"模式。这一模式将传播过程划分为几个独立的研究领域，即传播者研究、内容分析、媒介研究、受传者研究和效果研究。有关传播者研究的理论的提出是从库尔特·卢因（Kurt Lewin）（又译为勒温）和大卫·怀特（D. M. White）开始的。我国学者的代表性看法是，"从卢因、怀特、麦克内利到巴斯，其守门人研究的主要特点，是对一个由信源到受众这样复杂的新闻运转过程中的写作、修改、删节、合并、舍弃、过滤、扩充、编辑等守门现象进行描述和分析"。[①]

一、"把关人"理论

（一）"把关人"概念的提出

"把关人"这一概念最早是由卢因提出的。

"把关"（gatekeeping）是指对信息进行过滤、加工的过程，"把关人"（gatekeeper）又称"守门人"，是指对信息进行过滤与加工的人。

在第二次世界大战期间，由于食物紧缺，美国开展大规模宣传，号召人们改善饮食结构，食用牛的心、胰脏、肝和肾等大部

库尔特·卢因

---

① 邵培仁：《传播学导论》，152页，杭州：浙江大学出版社，1997。

分不受家庭主妇欢迎的食物。卢因参与了这项宣传活动并对此展开研究，他发现家庭成员的食物通过不同的渠道被端上餐桌，而家庭主妇决定某种食物能否进入一个渠道，除非家庭主妇们愿意，否则她们的家人很难有机会吃到这种食物。

1943年，卢因在《生理心理学》一书中总结了第二次世界大战期间进行的关于"家庭主妇购买食物的习惯"的研究，提出了"渠道理论"（channel theory），并且认为家庭主妇在食物购买与使用中实际上扮演着"把关人"的角色。"这种情况不仅适合于食品系统，而且适合一条新闻通过某种传播渠道在群体中的流通。"①

卢因认为"把关"可以适应于范围广泛的各种传播环境。1947年卢因在《群体生活的渠道》一书中再次提出这个问题，认为在传播过程中信息总是沿着包含有检查点即"门区"或关卡的某些渠道流动，那些能够允许信息通过或不许信息流通的人或机构，即为守门人。他说："信息总是沿着包含有'门区'的某些渠道流动，在那里，或是根据公正无私的规定，或是根据'守门人'的个人意见，对信息或商品是否被允许进入渠道或继续在渠道里流动作出决定。"②

卢因对"把关"的研究大概可以归结为如下几点：（1）事物运动必须通过不同的渠道，而这些渠道中必须存在"把关人"；（2）"把关"的除了人之外，还有一些规则，但所有的规则都是人掌握的，因此，人，尤其是个人，是理解"把关"的关键；（3）研究"把关人"实际上是研究导致把关人作出某一决定的因素，即找出隐藏在"门"背后的开与关的决定因素；（4）影响把关的就是人的心理因素，因此，研究个人的心理因素在把关中的作用，是他主要的动机和目的。③

（二）怀特的"把关人"模式

1949年2月的一个星期，美国传播学者大卫·怀特（D. M. White）对美国某地方报纸的一位电讯稿编辑"盖茨先生"进行了为时一周的调查。在这段时间里，这位编辑从来自三家通讯社（美联社、合众社、国际社）的11,910条电讯稿中选用了1,297条，只占到总数的10.89%。那么，为什么电讯稿中有将近90%被舍弃呢？

"盖茨先生"回答说："我不喜欢杜鲁门（总统）的经济学、夏时制和热啤酒……我对总部设在罗马的、寻求公众注意的少数派也有偏见，我不怎么帮他们。至于偏爱来说，我非常喜欢有关人类利益的报道。"怀特得出的调查结论显示编辑舍弃稿件有两大理由：（1）不值得登（占被舍弃稿的40%）；（2）已选登其他稿件（占被舍弃稿的60%）。在"不值得登"的具体理由中，有许多"主观"理由，如编辑认为"没有趣味""写得枯燥、含糊""不好、狗屎"等，即编辑个人认为不该登就不登（见表4-1和表4-2）。

---

① 邵培仁：《传播学导论》，152页，杭州：浙江大学出版社，1997。
② 郭庆光：《传播学教程》（第二版），北京：中国人民大学出版社，2011。
③ 参见黄旦："把关人"研究及其演变》，载《国际新闻界》，1996（4）。

表 4-1　　　　　　守门人取舍通讯社稿件的分类比例

分类	收进电讯稿（%）	采用比率（%）
犯罪	4.4	3.2
灾难	3.4	3.4
（州）	（4.7）	（6.8）
（全国）	（14.7）	（15.8）
人情趣味	35.0	23.2
国际性	22.5	23.7
（政治）	（15.1）	（13.6）
（战争）	（4.0）	（5.6）
劳工	5.5	5.5
全国性	9.9	18.5
（农业）	（2.5）	（6.0）
（经济）	（2.5）	（3.3）
（教育）	（3.2）	（3.3）
（科学）	（1.7）	（4.9）
总计	99.9%	100.1%
（则数）	11,910	1,297

资料来源：怀特（1950）。

表 4-2　　　　　　守门人淘汰稿件的理由

不值得登：	
没有趣味	104
写得枯燥、含糊	80
不好、狗屎	67
登得太多了，常出现	62
琐碎，浪费篇幅	55
不用此稿	23
宣传	18
不喜欢自杀消息：太挑逗、趣味庸俗	14
	423（40%）
已选登其他稿件	
篇幅不够，如够，必登	640
等进一步发展	172

续前表

太远，不在本地区	40
太地区性	36
已用另一家通讯社的稿件（它短而有趣）	20
昨天已登横贯全页大标题	1
漏掉了	1
	910（60%）

在上述调查基础上，怀特在《守门人：新闻选择的事例研究》一文中，将"把关人"概念引进新闻研究领域，明确提出了新闻筛选过程的"把关"模式（见图4-1）。怀特的理论采用个案研究法，聚焦于把关人，将把关行为的内核凸显出来，使对把关的探讨得以深入，既充实了传播学的学科内容，也深化了人们对把关问题的认识。不过，怀特的把关人模式将把关人当作一个孤立的因素来考察，过分强调把关者的个人权限，忽略了各种联系所形成的必然性与社会性。

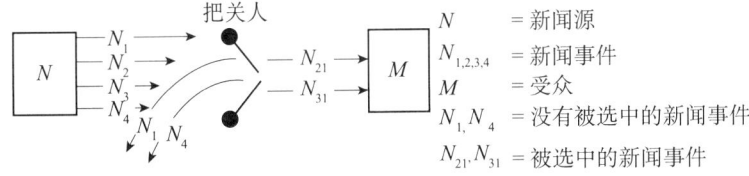

图 4-1 怀特的把关人模式图

N：新闻源；N_1、N_2、N_3、N_4：新闻事件；N_1、N_4：没有被选中的新闻事件；N_{21}、N_{31}：被选中的新闻事件；M：受众。

施拉姆也提供了一个关于把关人的典型例子。从一家通讯社的国内部发出的新闻稿，在通过主管全国广播的部门主任、编制州专线新闻的专线主任、设计版样的新闻编辑和决定读哪条新闻的读者之后，大约98%的内容被扔掉了。

（三）麦克内利的"新闻流动"理论

1959年，麦克内利发表《国际新闻流动中的中介传播者》，该文指出，在整个传播过程中存在着一系列的"守门人"，如驻外记者、分社编辑、总编辑等（C_1、C_2、C_3、C_4、C_5等），并且最初的接收者也经常为其他人充当守门人。一道道"门区"好似一道道关隘，没有多少信息能畅通无阻。通过层层把关行为后，

背景延伸

1990年，伯克维兹把内容分析法和观察研究法结合起来，调查了印第安纳波利斯市一个电视网的附属台对地方新闻的选择。他在新闻编辑室将4周内可能成为新闻的391则新闻全部编码。伯克维兹发现，除了新闻价值以外，新闻选择出于几点考虑，包括信息容易解释、新闻可吸引观众及报道易于迅速合成。经过220小时对新闻编辑的观察和后来对其的访谈，伯克维兹得出结论，新闻工作者并不是按照教科书中的新闻价值进行新闻选择的，而是以其直觉、兴趣、重要性及视觉印象来进行选择的，虽然这些因素在选择新闻的编前会议中很少被提到。这项研究说明，新闻选择的相对性和灵活性，并非根据新闻价值标准的刻板行事；同时也显示出电视媒介新闻选择的某些特点，研究得出：那些更容易得到解释、更吸引受众、更容易被编辑制作的内容更容易被报道。

这无疑是深化"把关人"的认识。

把关人最后分别发出互不相同的信息（S_1、S_2、S_3、S_4、S_5等）。麦克内利的把关理论是对怀特研究的发展与完善，他通过对国际新闻流动过程的研究得出结论，认为在信源与信宿、新闻事件与受众之间存在着一系列把关环节，这一系列把关环节组成一条"把关链"，对信息层层筛选、处处过滤（见图4-2）。

麦克内利的"新闻流动"理论纠正了怀特把关模式的单一化缺陷，他通过对国际新闻流动过程的研究，揭示了在信源与信宿、新闻事件与最终接受者之间存在着"一系列"的把关环节，而绝非怀特模式所显示的一个孤零零的"门区"。不过麦克内利的新闻流动模式也存在缺陷，他把每个把关人及其作用都等同起来，认为每个关口都是处于同一层次上的，不分主次。

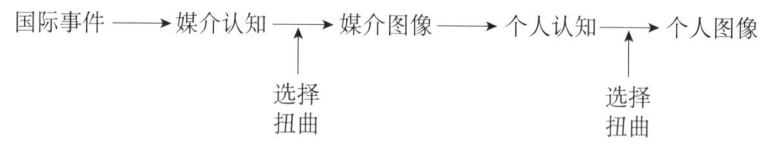

图4-2 国际新闻传播链条

（四）巴斯的内部新闻流动的"双重行动"模式

1969年，巴斯提出内部新闻流动的"双重行动"模式，将"把关人"的研究分为两类的双重"把关人"的研究，是对麦克内利模式的修正。

巴斯认为，信息流程中的把关环节固然很多，但媒介和媒介中的把关人还是最重要的。他在《使守门人概念更趋完善》一文中指出，传播媒介的把关活动分为前后相连的两个阶段、两个步骤，这就是他所说的"双重行动"。其中的第一阶段是新闻采集，这里的把关人主要是记者，他们不会有闻必录的，会进行取舍和加工。第二个阶段是新闻加工，这里的把关人主要以编辑为代表，进行选择、修改和取舍。第二个阶段比第一个阶段更具有决定性意义。

此外，对"把关人"理论的研究有所突破的，主要还有盖尔顿与鲁奇的"选择性把关理论"、墨菲的"沉默的看门狗理论"等，均揭示了信息在流动过程中传者对信息的选择与控制。

> **链　接**
>
> 为什么把关是传播过程中必然发生的行为？
> **信息的差异性**：必然要对纷繁杂乱的信息进行筛选和过滤。
> **传播者传播目的的差异性**：传播者的行为都是在一定目的支配下进行的，传播目的不同，就必然选择满足其目的的信息。
> **受众的差异性**：受众之间差异巨大，其需要、心理相去甚远，因而选择不同的信息便可满足不同受众的不同需要。
> **媒介的差异性**：媒介特质本身对信息的发布具有选择性。
> **传播环境的差异性**：宏观环境对传播行为和传播内容有诸多制约。

二、议程设置理论

20世纪70年代，麦克斯维尔·麦库姆斯（Maxwell McCombs）与唐纳德·肖（Donald Shaw）在研究"把关人"决策的效果时，从另一个角度出发，发现媒介所强化报道的题材与事件，会引发人们的重视。从而建立了"议题设置理论"：大众媒介强化对某些问题的报道量或突出报道某些问题，能影响受众对这些问题重要性的认知。

议程设置的基本思想来自美国新闻工作者和社会评论家李普曼。1922年，李普曼在其经典著作《舆论学》（Public Opinion）中探讨了外在的世界与我们头脑中的图像的关系，认为大众媒介创造了我们头脑中关于世界的图像。李普曼还指出，新闻媒介的报道呈现是我们对世界的认识的基础，但是新闻界提供的图像常常是不完整的和扭曲的。现代社会人们生活在媒介的包围中，也生活在媒介创造的拟态环境中。李普曼在真实的环境和媒介制造的拟态环境之间划分了清晰的界限。

1968年美国总统选举中麦库姆斯和肖在北卡罗来纳州的茄珀山（Chapel Hill）进行调查研究。麦库姆斯和肖在实验时检验了一个假设：大众媒介通过日复一日的新闻选择和发布，影响着公众对什么是当天最重要的事件的感觉。他们认为，在媒介和公众的议程之间，存在着一种因果联系，即经过一段时间，新闻媒介的优先议题将成为公众的优先议题；而新闻议程的优先选择是很明显的，如报纸报道中，标题的大小、语言的刺激程度、消息的篇幅长短、登载的版面是否重要和醒目等；比如在电视报道中，新闻播出的位置、长度和形式等。1972年，麦库姆斯和肖在《舆论季刊》上发表《大众传播的议程设置功能》，证实了此前科恩（Cohen）等人提出的议程设置猜想。

在随后的30年中，作为大众传播学经验主义研究的一个重要命题，这一理论得到了很快的发展。如肖和温特（Winter）都把议程设置过程中影响效果的因素分为两部分：媒介和受众。在媒介方面有媒介的类型、新闻工作人员的价值观、报道时间的长短等；在受众方面有受众本人的兴趣、爱好、人际交流等因素。许多研究者针对这些影响因素，进行了具体的研究。比如，波姆格林等发现全国议题比地方议题较具议程设置效果，麦库姆斯和肖发现人际交流的增多会降低议程设置的效果等。这一范式中还有一个重要的时间问题，即从媒介议程到公众议程需要花多长时间。对于这一问题，不同的研究有不同的结果，如麦库姆斯等的研究显示为2～6个月，温特和艾亚尔（Eyal）的研究认为4～6个月的时间是最适宜的效果时程。

罗杰斯和迪灵把议程设置的流程主要分为媒体议程、公众议程及政策议程三个环节，研究重点是媒体议程如何对受众产生最理想化的效果（见图4-3）。

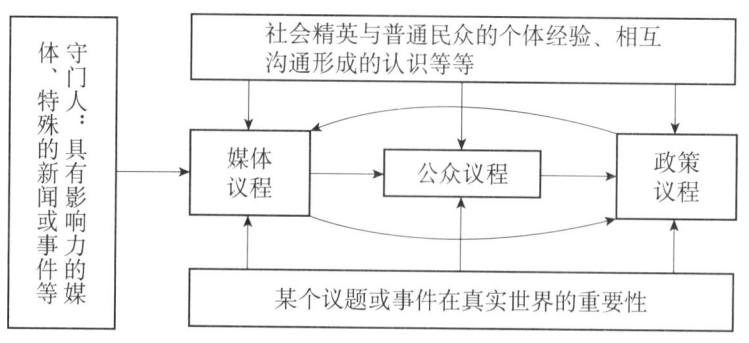

图 4-3 罗杰斯和迪灵的议程设置流程图

背景延伸

在茄珀山研究中，研究者向民众提出开放性问题："你认为现今国家面临的最重要的问题是什么？"从开放式问题的答案中发现了与茄珀山选民有关的五大重要议题：外交政策、法律与秩序、财政政策、人权和公共福利。然后，他们将所有议题按选民提问频数的百分比进行排序。自变量是新闻媒介的内容（亦即媒介议程）。对当地 5 家报纸、2 家新闻杂志、2 家电视台的晚间新闻报道进行内容分析。为了测试议程设置的假设，麦库姆斯和肖将问卷调查中对开放式问题的回答与茄珀山选民使用的 9 大新闻来源的内容分析结合起来。内容分析采用了同样分类的五个议题，检验在总统竞选的三周内媒介的新闻报道。与公众议程根据选民提出的一个个问题进行百分比排序一样，同样的五个议题也根据其在各个种类的报道中所占的百分比进行了新闻议程的排序。最后，将内容分析与问卷调查的结果对比，发现媒介议题与选民议题非常一致。以上的研究有一个缺憾，即因果方向问题。虽然证实了媒介议程与公众议程相关，但不能确定是谁影响谁。如果是公众议程影响媒介议程，假设就不成立。麦库姆斯和肖也发现了这一问题，在 1972 年美国的大选期间，在卡洛特（Charlotte）进行了一次小样本的追踪访问，他们分别在当年的 6 月和 10 月访问选民，调查他们认为最重要的议题。在同一时间，对当地报纸和 ABC、NBC 电视的晚间新闻进行了两次内容分析，计算出了 6 月和 10 月的媒介议程，然后进行前后相关交叉分析，研究结果是媒介议程影响公众议程，即议程流向：媒介议程→公众议程。麦库姆斯和肖将这种媒介议程的显著度向公众议程的显著度的转移命名为大众传播的议程设置作用。

麦库姆斯和肖在关注北卡罗来纳州查帕希尔的选民投票时发现，在多数时间，报界在告诉人们该怎样想时可能并不成功，但它在告诉读者该想些什么时，却是惊人的成功。他们又综合亚洲和欧美的研究发现：媒介将重点放在几个议题上，便向受众传递了一种强烈的信息，影响到受众认为哪些议题是重要的，最终他们发现媒介议程决定了公众议程。到了 1972 年，麦库姆斯和肖发表了关于"议程设置理论"的第一次研究性成果：在媒介突出强调的各类选举问题和选民对各类选举问题之显著性与重要性的判定二者之间，存在着显著的关系。这种显著关系即媒介议程设置功能，即指媒介具有这样一种能力：通过反复播出某类报道，强化该主题在公众心中的重要程度。这一时期，媒介议程设置属于关涉被动机能的研究，人们注意到了媒介议程设置现象的出现，但是尚无法将之作为一个自由和自足的个体进行利用。

作为议程设置理论的奠基人之一，麦库姆斯自1968年与肖一起提出"议程设置"概念以来，一直专注于议程设置理论研究的深入与扩展，并成为该领域的权威学者。由于他的推动，目前的议程设置理论已经涵盖了不同的理论范畴，并跨越地域和政治的限制，成为一个被全世界的新闻传播学者关注的研究领域。在40多年的发展历程中，媒介"议程设置理论"经过了从媒介议程决定公众议程阶段、议程构造阶段和框架建构阶段这三个阶段，成为关于传播影响力的最著名理论之一。该理论从假设开始，经过科学的验证，今天已经羽翼丰满。媒介"议程设置理论"通过媒介的议程设置，可以使意见相左的团体就某些议题达到一致，从而实现不同团体之间的对话，从这个意义上讲，"议程设置理论"起到了更好地建构社会共识的作用。

三、框架理论

对于大众传媒来说，框架就是一种意义的建构活动，在社会系统中新闻框架是消息来源、社会情境、新闻工作人员等因素互动的结果。

框架的概念源自人类学家贝特森（Bateson）。贝特森认为心理框架是一组讯息或具有意义的行动。框架是在特定心理情境中，由一群语言符号讯息所发展出来的经验，人们借此建立了观察事物的基础架构，用来处理和分析外在世界层出不穷的社会事件。高夫曼（Goffman）引入文化社会学，出版了《框架分析》。高夫曼是戏剧主义理论中符号相互作用方面的理论家，他用戏剧性的比喻来分析人的行为，认为对一个人来说，真实的东西就是他或她对情景的定义。这种定义可分为条和框架，条是指活动的顺序，框架是指用来界定条的组织类型。对于信息传播活动的研究，高夫曼也是放在框架分析的背景中进行的，认为框架是人们将社会真实转换为主观思想的重要凭据，也就是人们或组织对事件的主观解释与思考结构。那么框架是如何来的呢？高夫曼认为一方面是源自过去的经验，另一方面经常受到社会文化意识的影响。

20世纪80年代，框架理论开始引进到新闻与传播研究领域，成了定性研究中的一个重要观点，并且诞生了"媒介框架"和"新闻框架"两个重要的学术概念。对于新闻媒体的框架研究，学者们基本上是源自高夫曼的思想。坦卡德（Tankard）认为框架是新闻的中心思想。恩特曼认为框架包含了选择和凸显两个作用，就是把认为需要的部分挑选出来，在报道中作特别处理，以体现意义解释、归因推论、道德评估及处理方式的建议。在对新闻框架的形成因素的研究中，伍（Woo）等认为，框架是新闻工作人员、消息来源、受众、社会情境之间互动的结果。

四、两级传播理论

拉扎斯菲尔德（P. F. Lazarsfeld）在其经典传播学著作《人民的选择》中提出了"两级

传播论"。此理论认为大众传播并不是直接流向一般受众，而是流向少数意见领袖这个中间环节，再从意见领袖扩散给全体公众，从而形成"大众传播——意见领袖——一般受众"这样的两级传播模式。

20世纪三四十年代"魔弹"理论（也称为"枪弹论"或"皮下注射论"）盛行，该理论认为大众传播媒介拥有不可抵抗的魔力，它们所传递的信息就像子弹击中躯体、药剂注入皮下一样，可以引起受传者直接速效的反应，能够左右他们的态度和意见，甚至直接支配他们的行动。拉扎斯菲尔德对这种观点持有异议，于是在1940年美国总统大选期间，他历时6个月，围绕大众传播的竞选宣传对选民投票的影响进行了一项实证调查，发现在影响选民的投票方面，人际传播的影响看起来似乎比大众媒介更大、更有效。由于这一活动是在俄亥俄州的伊里县进行的，所以在传播学史上又称为"伊里县调查"。在《人民的选择》中，拉扎斯菲尔德首次提出了"意见领袖"和"两级传播"的概念。"意见领袖"是指人群中比较活跃的群体，往往具有较高威望，其意见容易被大家所接受，并且容易影响他人的观点和态度。他们对大众媒介的接触频度和接触量都远远高于和大于一般人，他们把所知道的东西，通过自己的头脑进行加工，然后传达给"人群中不太活跃的部分"，以至对这些"不太活跃者"产生决策上的影响。据此，研究人员对传播过程做了这样一种推测：大众传播并不是直接"流"向一般受众，而是经过意见领袖这个中间环节，即"大众传播——意见领袖——一般受众"，这便是"两级传播"。

两级传播模式的发现改变了人们对大众传播效果迷信的态度。以往人们认为大众媒介无所不能，对受众的影响是全方位的，非常有效的，而两级传播理论的出现使人们认识到介于大众传媒和普通受众中的一个新的阶层——意见领袖。大众传播的消息首先到达意见领袖，这是属于大众传播的范畴，由意见领袖传播到社会公众这一级就属于人际传播，两级传播理论强调的是第二级，即消息从意见领袖到达社会公众这个人际传播过程。

一个社会除了事实系统和观点系统，也还存在着意见系统。我们往往说意见领袖，而不说观点领袖。谁都会有意见，但是，并非所有人都有观点。观点和意见以及看法这三个概念在中文里

> **要点小结**
>
> 传者理论
>
> 一、"把关人"理论
> 二、议程设置理论
> 三、框架理论
> 四、两级传播理论

是有区别的。

一般来说，在话题传播中，意见领袖的作用往往更加明显。如果说观点传播是以点带面的，那么话题传播就是相反方向的运动。"文化大革命"中毛泽东的观点传播往往是一竿子到底，垂直传播。如今的话题传播通常包括解释层面，所以，意见领袖就有可能发展成为一种阶层。

第二节 传者人格

新闻传播作为一种职业和一个行业存在的合理性前提是新闻工作者具有可信性，他们建构的世界是一个客观的、真实的、完整的世界。对于新闻传播者来讲，新闻敏感固然重要，但更可贵的是要在高尚的人格品质上下工夫。人格的作用就像一个指南针，调节和控制着个体，使他适应社会环境和自然环境。

一、人格的定义与构成要素

那么，何为"人格"？

《中国大百科全书·心理学卷》把人格解释为："个体内在的、在行为上的倾向性，它表现在一个人在不断变化中的全体和综合，是具有动力一致和连续性的持久自我，是个人在社会化过程中给人以特色的身心组织。"

《简明大不列颠百科全书》认为"人格……有一个共同的核心意义，即指个体独具的各种物质或特点的总体。"

人格是某个人全部的心理素质有机地整合，反映出"一个人的全部精神面貌"，构成一个人思想、情感及行为的特有模式，拥有相当丰富的内容。新闻传播者的人格既体现在传者个体人格结构方面，如记者、编辑、编导、策划等，又体现在群体的人格结构方面，即日常我们所说的"媒介人""电视人""报人"，是各类媒体成员长期养成的固有的思考方式和行为方式的集合。它与媒体的性质、地位、作用等有关，也受媒体的阶级性、民族性、集团性、地域性的制约。后者更重于前者。

新闻传播者优秀的人格品质应该包含如下几方面的构成要素：

第一，热爱生活，热爱人民，善解人意，有同情心，有助人为乐的愿望和行为。

第二，品德优良，公正无私，言行一致，真诚待人，谦虚谨慎，疾恶如仇，富有正义感。

第三，自强，执着，顽强，百折不回，自信乐观。

第四，自律，冷静，理智，克制力强，严于律己，宽以待人。

第五，聪敏智慧，知识结构合理，业务能力强，有才华，记忆力、想象力、学习能力、创造力俱佳，能迅速掌握当代最先进的科技成果，能说会写，有深刻的社会洞察力，反应快，有特殊才能，看问题较全面、辩证。

第六，有敬业精神，能全身心投入本职工作，有强烈的社会责任感和使命感。

第七，有高度的政治敏锐性和鲜明的政治立场。

二、"新闻民工"

"新闻民工"是20世纪与21世纪之交我国出现的一个概念，是对"农民工"概念的借用，又被称为"临时工"或"临时聘用人员"。

"新闻民工"与农民工具有相似性，他们没有正式编制，没有记者证，不能从用人单位获得福利和保障，收入多少与稿件或节目数量和质量紧密相关，多劳多得，少劳少得，不劳不得。在国外通常叫新闻劳工。

一般认为，我国媒体在用人制度上大量采用临时聘用制度最早始于中央电视台。20世纪90年代，中央电视台掀起了电视界的"第二次改革浪潮"，新频道、新栏目创办需要大量人才，但又无法获得相应用人指标，因此采用临时聘用制度，白岩松、水均益、王志、张洁等当初均是靠这种用人制度进入央视。很多体制外的记者不但没有记者证，有些连采访证、工作证都没有。在很多电视台更将从业人员分成台聘、中心聘、部门聘、栏目聘等，这种区分不仅意味着福利待遇的迥异，更意味着身份地位的悬殊。2007年，中央电视台清退数以千计的"新闻临时工"，成为轰动国内外的新闻，更让同为"北漂""海漂"的"新闻民工"倍感忧虑。比较而言，报刊就很少有这种情况。这与电视台的大规模用人方式有关。

"我来打工，只为口粮，没有理想"这种极端的口号反映了新闻媒体的临时聘用制所带来的新闻专业主义精神的严重缺失。残酷的市场竞争、强烈的商业取向、失范的用工方式等恶劣的生存环境助长了"有偿新闻、虚假报道、不良广告、低俗之风"新闻界的"四大公害"的蔓延。

案例精选

2007年7月8日晚7时，北京电视台生活频道（BTV-7）《透明度》栏目播出"纸做的包子"，节目中记者暗访拍摄到北京朝阳区东四环附近的早点铺中出售用废纸箱和肥猪肉做馅的小笼包，随后记者联系朝阳区左家庄工商所做突击检查，相关商贩因为没有营业执照和卫生许可证被取缔。7月10日，北京卫视的《北京新闻》栏目以《"纸箱馅"包子流入早点摊》为题报道此事。随后，又被包括中央电视台在内的多家中央和地方的广播电台、电视台、报纸纷纷转载，美国ABC、CNN及英国BBC等海外媒体也开始关注此事。后经警方查明该新闻为虚假新闻。《透明度》栏目组临时聘用人员訾北佳，化名"胡月"，用欺骗手段要求做早点生意的陕西省来京人员卫全峰等4人按其要求为其制作纸馅包子。然后，他又用自己的家用数码摄像机（DV）拍摄了制作过程，最后又获得在电视台播出的机会。

7月18日，北京卫视（BTV-1）晚间新闻节目《北京新闻》中播出了《北京电视台向社会深刻道歉》的声明："北京电视台生活频道，对该报道审核把关不严，管理制度执行不利，致使该虚假报道得以播出，造成恶劣的社会影响。北京电视台为此向社会深刻道歉。"

> 事后，临时聘用人员訾北佳被刑事拘留，北京电视台生活节目中心主持工作的副主任（该中心无正职主任）、分管《透明度》栏目的副主任、《透明度》栏目制片人3人遭撤职，北京电视台总编辑张晓受"行政警告"处分，北京电视台台长刘爱勤被"通报批评"。
>
> 2009年，王晓东接任北京电视台台长，实施人事制度改革，获得员工极大认同。2013年11月19日，王晓东台长因病医治无效病故，数千员工自发前往吊唁送别。

三、"新闻名流"

"新闻名流"是对新闻传播者专业能力、职业贡献和人格魅力的一种积极认同，他们是新闻传播领域享有较高的社会声誉和社会地位的一个群体，他们关注现实、影响社会、推动历史前进，因而是新闻传播业传者中的"明星"，具有较强的社会影响力，如邵飘萍、邹韬奋、范长江、储安平、王韬、梁启超、徐宝璜、史量才、张季鸾、穆青等都属于这一类人。梁启超开启了一代明智；范长江为了祖国的新闻事业，足迹遍布了中国的西北地区；穆青最著名的则是他的人物典型报道。

新中国成立之后涌现出的一批著名的新闻工作者，对国家命运、民族前途和民众未来深切关注。党的十一届三中全会召开后不久，《人民日报》加编者按全文转发当时在《辽宁日报》工作的范敬宜的新闻评论《莫把开头当过头》，1985年《中国青年报》对大兴安岭火灾的深度报道《红色的警号》《黑色的咏叹》《绿色的悲哀》，《人民日报》的综合报道《中国改革的历史方位》，1992年3月26日《深圳特区报》记者陈锡添采写邓小平南方视察的长篇通讯《东方风来满眼春》，都是其中的典型范例。

四、传者的人格修养

目前我国的传者人格修养，应该具备以下几个方面：

一是对党和社会主义国家的高度的政治责任感，时刻把党和国家的利益看得高于一切，自觉为党工作，为社会主义事业贡献力量。

二是对人民群众要有深厚感情。新闻工作者要经常深入到人民群众中去，了解他们的生活疾苦，反映他们的呼声和愿望，报道他们的劳动业绩，颂扬他们的精神风貌，当好党联系人民群众的纽带和桥梁。

三是要恪守职业道德。在新闻报道中，作风要严谨踏实，深入实地调查研究，客观、准确地反映事物的本来面目，"获取真相、表达真情、敢说真话、探求真理"。

四是要有崇高的人生境界。新闻传播者必须有很高的思想境界，要努力达到像毛泽东主席要求的那样"做一个高尚的人"。要做一个高尚的人，就得用严格的规范和信条来约束自己、激励自己和调节自己。

五是要坚持学习，不断提升自我。当前处于信息爆炸时代，新事物、新观念层出不

> **要点小结**
>
> **传者人格**
> 一、人格的定义与构成要素
> 二、"新闻民工"
> 三、"新闻名流"
> 四、传者的人格修养

穷，应该坚持不断学习，与时俱进。前新华社总编辑南振中就是一个特别爱学习、会学习，并把学习转化为能力、造诣的新闻记者。

第三节 新媒体时代传受一体化

一、新媒体概念及特征

何为新媒体？对于新媒体的概念界定纷繁多样。

> **链　接**
>
> 2013年7月17日，中国互联网络信息中心（CNNIC）在京发布第32次《中国互联网络发展状况统计报告》。
>
> 该报告显示，截至2013年6月底，我国网民规模达到5.91亿，互联网普及率为44.1%。在上半年的互联网发展中，手机作为上网终端的表现抢眼，不仅成为新增网民的重要来源，在即时通信、电子商务等网络应用中均有良好表现。
>
> 与此同时，截至2013年6月底，我国手机网民规模达4.64亿，较2012年年底增加4,379万人，网民中使用手机上网的人群占比提升至78.5%。3G的普及、无线网络的发展和手机应用的创新促成了我国手机网民数量的快速提升。
>
> 截至2013年6月底，我国即时通信网民规模达4.97亿，比2012年年底增长了2,931万，是各应用中增长规模最大的；使用率为84.2%，较2012年年底增加了1.3个百分点，使用率保持第一且持续攀升，尤其以手机端的发展更为迅速。手机即时通信网民规模为3.97亿，较2012年年底增长了4,520万，使用率为85.7%，增长率和使用率均超过即时通信整体水平。
>
> 手机成为各类应用规模增长的重要突破点。手机网络音乐、手机网络视频、手机网络游戏和手机网络文学的用户规模相比2012年年底分别增长了14.0%、18.9%、15.7%和12.0%，保持了相对较高的增长率。
>
> 作为近年来涨幅迅速的互联网应用，电子商务类应用在手机端应用中发展迅速，其中手机在线支付网民规模增幅较大。报告显示，截至2013年6月底，我国使用网上支付的网民规模达到2.44亿，与2012年12月底相比，网民规模增长2,373万，增长率为10.8%。

联合国教科文组织早就对新媒体作过界定，认为：新媒体就是网络媒体。

美国《在线》杂志(Online)对新媒体的定义为："所有人对所有人的传播。"

还有一些学者认为，新媒体是区别于传统的报刊、杂志、广播、电视四大媒体的媒体形态，被形象地称为"第五媒体"，数字杂志、数字报纸、数字广播、手机短信、移动电视、网络、桌面视窗、数字电视、数字电影、触摸媒体等都可称为新媒体。

当前对新媒体的概念比较模糊，并没有形成统一意见，但形成了一些基本共识：

第一，新媒体是相对于传统媒体而言的，是报刊、广播、电视等传统媒体以后发展起来的新的媒体形态。

第二，新媒体是建立在数字技术、网络技术、移动技术基础上的，通过互联网、无线通信网、卫星等渠道以及电脑、手机、数字电视机等终端，向用户提供信息和娱乐服务的媒体形态。

第三，新媒体在信息的呈现方式上是多媒体。新媒体的信息往往以声音、文字、图形、影像等复合形式呈现，具有很高的科技含量，可以进行跨媒体、跨时空的信息传播。

第四，新媒体具有开放性、交互性、即时性、便捷性、个性化、低成本全球传播、信息的海量性等特征。

第五，新媒体的边界不断变化，呈现出媒介融合的趋势。

二、传受一体化

传受关系主要指传播者与受众之间的关系，是以信息或符号为客体中介所建立起的关联结构，是传播结构中最重要的一对关系。传受关系的构建不仅影响着传受观的形成，而且"传播者与受众之间的关系如何，直接决定着大众传播活动的水平和传播效果"[①]。

新媒体时代，又被形象地称为"人人面前都有麦克风"的时代。尽管仍然存在传统意义上的传播主体——新闻媒体工作者，但是基于网状传播模式，每个人都是信息传播中的节点和桥梁。每个人都有可能成为接受信息并把信息传播给他人的中介。只要懂得操作电脑或者拥有电话等通讯设备，就可以轻而易举地从媒介中获取信息，或者成为新闻信息的发布者或者传播者。而且技术的进步大大加快了信息发布的速度，互联网的病毒式传播以及各种类型的搜索引擎的崛起也让这些信息内容更容易获得关注、更容易被聚焦，不同利益群体更容易进行利益表达以及权力维护。新媒体时代，每个人都可能成为传播信息的渠道，都可能成为意见表达的主体。从博客中我们能看到种种典型的存在。

有学者认为，信息时代、网络时代和后网络时代的到来必然会建立一种新型的传受主体关系——和谐平等的一体化关系。这种传受互为主体的一体化关系是传播主体与接受主体都有自觉角色意识基础上的一体化关系，是经过否定之否定螺旋上升后的和谐的一体化关系。[②]

在传统的大众传播格局中，传播者和受众有明显的角色分界，传播者通常是专业的媒介机构及其新闻工作者，他们负责新闻信息的采集、选择、加工和发布，居于传播的绝对主体地位。受众虽然可以通过读者回信、回电等形式进行信息反馈，但因为这种反馈的局

[①] 郑兴东：《受众心理与传媒引导》，209页，北京：新华出版社，1999。
[②] 参见杨保军：《新闻理论教程》，84页，北京：中国人民大学出版社，2005。

限性，他们无力从根本上改变传者主导的格局。在单向性强的传播格局中，媒体舆论事实上与公共舆论、民间舆论有很大的距离，也并不能很好地代表民众的声音。

三、传受一体化的影响

（一）公众公共意识提升

传受一体化中，公共性受众成为新媒体变革中最大的受惠者。它打破了封闭式新闻传播格局，普通公民群体作为事件的第一目击者、第一见证人，在第一时间发布并更新信息，普通公众可以自主、主动介入社会传播活动之中，使单向传播走向双向互动，使原本集体统一的媒介声音呈现了多元话语的信息通道，这种前所未有的参与性激发了社会公共意识的苏醒和强化。社会学者于建嵘认为，某一事件发生后通过网络传播能够迅速形成强大的网络舆论，进而引发更多的社会成员参与到现实中的民意行动，最终形成较大的民意事件。贵州瓮安事件、上海钓鱼事件等都是网上和网下互动。在社会现实中不仅有众多的参与者，众多的网民还在网络上参与评论或进行声援。

（二）传播中的噪音

传受一体化关系一方面使得公众的媒介接近权和使用权得到最大程度的实现，另一方面也产生了一些让人担忧和亟待解决的问题，主要体现为对新闻客观性和真实性的挑战及对个人、机构合法权利的侵犯。甚至在网络上，网络水军、网络推手和网络打手构成了一个黑社会团体，利用病毒式传播，策划、炒作社会事件，攻击个人、企业和社会机构，对网络生态环境以及社会造成恶劣影响。

2008年源发于手机短信的四川广元橘子发现蛆虫的信息在手机和网络上疯传，导致全国柑橘严重滞销。2010年山西一些地区将要发生地震的消息大规模散发，当地几十个县市数百万人四处躲避地震。2011年江苏省盐城市响水县某化工企业将要发生爆炸的消息大量传播，导致民众恐慌外逃，在逃跑中多人受伤、4人死亡。2012年网传"军

背景延伸

1998年博客"德拉吉报道"独家报道了克林顿和莱温斯基的绯闻，2004年的美国总统大选中博客的登场则标志着博客成为重要的传播渠道。据资料显示，美国现在多数的原发新闻，首发者不是专业媒体和媒体从业者，而是普通公民个人。美军击毙本·拉登，最早报道该消息的既不是美国官方，也不是传统媒体巨头，而是美国国防部的前参谋长在Twitter上发布消息称："一位有声望的人刚刚告诉我，他们干掉了本·拉登。太棒了！"巴基斯坦的电脑程序员无意间用Twitter对美军击毙本·拉登的行动进行了直播。

在中国，突发性事件、公共性事件的传播中活跃着公民个体的身影。周久耕名烟事件、华南虎事件、宜黄拆迁事件、"陕西表哥"事件等，充分显示出传播主体的草根性、多样性。2011年7月24日"温州动车追尾事故"后，微博博友第一时间发布信息，早于传统媒体40分钟。在事件发生的最初6小时内，微博无论在时效性、更新速度还是在社会动员等诸多方面都比传统电视媒体领先。微博及时完整地报道反映了事故发生、救援等情况，并且展开寻人，此后微博大军的关注重点又转移到追查事故真相、历史旧账、进行问责等，有学者甚至认为当下"到了用网络倒逼改革的时候"。

车进京、北京出事",造成严重社会恐慌,影响十分恶劣。网络谣言涉及日常生活的方方面面,从衣食住行至社会、文化、政治、经济,甚至历史人物和事件也难以幸免,比如雷锋被谣传为生活奢侈、善于伪装的人,黄继光的英雄事迹被谣传为根本不是其所为。公安部门自2011年起开始着力打击,但网络谣言却呈愈演愈烈之势。2013年5月开始,公安部再次联合国家互联网信息办展开大规模的网络谣言整治行动,我国还出台了相关法律文件《最高人民法院、最高人民检察院关于办理利用信息网络实施诽谤等刑事案件适用法律若干问题的解释》,以期能够扼制或阻止不断蔓延的网络谣言。

> **要点小结**
>
> **新媒体时代传受一体化**
>   一、新媒体概念及特征
>   二、传受一体化
>   三、传受一体化的影响

思考与研讨题

1. 从广义的角度看,在新闻传播过程中"把关人"还有哪些?
2. 影响传者把关的因素有哪些?
3. 新媒体时代,传统媒体如何保持竞争力?
4. 如何整治网络谣言?

chapter 5

第五章 新闻传播的受者

本章要点

1. 介绍、阐释研究受者的相关学者、模式及理论
2. 阐释几种基本的受众观,了解受众人格对新闻传播效果的影响
3. 阐述新闻传播效果的三个阶段和代表理论

受者亦称"受传者""受众",指传播过程中讯息的接收者,是读者、听众和观众的统称。传播学中的受众是社会信息传播的接受者群体的总称;大众传播的受众则指读者、广播听众和电视观众,是通称这些信息接受者的集合名称。受众是新闻传播流程中的终端,是新闻媒介及其承载信息的消费者,又是对新闻媒介、新闻信息和新闻传播者本身的检验。受众是新闻传播系统中的一个复杂的子系统,是信息的受传者,又是反馈信息的发布者。总之,受众是新闻传播活动中的积极能动的行为主体,是新闻传播活动中的又一个活跃因素,是不可忽视的反馈信源。

第一节 受者理论

早期的传播研究者鉴于受者的众多、广泛、分散、不固定等特点,认为他们对传播媒介的传播内容是被动的、消极的,传播什么,就会接受什么,从而影响自己的思想、行为和态度,这就是早期的关于受众的"靶子论"。后经一些学者的研究和实验,认为这种理论并不完全符合实际,受众对传播内容并不完全是被动、消极的,他们往往要进行独立思考,作出选择、判断和反应,从而提出了一系列新的受众理论和观点。美国传播学家梅尔文·L. 德弗勒(Melvin L. Defleur)在《大众传播通论》一书中将其归纳为四种:一是"个人差异论",二是"社会类型论",三是"社会联系论",四是"文化规范论"。[①] 此外,美国学者 J. 巴伦(J. Barron)在 1967 年还提出过"社会参与"理论。

一、个性差异论

个性差异论是由霍夫兰于 1946 年最先提出的,并由德弗勒在 1970 年作了某些修正形成的。这个理论以心理学"刺激—反应"模式为基础,从行为主义角度来阐述接受对象,认为根本不存在一成不变的传播对象,将受众看成单个的个体;认为由于每个人所处的社会环境和经历不同,各自在性格、心理经验等方面存在着差异,面对传播媒介所传播的信息也会作出不同的反应。

德弗勒将这种个性差异分为五种:第一,人们先天的心理结构是千差万别的。第二,个人之间差异的形成,主要由于后天习得的不同。第三,在不同的环境下成长的人们接触到大相径庭的观点,他们从环境中习得一系列看法、态度、价值观和信念,这些构成他们的心理结构,并使他们每个人都与他人不同。第四,人们由于后天习得的不同,导致他们在感知理解客观事物时各自带有自身的倾向性;各人的心理差异影响他们对信息刺激物的挑选,也制约他们对信息刺激物意义的解释。第五,心理结构各不相同的社会成员,对大

---

① 参见〔美〕梅尔文·德弗勒等著,颜建军等译:《大众传播通论》,北京:华夏出版社,1989。

众传播媒介内容的接受、理解、记忆、反应，也是各不相同的。由于存在这五种原因，受众的个性差异存在并导致了受众对信息接收行为的个体区别。

个性差异论的贡献在于，促使人们重视个人的心理因素对受众成员的媒介信息接收行为的影响，使传播学中对于受众的研究从分析受众成员的心理入手，从而提出了选择性注意、选择性理解这一值得重视的观点。

（一）选择性注意

注意是心理活动对一定对象的指向和集中。注意是受众接收新闻的心理活动的开端，新闻信息只有先被受众注意，才能被接受，从而引起受众态度和行为的变化。注意集中的过程是一个舍弃、选择的过程。在面对纷繁复杂的信息时，受众只有选择某些信息而舍弃其他的信息，所以称之为选择性注意。受众的选择性注意一般是依据以下原则进行的：第一，受众原有的知识储备。第二，受众的兴趣和需求。第三，受众固有的观点和成见。第四，受众的接近心理。由于受众具有选择性注意的心理倾向，大众传媒可以通过更新传播内容和强化传播形式的方法，吸引受众注意，强化传播效果。

（二）选择性理解

信息传播是一个"编码"和"解码"的过程，即传者将一定的意义"编制"成一定的符号，受众则把以符号为载体的信息回译成"意义"。影响受众对信息的理解活动的因素主要有：第一，特定的文化背景。因为个人的观念、态度、习惯等，往往由他所处的特定文化环境所决定。第二，个人动机。动机是引起个人采取某种行为，并维持这一行为的内在原因。动机直接影响受众对信息的选择。第三，个人心理预期。受众接受信息，往往倾向于朝自己所预期的方向去理解。第四，个体当下的情绪。情绪是指个体受到某种刺激所产生的一种特殊的身心状态，对同一条信息，由于个体情绪状态不同，所形成的理解也可能截然不同。

二、社会类型论

社会类型论，又称为社会范畴论。社会类型论可以说是对个性差异论的补充和扩展，后者以心理学为基础，强调的是受众个体的心态与性格的差异；而前者则以社会学为基础，强调的则是受众群体的特点的不同。

这种理论最先是由美国学者赖利夫妇在《大众传播与社会系统》中提出的，该理论从社会学角度出发强调人的社会群体性上的差异，揭示了基本群体在传播过程中所扮演的角色。

社会类型论认为人们的个性尽管不同，但作为一个社会中的公众，某些人总会有某些方面的共同点，由这些相同的方面可以形成各种不同的社会群体；同属于某一社会群体的人们在社会观、价值观上会较为接近，对媒介传递的信息也会作出大体相同的反应，而隶属于不同社会群体的人们则会有着不同的接受倾向。

三、社会联系论（社会关系论）

这种理论是由拉扎斯菲尔德、贝雷尔森、卡茨等人提出的。他们认为人与人之间有着各种社会联系，每个人都有自己的生活圈，要受到与之发生联系和自己的生活圈内的人们的约束或影响；媒介传播的信息，总要在这种生活圈面前受到抵制或过滤。一般来说，受传者个人往往采取与生活圈内的人们一致的态度。拉扎斯菲尔德基于这种理论提出了两级传播理论，认为许多人首先得到的信息及对信息的理解往往不是来自于大众媒介而是来自"意见领袖"。

四、社会参与论

社会参与论又叫受众介入论，它来源于美国宪法中有关公民权利的一种受众理论。最早明确提出这一尖锐问题的美国学者巴伦，在《对报刊的参与权利》一文中指出：为了维护受众的表现自由，保障他们参与和使用传播媒介的权利，《宪法第一修正案》必须承认公民对传播媒介的参与权。20世纪70年代以来该理论曾引起传播学界的广泛讨论和普遍重视，现在已经被许多国家接受并运用到实践中。

社会参与论的主要观点可以归纳如下：第一，大众传播媒介应是公众的讲坛，而不是少数人的传声筒。第二，公民及其团体既是讯息的接受者，也是讯息的传播者。第三，时代在发展，受众在变化，许多人已不满足消极地当一名接受者，一种试图积极参与报刊文章的撰写、广播电视节目的制作和演播的自我表现欲望正在增长。第四，让受众参与传播，正是为了让他们积极接受传播，因为人们对于他们亲身积极参与形成的观点，要比他们被动地从他人那里得到的观点要容易接受得多，且不易改变。第五，参与传播也是受众表达权、反论权的具体体现。

要点小结

受者理论
一、个性差异论
二、社会类型论
三、社会联系论
四、社会参与论
五、文化规范论

五、文化规范论

文化规范论是德弗勒提出的一种关于受众的传播效果理论。他认为大众传播媒介之所以能间接地影响人们的行为，是因为它发出的信息能形成一种道德的文化的规范力量，人们在不知不觉中依照媒介逐步提供的"参考架构"来解释社会现象与事实，表明自己的观点和主张。媒介这种影响是日积月累、缓慢地渗透进受众思想的。

"文化规范论"的理论基础是班杜拉（A. Bandura）的"社会学习论"：人们倾向于而且能够学会在一定场合如何行动。早期的实证研究是布鲁默（H. Blumer）在20世纪20年代所做的有关电影对儿童影响问题的研究，他注意到儿童习惯于模仿银幕上的行为和场景。后来，乔治·格伯纳（George Gerbner）关于观看电影的研究给德弗勒的文化规范论以有力的支持。

第二节　受者人格

受者人格主要是指受众的传媒素养和受众人格权意识。传媒素养是指人们对大众传媒的认识、利用和参与等方面的素养，包括对媒介积极作用的开发、利用能力，对媒介消极作用的防范、排除能力，对媒介内容的分析、判断能力，以及使用媒介工具的能力。受者人格素养的健全有赖于人格权保护意识的加强，通过传媒素养教育，引导受众加强自我人格权意识的保护，合法、适度、有效地利用大众传媒工具进行信息传递、舆论导控和审美引领，有助于大众传播媒介效果的实施。

一、受者人格修养与人格权

（一）受者人格修养

新时期对受者人格修养的要求应该包括以下几个方面。

第一，要具备一定的世界观。世界观是一个人对整个世界的看法与态度，是个性心理倾向性的最高表现形式，是行为的最高调节器。

第二，要具备坚强的信念。信念是人们按照自己的观点、原则、世界观支配自己行动的个性心理倾向。

第三，要具备顽强的心理承受力。心理健康者能正确地对待社会上的心理思潮，冷静客观地评估所处的意见环境，不随波逐流，不任意附和，坚持自己的原则和主见，合理、公正、适度地发表自己对事件的看法。

第四，要具备优秀的文化素质。在新媒介时代，学习能力是衡量一个受众基本素质的重要标准。

（二）受者人格权保护

受者人格权意识的提升，是对受者人格素养的进一步要求，也是法治社会受众主体意识的觉醒。将受众视为权利主体的思想，可追溯到17、18世纪的资产阶级革命时期，理论依据是"天赋人权""自然权利"等政治学说。随着受众主体地位的逐步形成，受众人格权利也逐渐完善起来。受众人格权主要包括以下几种权利：

一是传播权（the right to communicate）。传播权是社会每个成员所享有的基本权利之一，主要表现为言论自由的权利。社会成员有权将自己的经验、体会、观点和认识通过言论、创作、著述等活动表现出来，并有权通过一切合法手段和渠道进行传播。

二是知晓权（the right to know），又称知情权。知晓权广义上指的是社会成员获得有关自身所处环境及其变化的信息、保障社会生活所需的各种有用信息的权利，从这个意义上说，它也是人的生存权的基本内容之一；狭义上的知晓权指的是公民对国家的立法、司法和行政等公共权力机构的活动所拥有的知情或知察的权利，这也意味着公共权力机构对公民信息公开的责任和义务。

三是传媒接近权（the right of access to media）。即一般社会成员利用传媒阐述主张，发表言论及开展各种社会和文化活动的权利，同时，这项权利也赋予了传媒应该向受众开放的责任和义务。这个新的权利概念在20世纪60年代由美国学者巴隆提出，1967年他在《哈佛大学法学评论》上发表论文《接近媒介：一项新的第一修正案权利》，提出受众有权接近媒介和利用媒介传播个人信息。接近权有两种主要形式：一是反论权，也称反驳权，指大众面对媒介发表的批评自己的意见，可要求媒介免费提供版面、时间进行反驳的权利。二是意见广告，反论权是先有媒介的信息而后有大众的意见，而意见广告则是一开始就由大众通过媒介发布信息。

四是隐私权（the right of privacy）。指的是受众有个人独处，个人与公众利益、公众事务无关的私生活需要保密，不受新闻媒介打扰和干涉，以及个人名誉和利益不受伤害的权利。

二、受者人格与传者人格的互动

在新媒体传播时代，新闻传播的传受者地位发生了变化。新闻传播也呈现出互动化、平等化的传播趋势。微博、微信等自媒体传播方式成为不可忽略的信息源。相较于传统媒体，新媒体传播凸显了很强的自我意识、双向互动性，在新媒体时代，新媒介从根本上改变了受众的地位和角色。受众不但主动地获取信息，还进一步成为信息的发布者和传播者。

（一）人格互动是一种心理互动过程

人格是一个心理学的概念，在人的各种心理活动中带有综合性和统领性的作用，是包括一个人的智慧、才能、气质、品德等能区别于他人的全部的心理特征的综合。新媒体时代，传受者之间的人格互动更加突出，也体现着新媒体时代新闻传播的特征。这改变了早期的观点："在大众传播中传者和受者是对立的统一体。其中，传者居于主导地位。他决定着传播的方向，影响着传播的效果，因此，他在大众传播中起着重要的导向作用。"① 在新媒体时代，传者和受者是一体的，每个人都是自己传播信息的主导者，通过快速的发布、自由的选择、及时的反馈，传受者之间的人格形成了真正的主导、完全的互动。

（二）人格互动促进了传播效果

不同的受者有着各自不同的情感、道德、性格、能力及气质，即不同的人格要素构成。在自媒体传播时代，受者的自我意识、自我表现欲望、自我创新性得到了前所未有的展现，受者一方面传播信息，一方面选择信息，在双向互动中表达自我情绪、观点，传播有意义的创造性想法，达到更高程度的信息更新和更深刻的思想交流。

（三）人格互动加强了人格权的保护

心理学家杜拉提出过"自我效能"的概念，是从成功的经验中衍生出来的能力信念，它可以影响到人们做事情时的坚持程度。② 对照这一心理学研究成果，我们就会发现，微博简单快捷的方式会让人们尝试参与并习惯使用这一权利。受众的参与权、表达权得到了提升和保护。

（四）人格互动的平等性体现了受众和传媒共同的社会责任

社会性是人的共性，百姓对生活的感知是最真实的，关注整个社会而不是自我，是优秀人格社会性的体现。社会政治、公共事业越来越成为人们在微博中关注的热门话题，同时，政府部门和人事单位也注册官方账号，呈现出他们在社会中的工作状态，展现他们在社会中的责任和担当。官员以个人身份的实名注册，更是体现了监督与被监督的平等性，体现了人格互动的力量。

（五）人格互动要加强传播秩序的维护

作为交流的平台，微博、微信等自媒体传播平台还很年轻，缺乏有效的引导和监督；所以常成为滋生谣言的场所和不良信息的发源地。这样，不良人格也会从这里迅速地蔓延，轻则污染视听影响价值观，重则激化矛盾引发混乱。自媒体传播秩序的监管和维护要从两方面入手：一是提升网民素质，培养高尚的人格。二是发挥个人的人格魅力，"说话人的品格是一切劝服的手法中最有说服力的"③。

---

① 刘京林：《大众传播心理学》，198页，北京：中国传媒大学出版社，2005。
② 参见方建移、章洁：《大众传媒心理学》，31页，杭州：浙江大学出版社，2007。
③ 高国希：《道德哲学》，17页，上海：复旦大学出版社，2005。

三、意见领袖

案例精选

北京警方根据群众举报，在朝阳区安慧北里一带连续端掉多个卖淫嫖娼窝点，抓获违法犯罪嫌疑人27名。其中，广受外界关注的网络大V"薛蛮子"（中文名"薛必群"）被警方当场抓获，经进一步查证，他不仅嫖娼，还涉嫌聚众淫乱。《新闻联播》用3分钟时间播出了"薛蛮子"嫖娼被抓的新闻。

"意见领袖"是拉扎斯菲尔德等学者在《人民的选择》一书中最早提出的概念。这项研究证实在政治领域中意见领袖的存在，以及他们对选民的政治选择的影响。此后其著作《个人影响》又进一步证实除了政治领域外，意见领袖还存在于人类传播的各个领域。特别是在新媒体发达的今天，数字化媒介改变着新闻传播的传受双方的关系，意见领袖比以往任何时候都更大地发挥着其在传播过程中的影响和作用。

（一）意见领袖的人格素养

一是意见领袖具备丰富的知识。意见领袖要对追随者产生影响力，不仅要信源广阔，还要有较强的解释和理解新闻事件、评价和阐释新闻价值的能力。

二是意见领袖具备强烈的社会责任感。舆论领袖往往是社会大众或某些弱势团体的代表，他们心忧天下，对违背社会公德的事件热切关注，并力图用自身的呼吁影响更多的人，促进社会道德体系的建设。

三是意见领袖具备优秀的文化素养。舆论领袖往往是信息传播的过滤者、加工者，他们运用自己的专业知识和文化储备，通过文字进行信息的二次传播。

（二）意见领袖的传播功能

意见领袖作为传者和受众之间的中介人，可以利用其人格魅力来影响他人，发挥其在信息传播中的作用。意见领袖的功能一般包括以下几个方面：

一是对信息的加工和解释。意见领袖不仅发出信息，而且自己也积极摄入信息。意见领袖的主要任务是对新闻信息进行加工和解释，并以微型传播（人际传播）的方式传达给更多的人。

二是对信息的扩散和传播。意见领袖是把信息加工后再传播和扩散的人。这种加工和传播不仅有正面的作用，有时也会产生负面的效果。

三是对受众的支配和引导。意见领袖由于占据信源的制高点，往往会通过对信息的二次加工和解释，实现个人对追随者和被影响者的态度和行为的支配和引导。

四是对传播者的协调和干扰的功能。意见领袖对传播者的传播还具有协调和干扰的作用，如果传播者传递的是符合意见领袖及其团体成员利益和态度的观点、主张，那么意见领袖会对传播者的传播效能起到良好的推动作用。

第三节　新闻传播的效果

早期的传播效果研究主要基于商业利益的考虑，主要是从传播者角度出发，随着从"传者中心"到"受众中心"的传播思想的转变，学者们开始从受众角度出发考察传播效果。这时的传播效果主要是侧重研究传播者发出的信息经媒介传至受众而引起的受众思想观念、行为方式等的变化，以及对社会及文化造成的影响。

传播效果理论的发展分为三个阶段，这三个阶段相对应的也是研究者对受众认知方式和受众在传播过程中的作用的认识。以色列学者伊莱休·卡茨在1977年首次对过去42年的传播研究进行了分析，将其划分为三个阶段和三种理论[①]：一是枪弹论（1935～1955），认为传播媒介是"枪弹""注射器"，威力巨大，从传者到受者是单线传递，但是研究很快钻进死胡同。二是有限效果论（1956～1960）。人们失望地发现传播媒介极难改变一般人的态度或行为，其效果十分有限。三是适度效果论（1960～1977）。人们看到传播媒介在反越战、妇女解放运动、青年暴动，水门事件等一系列事件中的突出作用，加之麦克卢汉在其著作中对科技决定文化的鼓吹，学者们对传播效果采取了折中立场，既承认大众传媒有相当强的效果，也强调它并非万能。

美国传播学者赛弗林和坦卡德（W. Severin & J. W. Tankard）于1981年在合理吸收了卡兹等人关于效果研究的三个阶段划分的有用成分之后，将传播研究的时间又作了相应的延伸，把第一阶段（枪弹论）的结束时间改在1940年，而将其起始时间前推至第一次世界大战爆发之前，同时提出了"强大效果论"。他们通过对50年来传播效果研究的审慎回顾总结，依据各种理论对效果的不同估计和理论在其他方面的特点、对效果研究的轨迹作了四点理论概括，即枪弹论、有限效果论、适度效果论、强大效果论。

表 5-1　　　　　　　　　　传播效果阶段图

效果研究的理论	枪弹论	有限效果论	适度效果论	强大效果论
理论存在的时段	1914～1940	1914～1960	1961～1972	1973～1980
效果呈现的曲线	特别高	特别低	比较高	相当高
效果研究成果	《世界大战中的宣传技巧》（1927）、《宣传分析研究所的成果》（1937）、《火星人的侵略》（1938）	《大众传播实验》（1953）、《传播与劝服》（1948）、《人民的选择》（1948）、《投票》（1954）	《电视与政治及其作用与影响》（1969）、《议题设定研究》（1972）	《重归大众传播的强力观》（1973）
研究者举例	拉斯韦尔、坎特里尔	霍夫兰、贾尼斯、凯利、克拉波珀、拉扎斯菲尔德	布鲁姆勒和麦奎尔、麦库姆斯和肖	诺埃尔-纽曼、门德尔松
根据霍弗林和坦卡德的著作（1985）绘制			

[①] 参见李金铨：《大众传播理论》，124～130页，台北：三民书局，1984。

1983 年，麦奎尔（D. McQuail）于强大效果论阶段之后，借鉴盖姆逊（W. Gamson）和蒙迪克莱尼（A. Modigliani）的社会建构说，提出了"谈判性的传媒效果论"[①]。其核心是在一定的社会生产和文化传统的环境中，受传双方基于"谈判"，也即互相商讨和彼此斗争，依据各自的处境、利益、兴趣及意图等，建构媒体所倡导的意义系统。[②]

枪弹论与 20 世纪初传播媒介迅猛发展并成为大众宣传的主要工具这一历史环境有关，其背后是大众社会理论的流行。有限效果论与大众传媒的企业化、商业化的现代发展及实证主义行为科学的流行相对应；20 世纪 70 年代至今的强大效果论则与电视等电子媒介的发展与普及、社会信息化进程的加速及信息科学的发展是分不开的。我们对传播效果理论进行简要介绍。

> **背景延伸**
>
> 研究战时宣传的最著名学者拉斯韦尔，对大战中的各种宣传策略和手法及其效果进行了系统的整理和分析，出版了《世界大战中宣传技巧》(1927)一书，并因此被后人称为"宣传研究之父"。

一、超强效果时期——枪弹论

枪弹论诞生于传播学研究刚刚起步的 20 世纪二三十年代，又称为魔弹论或皮下注射论。这是由于当时国家、政党、社会活动家都把传播媒介作为宣传的工具加以利用，一些政治学家、社会学家和历史学家通过对当时政治宣传鼓动的研究，认为反复的信息传播能够达到完全左右人的思想和行为的效果。枪弹论的核心观点认为，大众传播的讯息如同枪弹一样，只要"命中目标"，受众就会应声倒下；又仿佛"皮下注射"一般，只要它传进受众的头脑，就会像注射的药水一样发挥效用。这种说法经过当时记者们的渲染，曾经一度广为流行。不过，当时并没有确定的名称。1960 年，传播学者戴维·伯罗（David Belo）在他的研究著作中称之为皮下注射论；1971 年，施拉姆则把它称之为枪弹论。

枪弹论的出现与当时西方流行本能心理学和社会学理论也有密切的关系，"刺激—反映"机制和媒介效力强大的观点是该理论形成的基础，这种理论认为人的行为受本能的"刺激—反应"机制的主导；而大众社会论则认为现代生活破坏了传统的社会联

[①] W. Gamson and A. Modigliani, "Media Discourse and Public Opinion on Muclear Power: A Constructivist Approach", *American Journal of Sociology*, 1995, pp.1–37.

[②] See Denis McQuail, *Mass Communication Theory*, London: Sage Publication, 1996, pp.333–338.

系，社会成员在任何有组织的说服或宣传活动面前都处于孤立无援、十分脆弱的状态。枪弹论形成的客观背景是技术的发展促使大众传媒的迅速发展，新媒介的出现使人们产生了一种敬畏心理，再加上国家、政党、团体和社会活动家等对传播媒介的利用都达到空前的程度，一般个人无时无刻不处于各种各样的宣传或说服活动的包围之中，使人们处处感受到了传播的力量。

有关这一理论的研究大都是建立在观察基础上的结论，并未经过严密的科学调查与验证。这种理论过分夸大了大众媒介的影响力，同时也忽视了受众对大众传播有自主权的这个前提。受众是具有高度自觉的主人，他们对信息不仅有选择权，而且还会自行决定取舍。此外，这一理论还忽视了影响传播效果的各种社会因素。传播效果应与当时当地的社会环境、媒介环境、群体心态，以及政治、军事、经济和文化背景密切相关，不能把传播效果放到"真空"中去考察。1964年雷蒙德鲍尔发表了《顽固的受传者》一文，标志着枪弹论的破产，代之而起的是有限效果论。

二、有限效果论

从20世纪40年代开始，传播效果研究开始进入到第二个时期，枪弹论的效果观逐渐被否定。有限效果论，也称微弱效果论（1941～1960），霍普·克拉珀（H. Klapper）称之为"最低效果法则"，赛弗林和坦卡德称之为有限效果论。这类研究认为大众传播媒介的影响是有限的、间接的和有选择的，它往往受到媒介的性质、个人差异、社会类别和社会关系等诸多因素的制约，远非"威力无比，不可抗拒"。在媒介和个人行为之间，也不存在枪弹论认为的那种直接的、普遍的、即时的和因与果的关系；受众不再是消极被动的靶子，而是积极主动的参与者。有限效果论的重要特点是，采用社会调查法和心理实验法等方法，着重对传播效果的过程和机制进行实证考察。

这一理论的经典形态，孕育于20世纪30年代初完成的佩恩基金会有关电影对儿童影响的系列研究（1929～1932），并且延伸至20世纪60年代初。该时期的传播效果研究，以电影和政治动员等为主要研究对象，集中考察利用电影、广播、报纸、传单等改变人们信念、态度和行为的可能性，验证大众传媒可能造成的一些有害效果，诸如少年犯罪偏见和侵犯行为等。除了佩恩基金会的系列研究外，其他著名的研究有霍夫兰（C. Hovland）等人的新兵电影教育研究，库柏（E. Cooper）和雅霍达（M. Jahoda）的"比格特先生"漫画研究，斯达（S. A. Star）和霍格斯（H. M. Hugehes）关于教育运动的研究报告以及贝雷尔森（B. Berelson）、麦奎尔（D. McQuail）、塔勒纳曼（J. S. M. Trenanman）等的研究。20世纪40年代，以哥伦比亚大学应用社会学研究部的拉扎斯菲尔德为首的一些社会学家，首先向枪弹论发起挑战，他们对大众传播效果进行了更为系统全面的研究。至20世纪50年代这次研究的第一次革命性转折基本完成，并导致对超强效果论的否定。

（一）传播流研究

所谓传播流是指由大众传媒发出的信息，经过各种中间环节，"流"向传播对象的过程。代表性的成果是拉扎斯菲尔德等人的《人民的选择》、卡兹等人的《个人影响》、罗杰斯等人的《创新与普及》及克拉帕的《大众传播效果》。

首先进行传播流研究的是拉扎斯菲尔德的选举研究。《人民的选择》是拉扎斯菲尔德等人通过对1940年和1944年两届美国总统大选所作的调查研究，围绕大众传播的竞选宣传对选民投票意向的影响发表的研究报告。研究人员对调查数据分析后发现：大多数人早在竞选之初就已做出了怎样投票的决定，只有约8%的人转变了立场，但是他们不是听从了大众传媒的宣传，而是个人的劝服影响，拉氏的研究拉开了微弱效果时代的序幕，引发了一系列类似的研究。美籍以色列传播学家卡茨和拉扎斯菲尔德为了验证这些假说在政治选举以外的领域是否适用，进行了多次调查。1955年他出版《个人影响》一书，汇总了这些调查的结论，提出了"意见领袖"和"两级传播理论"：大众传播的影响并不是直接"流"向一般受众，而是要经过意见领袖这个中间环节，即"大众传播→意见领袖→一般受众"。

1962年，美国农村社会学家罗杰斯在对农村深入调查的基础上，发表了他的研究报告《创新与普及》。这项研究对《人民的选择》和《个人影响》中的许多观点，特别是对"两级传播"的概念作了重要的补充和修正。罗杰斯把大众传播过程分为两个方面：一是作为信息传递过程的"信息流"；二是作为效果或影响的产生和波及过程的"影响流"。

《人民的选择》《个人影响》和《创新与普及》，可以说是"传播流程"研究的三部曲。这些研究揭示了大众传播效果的产生是一个极为复杂的社会过程，其间存在着众多的制约因素，单一的大众传播并不能左右人们的思想。1960年，克拉珀在《大众传播效果》一书中对《人民的选择》和《个人影响》的传播流程研究进行了系统总结，对有限效果论作了概括说明，并提出了"中间因素"的概念，认为大众传播不是影响受众的唯一因素，它和其他一些中介因素一起起作用。这些中介因素包括传受者个人原有的观念和选择性心理，所在群体规范的约束和遵从性心理，以及"舆论领袖"的影响等。克拉珀的这些观点特别强调了大众传播影响的无力性和效果的有限性，因而被称为有限效果论。

（二）"说服性传播"的效果研究

"说服性传播"的效果，也称为传播者的说服效果，指的是受传者的态度沿传播者说服意图的方向发生的变化。第二次世界大战期间，耶鲁大学心理学教授霍夫兰（C. Hovland）等人在军队里进行的一系列心理实验，是关于"说服与态度转变"的最早的实证研究。霍夫兰在《传播与说服》《劝服的表达次序》两本著作中详细阐述了自己对说服论所做的贡献：第一，要想产生积极的说服效果，传播者应有高度的可靠性。可靠性的两个主要因素是专精（实际具有的知识）和值得信赖（具备良好的品质和动机）。第二，讯息特性影响说服效果。比如表达一个有争议的问题，是用正面理由还是用反面理由，哪种理由比较能够说服人？提问诉诸哪种方式（恐惧、情感、理智）更有说服力？结论是明示还是暗示好？霍夫兰等人只是提出了思考的框架和一些具有启发意义的建议，并认为实际情况远比理论上的结论要复杂得多。第三，受众个性因素影响说服效果。进攻性强的人、不关心集体和不合群的人，对新鲜事物反应迟钝；想象力贫乏的人，一般不易被说服；性格外向、想象力丰富的人、对周围新事物较为敏感的人、自我评价低的人，较易接受他人的观点。这些研究结果表明，大众传播的效果受到传播主体、信息内容、说服方法、受众属性等各种条件的制约。这些研究结论同样是否定枪弹论效果观的有利证据。[①]

有限效果论的缺陷：一是在认知、态度和行动这三个效果层面上，它只探讨了后两者，忽视了更早的认知阶段——大众传播在人们的环境认知过程中的作用。二是它只考察了具体传播活动的微观、短期的效果，而忽略了整个传播事业日常的、综合的信息活动所产生的宏观的、长期的和潜移默化的效果。

三、适度效果论

20世纪70年代，一批传播学研究者回顾了以往的效果研究，认为过去的有限效果论过分贬低了大众传播的效果，其实在某些情况下，大众传播可能有相当显著的传播效果。同时由于以往的研究只注重大众传播对受众态度和意见的影响、只考虑大众传播的短期效果，所以，存在诸多局限性。出现于20世纪60年代至70年代末的适度效果论摆脱了早期有限效果论"传者中心论"的局限，开始以受众为中心进行研究，并着力研究长期效果。研究者们各自进行了一系列的研究，提出了各种关于大众传播效果的观点，主要有"信息寻求论""使用与满足论""创新扩散论""议程设置论"和"文化规范论"。沃纳·赛弗林、小詹姆斯·坦卡德认为这些观点都可以归纳为适度效果论。

（一）使用与满足理论

使用与满足论是从研究受众为什么使用大众传播媒介这一角度切入效果研究的。伊莱休·卡茨（Elzhu Katz）早在1959年就曾指出，过去的研究集中在大众传播"给了人们什么"，现在的研究则应转向对"人们用媒介做什么"的探讨。因为受众使用媒介的行为，很大程度上是由他们的需求和兴趣而产生的。大众传播效果的产生是建立在受众需求和兴趣基础上的，只有观察、了解受众如何根据自己的需求来有选择地接受信息，才谈得上对效果的分析。

布鲁姆勒（Blumler Jay）和麦奎尔（D. McQuail）在研究1964年英国普选时，把对使

---

① 参见郭庆光：《传播学教程》，199页，北京：中国人民大学出版社，1999。

用与满足的探讨作为最主要的课题。他们研究的中心目标在于"了解人们为什么观看或回避党派广播;他们想如何使用它们;对于电视介绍政治家的各种不同方式,人们喜欢哪一种"。研究报告《电视与政治及其作用与影响》表明:大众传播的效果依赖于传受关系及受众的需要与动机;受传者总是积极主动地、有选择地使用媒介以满足个人的需求;受传者的需求是各式各样的,大众传播只能满足其中一部分;如果传播者把信息传递与受传者的需求满足结合起来,可以取得理想的效果。后来,施拉姆在《传播学概念》、梅尔文·德弗勒在《大众传播通论》中都对受众使用媒介的需要和动机作了具体的描述。1977年,日本学者竹内郁郎对卡茨的模式进行了补充,提出了使用与满足理论模式图(见图5-1)。

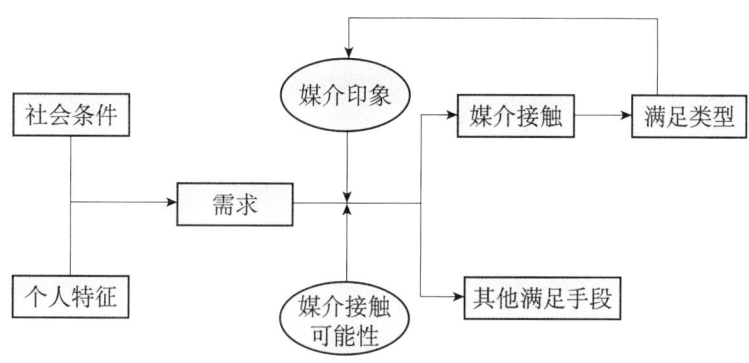

图 5-1 使用与满足理论模式图

该图在卡茨模式的基础上,强调了两点:一是受者的媒介接触行为,受到他此前对各种媒介所形成的基本印象的影响,同时媒介接触的结果也会修正他对以前的媒介印象。二是受众的需求满足还受到媒介接触可能性的影响。

为使用与满足论提供依据的,有以下几种研究。

一是对广播媒体的"使用与满足"研究。最早对广播节目使用形态进行考察的是哥伦比亚大学的赫卓格。他发现尽管是同一节目,人们的收听动机、欣赏水平以及获得的满足感也是不同的。他认为,有三种基本心理需求使人们喜爱知识竞赛(娱乐)节目:(1)竞争心理需求——通过抢猜答案使自己与出场嘉宾或收听伙伴处于一种竞赛状态,享受竞争乐趣。(2)获得新知的需求——从节目中得到新知识,以充实自己。(3)自我评价的需求——通过竞猜来判断自己的知识水平,确认自己的能力。

二是对印刷媒介的"使用与满足"研究。对印刷媒介使用形态较早进行考察的是贝雷尔森在《读书为我们带来什么》一文,他指出:人们对书籍的使用在受到性别、年龄、学历、职业等因素影响的同时,还有一些普遍性的读书动机:(1)实用动机——追求书籍内容对学习、工作和生活的参考和利用价值。(2)休憩动机——解消疲劳,获得休息。(3)夸示动机——通过谈论读书内容以获得他人称赞或尊敬。(4)逃避动机——通过读书来转移日常生活烦恼。1949 年，贝雷尔森发表了《没有报纸意味着什么》的研究论文，这项研究以 1945 年 6 月 30 日纽约八大报纸的发送员大罢工为背景，通过调查没有报纸带来的不便来揭示报纸在日常生活中的效用。根据调查结果，贝雷尔森总结了人们对报纸的六种利用形态：（1）获得外界消息的信息来源——没有报纸就失去了了解外部变化的耳目。（2）日常生活工具——例如看不到广播节目表，得不到天气、交通、购物等信息。（3）休憩手段——从读报中获得安静和休息。（4）树立社会威信的手段——经常披露从报纸上看到的新闻或新知识，可获得周围人的尊敬。（5）社交的手段——读报可以提供丰富的话题，活跃社交生活。

三是对电视媒介的"使用与满足"研究。这项研究有代表性的成果是麦奎尔等人于 1969 年开始的对电视节目的调查。这项调查不仅归纳了各类节目提供"满足"的不同特点，而且抽出了它们之间共同的四种类型：（1）心绪转换效用——电视节目可以提供娱乐和消遣，能帮助人们"逃避"日常生活重压，带来情绪上的解放感。（2）人际关系效用——这里的人际关系包括两种：一种是"拟态"人际关系，即受众对节目中的人物产生一种"熟人"或"朋友"的感觉；另一种是现实人际关系，即通过谈论节目，可以融洽家庭关系，建立社交圈子等。（3）自我确认效用——电视节目中的人物、事件、状况、矛盾冲突的解决方法等，可以为观众提供自我评价的参考框架，并在此基础上协调自己的观念和行为。（4）环境监测效用——通过观看电视节目，可以获得与自己的生活直接或间接相关的各种信息，及时把握环境的变化。

"使用与满足"研究开创了从受众角度出发考察大众传播过程的先河，把能否满足受众需求行为作为衡量传播效果的基本标准，这个视角具有重要意义：一是它认为受众的媒介接触是基于自己的需求对媒介内容进行选择的活动，这种选择具有某种"能动性"，这有助于纠正大众社会论中的"受众绝对被动"的观点。二是它揭示了受众对媒介使用形态的多样性，强调受众需求对传播效果的制约作用，对否定早期枪弹论或皮下注射论的效果起到了重要作用。三是它指出了大众传播对受众具有一些基本效用，这对过分强调大众传播无力性的有限效果论是一种有益的矫正。在这个意义上，一些学者将它称为是一种适度效果论。

（二）信息寻求论（信息依赖模式）

信息寻求论是以受众个人寻求信息的行为为中心，来探求决定受众行为的各种因素。布鲁斯·韦斯特利与小莱昂内尔·C·巴罗认为，人们接受大众传播，是为了寻求足以支持他们目前态度的信息；同时又注意到，信息的用途，对某一特殊课题的内在兴趣、娱乐价值、多样性需求，以及个人性格等因素，有时比寻求支持性信息具有更重要的作用。该模式不同于"使用与满足"模式，它将传播效果与社会文化和群体规范联系起来，把基点放在宏观的社会文化、规范和价值上，它的传播效果表现在信息传播日积月累、潜移默化地作用于受传者，使其有意无意地接受着信息，并按社会文化规范作出解释。

（三）创新与扩散理论（采用扩散理论）

20世纪五六十年代，创新的信息扩散成为热门话题。1962年，罗杰斯总结了506个创新扩散研究项目，研究媒介如何劝服人们接受新观念、新事物、新产品，侧重研究大众传播对社会和文化的影响。1973年，他和舒梅克（F. Shoemaker）提出了创新过程曲线，认为一个创新过程至少包括四个环节：（1）知晓。个体知道有某种创新事物存在。（2）劝服。个人对该事物形成赞成或反对态度。（3）决定。进一步思考、讨论和寻求有关情报，决定采用或拒绝。（4）确定。寻求补充情报，如矛盾则可能改变原决定。

20世纪七八十年代，创新和信息的扩散研究重心向在社会与文化境况中研究传媒和受众的两个向度转移。德弗勒和罗杰斯指出，大众传播本身就是一种创新机制，在其发挥引导和加强社会创新扩散过程的作用之前，它必须获得发展，现代社会和发达国家创新扩散快捷的原因也就在于此。创新和信息扩散研究的另一重要方面，是大众传播和发展中国家的发展关系问题。

（四）知识沟理论

20世纪60年代，美国政府提出通过大众传播手段改变贫困儿童受教育的条件，《芝麻街》节目是其中一个重要的项目。后来发现，尽管对贫富儿童都产生了良好教育效果，但是对节目接触和利用最多、产生更好效果的仍然是富裕家庭的儿童，因此它不但没有缩小不平等，反而扩大了差距。1970年美国学者蒂奇诺等人在《大众传播流动和知识差距增长》一文中提出"知识沟"（knowledge gap）的概念。由于社会经济地位高者通常能比社会经济地位低者更快地获得信息，因此，大众媒介传送的信息越多，这二者之间的知识鸿沟也就越有扩大的趋势。这实际上是对大众传播时代信息流通的均衡性，以及公众在知识获取方面的平等性、公平性提出了质疑。蒂奇诺认为，除了接触媒介和学习知识的经济条件的因素以外，传播技能上的差异、已有知识储备的差异、社交范围的差异、信息的选择性接触、理解和记忆的因素、大众媒介的性质等都是造成知识鸿沟的原因。这一小组在25年的时间里致力于通过大量调查来发展和支持这一理论。[①]

与"知识沟"假说持相反观点的是艾蒂玛和克莱因于1977年提出的"上限效果"（ceiling effect）假说。其观点是，个人对特定知识的追求并不是无止境的，达到某一上限后，知识量的增加就会减少或停止下来。社会经济地位高的人获得知识的速度快，上限达到得也快；社会经济地位低的人虽然知识增长的速度慢，但最终能够随着时间的推移最终在"上限"上赶超前者。其实质是大众传播信息传达活动的结果不是带来知识鸿沟的扩大，而是它的缩小。艾蒂玛为此假说提出了三种论据：第一，信息源的性质决定上限。大众传播传达的不是高精尖的知识，而是某一范围、某种程度的一般知识，无论经济地位高

---

① 参见〔美〕斯坦利·巴兰、丹尼斯·戴维斯著，曹书乐译：《大众传播理论》，304页，北京：清华大学出版社，2004。

低，都不可能从大众传播中得到超出这个限度或范围的知识。第二，受众本身具有的上限。受众经济地位高的人在感觉自己知识已经充足的时候，会自动减少乃至停止对这种知识的追求。第三，现有知识已经达到上限，如果个人的知识程度已经高于大众传播的内容，他们便不会通过大众传播去寻求知识。

四、强大效果论

强大效果论形成于20世纪70年代中期，是赛弗林和坦卡德对当时正在形成中的传播效果研究现象和态势所作出的大胆概括，认为只要根据传播理论的原则巧妙地编排节目或筹划宣传，大众传播就可能发挥强大的效果。同时，他们根据门德尔松、麦戈比和法夸尔等人的研究报告和德国学者诺艾尔·诺依曼在《重归大众传播的强力观》一文中的观点，对能够获得强大效果的某些原则作了如下归纳：在一段时间内重复的信息会比单一信息更有效果；认定并瞄准某些受传者作为目标，信息必须传达到这些目标，由此形成主题并制作信息；在大众传播中，累积性、普遍性与和谐性的有机结合比各自为政效果更好。

强大效果论不是枪弹论的恢复。与早期的媒介威力论不相同，它从受众出发探讨传播对社会间接的、潜在的、长期的影响，同时将传播过程置于整个社会政治、经济环境中进行多元化的宏观分析，集中探讨大众传播综合的、长期的和宏观的效果，认为它们很有力量；主要有麦库姆斯和肖的"议题设置理论"、格伯纳的"培养理论"、诺依曼的"沉默的螺旋理论"。

（一）沉默的螺旋理论

沉默的螺旋理论（band wagon effect）是德国传播学者诺依曼于1972年在其著作《重归大众传播的强力观》中首次提出的，1980年在《沉默的螺旋：舆论——我们社会的皮肤》中给予全面的概括。她认为：大众传播媒介在影响公众意见方面有强大的效果，她把舆论生成中起重要作用的因素称为"沉默的螺旋"。这个假说由三个命题构成：（1）个人意见的表明是一个社会心理过程。人作为一种社会动物，总是力图从周围环境中寻求支持，避免陷入孤立状态，这是人的"社会天性"。为了防止因孤立而受到社会惩罚，个人在表明自己的观点之际首先要对周围的意见环境进行观察，当发现自己属于"多数"或"优势"意见时，他们便倾向于积极大胆地表明自己的观点；当发觉自己属于"少数"或"劣势"意见时，一般人就会屈服于环境压力而转向"沉默"或附和。（2）意见的表明和"沉默"的扩散是一个螺旋式的社会传播过程。（3）大众传播通过营造"意见环境"来影响和制约舆论。"意见环境"的含义是指人们周围意见的分布状况。一方的"沉默"造成另一方意见的增势，使"优势"意见显得更加强大，这种强大反过来又迫使更多的持不同意见者转向"沉默"。如此循环，便形成了一个"一方越来越大声疾呼，而另一方越来越沉默下去的螺旋式过程"。诺依曼认为，在现代社会，人们判断周围意见的分布状况主要有两个信息来源：一个是所处的社会群体，一个是大众传播。诺依曼认为舆论的形成不是社会公众理性讨论的结果，而正是这种"意见环境"的压力作用于人们惧怕被孤立的心理，强制人们对优势意见采取趋同行为这一非合理过程的产物。

诺依曼认为，任何"多数意见"、舆论乃至流行或时尚的形成，其背后都存在着"沉默的螺旋"机制，社会生活中的"舆论一边倒"或"关键时刻的雪崩现象"，正是这一机制起作用的结果。也正是在这个意义上，她为舆论下了一个双重定义：所谓舆论，即"围绕争论性问题，在没有被孤立危险的前提下可以公开表明的意见"；是"为使自己不陷于孤立而必须公开表明的意见"。前者指的是围绕时事性问题的舆论，后者则侧重于指围绕社会传统、道德、行为规范的舆论。

诺依曼通过沉默的螺旋理论，重新提示了一种"强有力"的大众传播观：（1）舆论的形成是大众传播、人际传播和人们对"意见环境"的认知心理三者相互作用的结果。（2）经大众传媒强调提示的意见由于具有公开性和传播的广泛性，容易被当作"多数"或"优势"意见所认知。（3）这种环境认知所带来的压力或安全感，会引起人际接触中的"劣势意见的沉默"和"优势意见的大声疾呼"的螺旋式扩展过程，并导致社会生活中压倒优势的"多数意见"——舆论的诞生。

沉默的螺旋理论强调大众传播具有强大的社会效果和影响。这里所反映的"强大影响"已经不止于认知阶段，而是包括了"认知→情感→态度→行为"的全过程。"沉默的螺旋"假说的一个重要观点是，传播媒介提示的"意见环境"未必是社会上意见分布状况的如实反映，而一般社会成员对这种分布又处于"多元无知"状态。在这种情况下，传媒提示和强调的即便是少数人的意见也会被人们当作"多数意见"来认知，其结果也会引起"沉默的螺旋"过程的开始，在传媒影响所及的范围内引起人们判断和行动上的连锁反应。换句话说，这个假说认为，传播媒介具有"创造社会现实"的巨大力量。

（二）培养理论（教养理论）

培养理论，也称为"培养分析"（Cultivation Analysis）或"教化分析""涵化分析"。它的提出是在20世纪60年代末，提出的背景主要是电视媒介在当时所发挥的社会影响力越来越大其副作用也越来越大，美国社会的暴力犯罪和其他犯罪十分严重，格伯纳等人在美国政府专门成立的"暴力起因与防范委员会"的支持和赞助下开始了"培养分析"研究。"培养分析"最初的着眼点有两个：一是分析电视画面上的凶杀和暴力内容与社会犯罪之间的关系，二是考察这些内容对人们的认识社会现实的影响。

从第一个方面来说，格伯纳等人除了在一些事例研究中发现电视暴力内容对青少年犯罪具有"诱发效果"（trigger effect）外，在整体上没有发现二者之间的必然联系。然而在第二个方面，他们的研究却得出了一个重要结论：电视节目中充斥的暴力内容加深了人们对现实社会环境危险程度（遭遇犯罪和暴力侵害的概率）的判断，而且，电视媒介接触量越大的人，对社会的不安全感越强。

这个结论是对现实中的暴力犯罪状况（客观现实）、电视节目中的暴力内容（象征性现实）以及人们对自身所处的社会环境的危险程度的主观判断（主观现实）进行比较研究的结果。例如，按照当时美国现实暴力犯罪的发生率和件数来计算，一个美国人在1周内遭遇或卷入暴力事件的概率在1%以下，而根据格伯纳对三大电视网在1967~1978年黄金时间播出的1,548部电视剧所作的内容分析，包含暴力内容的电视剧达80%，每部电视剧中出现的暴力场面平均为5.2次，与暴力场面有关的人物占出场人物的64%。这个数字说明，就暴力犯罪而言，电视剧所传达的"象征性现实"与客观的社会现实之间是有很大差距的。1976年，格伯纳等人就电视的接触量与人们对环境危险程度的判断之间的相关性进行了调查。这项调查结果说明，尽管在现实生活中人们遭遇或卷入暴力事件的概率在1%以下，但许多人却认为这种可能性在10%以上，这一估计大大超过了客观现实的可能性而更接近于电视画面中的"社会景象"。而且，无论人们的社会属性如何，属于什么性别、职业和年龄层，电视接触量越大，这种倾向也就越明显。①

根据一系列实证调查和分析的结果，格伯纳等认为，在现代社会，大众传媒提示的"象征性现实"对人们认识和理解现实世界发挥着巨大影响，由于大众传媒的某些倾向性，人们在心目中描绘的"主观现实"与实际存在的客观现实之间正在发生很大的偏离。同时，这种影响不是短期的，而是一个长期的、潜移默化的"培养"过程，它在不知不觉中制约着人们的现实观。在这个意义上，格伯纳等人将这一研究称为"培养分析"。

五、谈判效果论

第五阶段是20世纪70～90年代的谈判效果论，是指在传受双方互动的意象建构过程中，大众传媒产生效果。麦奎尔于1983年提出了谈判性的传媒效果论，其核心是在一定的社会生活和文化传统的环境里，传受双方基于谈判，也互相商讨和彼此斗争，依据各自的处境、利益、兴趣及意图等，建构媒体所传导的意义系统。

谈判效果论基于霍尔的编码与解码理论，充分承认受众的主体性，从文化视角出发分析受众与媒介双向理解、互读的建构意义的过程。霍尔将大众传播看作一个编码和解码的过程，认为媒介的信息生产是一种按照统治阶级的文化和意识形态对社会事物进行符号化作业的活动，其目的是为这些事物赋予"占统治地位的语义"；另一方面受众的解码是一个更为复杂的过程，分为同向解读、对抗性解读和妥协式解读等。"编码和解码"过程所

---

① 郭庆光：《传播学教程》，225页，北京：中国人民大学出版社，1999。

体现的实质上是占统治地位的文化或意识形态与众多的非主流文化或意识形态之间的对立、冲突和妥协的关系。

延伸阅读

1. 〔美〕哈罗德·D·拉斯韦尔著,张洁、田青译:《世界大战中的宣传技巧》,北京:中国人民大学出版社,2003。
2. 〔美〕希伦·A·洛厄里、梅尔文·L·德弗勒著,刘海龙等译:《大众传播效果研究的里程碑》,北京:中国人民大学出版社,2004。

思考与研讨题

1. 受众在大众传播过程中的基本权利有哪些?
2. 传播效果研究分为哪几个阶段?每个阶段的特点是什么?
3. 你所了解到的相关理论模型能用来理解分析受众吗?
4. 新媒体时代,如何正确发挥意见领袖的作用?

chapter 6

第六章　新闻传播的介质

本章要点 ■

1. 介绍、阐释研究传播介质的发展、演进轨迹
2. 阐释纸质媒介、电子媒介和新媒介的特点及其优缺点
3. 探索媒介竞争环境下不同媒介存在的问题及未来的发展

新闻传播的介质是指新闻传播赖以实现的中介，简单地说就是承载信息的物质形体，一般被称作媒介。媒介的形态多种多样，如今我们提到的新闻传播媒介，常见的有报纸、广播、电视、网络等。

1984年，美国著名传播学者施拉姆在他的《传播学概论》中认为，媒介是"插入传播过程之中，用以扩大并延伸信息传送的工具。"[①]

美国学者约翰·费斯克认为，媒介是将讯息转化成可以通过渠道传递的信号的技术或物理手段。他将媒介分为三类：一是展示性媒介（the presentational media），它们使用口语、表情、手势等"自然语言"来传播，如声音、面容、身体等。二是再现性媒介（the representational media），如书籍、绘画、摄影、著作、建筑、室内装潢、园艺等。三是机械性媒介（the mechanical media），如电话、广播、电视、电报等，它们是以上一、二类媒介的传递者。二、三类媒介的差别主要是，第三类媒介所使用的渠道是工业制造，因此受到更多技术限制，比第二类媒介更容易受到技术方面的干扰。[②]

第一节　纸质媒介

一、纸质媒介的诞生

纵观传播的发展史，人类的传播始于面对面的沟通，之后才发展到通过媒介的传播。在传播媒介的演进过程中，文字时代的到来，直接催生了书写媒介的使用，造纸术的发明，改变了信息传播的广度和深度，而印刷术的革命，使得纸质媒介的大众传播成为可能。

（一）造纸术的发明

简单地说，文字的演变，经历了从象形再现到语音系统的过程，是从图画式的绘图表达复杂的概念，发展到用简单的字母示意具体的声音。这些简单的字母，在后来的生产生活过程中，经过标准化，成为最早期的文字。

文字出现之后，作为某种共同的编码，成为人类传播活动发展的重大突破之一，但随即人们发现，这些刻于石头、木片、竹片之上的文字难以搬运，更难以实现其传播功能，传播文字的媒介成为当时最紧迫的需求。约在公元前2500年，埃及人发明了用莎草制作纸张的办法，同莎草纸齐名的还有中国的"丝絮纸"和墨西哥的"阿玛特纸"。丝絮纸是由育蚕缫丝取丝绵时留于竹席上的残留丝絮晒干而成，人们改进工艺后制成絮纸，史称

---

① 〔美〕威尔伯·施拉姆、〔美〕威廉·波特著，陈亮等译：《传播学概论》，144页，北京：新华出版社，1984。
② 参见〔美〕约翰·费斯克著，许静译：《传播研究导论》，18页，北京：北京大学出版社，2008。

"薄小纸"，始于商代。阿玛特纸是由一种叫阿玛特的阔叶树的树皮纤维制成，由印第安族的玛雅人首先发明。①

(二)印刷术的革命

廉价纸张的问世，是纸质媒介诞生的前提，而印刷术的革命，则为纸质媒介提供了必要的技术条件。如今，讯息可以被大量印刷并快速传播，信息传播的广度和速度都得以实现。

早在唐朝初年，中国古代劳动人民就发明了雕版印刷术，这是印刷术的起步，至宋仁宗庆历年间，印刷工人毕昇发明了活字印刷，但这种技术未能得到广泛推广，直至元朝的大德年间，农学家王祯发明了木活字和转轮排字架，活字印刷术至此才得到广泛使用。

印刷术发明之后，印刷新闻的出现改变了信息传播的深度和广度，从17世纪开始，印刷术广泛使用于新闻传播活动中，至19世纪30年代，快速印刷技术开始与报纸的概念相结合，成为一种真正的大众传播媒介，也就是我们此节中所讨论的纸质媒介——报纸。

虽然很多人都不把书籍视为媒介，但是它对我们阅读内容的深远影响至今未变。尽管书店的经营在今天越来越困难，但书籍依然是内容产业的基础。畅销书的做法更像是书籍的媒介化，这和传统的名著影响模式不同。书籍强调内容的完整性和纵向性，可以说它是最稳定的阅读单元。

二、纸质媒介的特征

(一)报纸

报纸是"以刊载新闻和时事评论为主的定期连续向公众发行的散页出版物"②，这是报纸作为新闻纸的定义。有人说："以20世纪的标准来看，一份真正的报纸必须符合以下条件：它必须是定期出版的，每日一期或者每周一期；它必须诉求于读者的普遍兴趣，而不是某种特殊的兴趣；它必须提供及时的新闻。"③

早期的报纸和期刊之间没有明显的区别，我国清末的《京报》号称报纸，其实是十数页或数十页装订成册发行，严格意义上说来，应当归为期刊。再如，欧洲出现的新闻书也是沿用了书籍印刷的方法，装订成册大量发行。在我国，近现代意义上的报纸，主要是从西方传入的，而西方报业的发展，则经历了漫长的过程。

经过近现代化的报纸，已经成为人类新闻传播活动的重要载体，就报纸区别于其他媒介的角度来看，以下几点是报纸具有的特性：

---

① 参见童兵：《理论新闻传播学导论》，96页，北京：中国人民大学出版社，2000。
② 甘惜分主编：《新闻学大辞典》，65页，郑州：河南人民出版社，1993。
③ 〔美〕迈克尔·埃默里等著，展江译：《美国新闻史》，9页，北京：中国人民大学出版社，2004。

1. 报纸的呈现方式更加简单

至今为止，报纸的评论方式依然是最值得关注的。即使是在报纸走下坡路的今天，报纸的评论还是难以取代的。信息纸和观点纸的争论主要是发生在报纸领域。报纸似乎是回到了它早期起步的地方。只不过它是螺旋上升的。

2. 报纸的抽象力较强

报纸是用文字作为传播符号的，文字能够将抽象的内容转化得更加具体，同时，由于文字具有向理性观念倾斜的倾向，报纸的符号特征决定了它可以超越时空，进行逻辑推理，从容地讲道理，所以更适合于做深度报道和对抽象内容的解读。尽管电视在政治领域能够产生瞬间的爆发力，领导人的讲话能够在现场迅速地煽动起受众的激情，但更多时候，电视上的内容需要得到报纸的印证。①

3. 报纸的阅读率比较高

报纸具有稳定的物质形态，以纸张作为载体，文字记录信息，读者看得见、摸得着。相比较于口耳传播，信息能够以确定的形式被记录下来，可以被反复阅读，甚至作为资料收藏，多年之后依旧具有阅读价值，麦克卢汉曾说，报纸就像口香糖一样，具有反复品味的魅力。此外，报纸价格低廉，又多以散页形式呈现，便于分享，传阅率高。

4. 报纸的阅读选择比较自由

报纸是非线性的传播模式，一份报纸在手，受众对于某个板块、某篇报道，可以选择看或不看、先看或是后看、详看或是略看，受众不需要根据编辑的思路，顺着他人安排的路径去接受信息，也不必去看大量不感兴趣的版面，没有时间的限制，甚至可以将报纸寄存，等闲下来之后再安排时间阅读。相比较于稍纵即逝、无法避开广告的广播电视来说，报纸对于读者在阅读体验上的感受，是要好得多的。

5. 报纸的方便性强

即使是现在流行的"厚报"，对比广播电视甚至网络来说，也更方便携带，在新媒体环境下，为了对抗来自电子媒体的挑战，很多报纸都将服务性作为手中重要的法宝。报纸利用其信息存留的特性，将很多生活上的问题细分，当人们在生活中遇到困难时，报纸会手把手地教大家去解决问题。服务性是报纸生存的新的生长点，也是其与新媒体对抗的重要手段。②

(二) 期刊

新闻期刊以刊载时事性内容为主，有固定名称，按照一定版式装订成册，按顺序编号出版。在内容上，主要分为综合性新闻期刊和专业性新闻期刊，前者类似《中国新闻周刊》，后者如《财经》；按出版周期分类，有季刊、双月刊、月刊、半月刊和周刊等。在如今的内容生产链上，它扮演着后发制人的角色。在所有的媒介中，最偏女性化的就算是期刊了，这显然与历史有关。期刊的专业性是一个有趣的问题，这是其他媒介很少碰到

---

①② 参见骆正林：《新闻理论教程》，88页，北京：北京大学出版社，2010。

的。比较起来，期刊对文化的影响是最大的。

现在有一种趋势，使得报纸和期刊在形态上的区别越来越模糊。一方面，报纸的头版开始朝着期刊化的方向发展，采用大字标题和大幅照片，也就是我们常说的"报纸读图化"；几乎所有的报纸都采用了导读的设计，而这也是原本专属于期刊的特色；同时，报纸越来越厚，"厚报化"似乎是另一种期刊形态的先兆。另一方面，大量的学术期刊取名为"学报"，强调服务性的城市报纸却不再以某某报为名，这些变化都让我们在区分报纸与期刊时容易产生混淆。

于是，有观点认为，不能仅从形态上区分报纸与期刊，它们之间的区别，最主要的还是各自承担的任务、发挥的职能不一样，也就是说，主要的区别在于各自刊载的内容不同。报纸以刊载新闻和评论为主，期刊则以刊载时事性文章和评论为主。[①]用马克思和恩格斯的话来说，报纸的优点在于每日都能干预运动，能够成为运动的喉舌，能够反映出当前的整个局势，能够使人民和人民的日刊发生不断的、生动活泼的联系；而期刊的优点则在于能够广泛地研究各种事件，只谈最主要的问题。用列宁的话说，报纸适合于鼓动，而期刊则适用于宣传。我国新闻学者戈公振主张从内容上来区分报纸和期刊，他认为，报纸以报告新闻为主，而期刊则以刊载评论为主。[②]

三、纸质媒介的未来

当年电子媒介出现时，就有言论预测纸质媒介将要消亡。新媒体出现之后，这个论调又再次被提起，然而直到现在，报纸、期刊等纸质媒介仍然存在，虽然销量有所减少，但至少目前还不用担心消亡的问题。

纵观产业史，当其他条件如价格、使用等不存在特殊障碍，替代的核心是二者实现相同的功能。部分相同，就会部分替代，如塑料替代钢铁；完全相同，就会完全替代，如微机替代通用文字处理机。[③]我们前文分析过，纸质媒介具有自己独有的特点和优势，电子媒介或是新媒体能够部分替代其功能，但要完全替代并使之退出历史舞台，至少在当下是不现实的。

> **链　接**
>
> **报纸消亡论**
>
> 　　伊瑞克·威尔伯格是挪威的媒体顾问，他从报纸发展的生命周期的角度，指出目前的报业正在走向衰落期。像任何产品一样，报纸也有其特定的"生命周期"，这个周期包括五个阶段，即发育期、成熟期、震荡期、成熟期和衰落期。欧洲报纸，特别是北欧报纸目前处于这个周期的第四阶段末期和第五阶段初期。
> 　　与伊瑞克·威尔伯格持类似观点的还有英国的罗伯特·皮卡德教授，他把西方报纸的生命周期划分为四个阶段：15世纪以前是引入期，15世纪初至19世纪末为迅速增长的成长期，20世纪是平稳的成熟期，进入21世纪以后处于缓慢下滑的衰落期。

---

① 参见刘凡、杨萍编著：《新编新闻学概论》，140页，广州：暨南大学出版社，2011。
② 参见童兵：《理论新闻传播学导论》，100页，北京：中国人民大学出版社，2000。
③ 参见张立伟：《撤掉电子版　拯救纸媒》，《中国记者》，2011（10）。

2005年10月28日，比尔·盖茨在英国伦敦庆祝自己50岁生日时宣布，今后10年报纸将失去原来的意义，大量信息将通过电子途径传播，而不是以成堆纸页的形式，送达个人信息终端。届时，人类将全天24小时接入互联网。

还有一些学者甚至列出了报纸消亡的时间表。美国北卡罗来纳州立大学的教授菲利普·迈耶出版了专著《正在消失的报纸：在信息时代拯救记者》，在此书的中译本封面上，赫然印着他对报纸消亡的预测："2043年春季的某一天，美国最后一位读者把最后一张报纸扔进了垃圾桶，从此，报纸消失了。"学者刘建明认为，"在30年后，报纸将无可救药"。

这些预言似乎是危言耸听，但不可否认新一轮报业调整期已经到来。在刘建明看来，媒介都有发生、发展和消亡的过程，报纸也不例外，它的消亡只是时间问题。支持这一判断的是传媒发展的"质媒移动灭失规律"：负载信息的介质经过移动才能传播信息，这种媒介会在更便捷的媒介出现后逐渐消亡。竹简代替结绳记事，手抄书代替竹简，报纸代替手抄书，都是这一规律在起作用。而且，随着科学技术的发展，越是先进的移动性媒体存在的时间越短。如今，随着网络技术的迅猛发展，需要发行投递的移动质媒报纸正在走向消亡的道路。与报纸不同的是，广播电视属于非负载信息又非移动的媒体，它们将会与网络融合而不会绝迹。美国学者托马斯·鲍温德等人所说的媒体"大汇流"正是指电子媒介的汇流，不包括报纸。网络报纸的出现，是不是报纸存活的另一种形态？刘建明对此持否认态度，他认为网络报纸并不是报纸，把它叫作报纸是一种习惯称呼。网络报纸绝不是报纸，而是网络新闻库，两者在形态上没有任何相同之处。

第二节 电子媒介

一、电子媒介的演进

（一）广播的发展

1920年11月，美国西屋电气公司主持建立的广播电台在匹兹堡正式播音，呼号KDKA，这是美国第一个有营业执照的商业广播电台，也是世界公认的第一个正式广播电台，以新闻节目的播出为主，对于美国总统候选人哈定和柯克斯的竞选播报，使其名声大振。之后，法国和苏联也分别于1921年和1922年建立了自己的广播电台。随着电台的日益增多，为了协调国际间的电波使用秩序，1925年国际广播联盟在日内瓦成立。1927年10月，国际广播联盟在华盛顿召开世界广播大会，决定把全世界的广播地域分成15个波长带，制定了频率分配表，使各国电台广播不至于相互干扰。广播出现后迅速在世界各国普遍发展起来，不仅广播电台的数量快速增加，节目类型也日渐多样，内容不断丰富。[①]

（二）电视的诞生

电视是通过无线电波或导线传输声音和图像的大众传播媒介，电视的产生与发展同样得益于电子技术的进步。随着时代的发展，电视从内容到形式都进行了变革，无线传输技术使得人们可以跨越时空看到从遥远的地方传来的图像，三维动画技术使电视画面更加丰富和生动，数字化的设备使电视图像更加清晰，可以说，电视媒介发展的每一步都离不开

---

① 参见骆正林：《新闻理论教程》，91页，北京：北京大学出版社，2010。

科技的探索与演变。

第二次世界大战结束之后，电视技术获得了突飞猛进的发展。经过科学家的努力，人们相继突破了光学、色变学和信息传输理论等一系列难题，制造出彩色摄影管和彩色显像管。1951年，美国哥伦比亚广播公司（CSB）、美国广播公司（ABC）分别试播了彩色电视节目，美国因此成为世界上第一个播出彩色电视节目的国家。随后，世界各国都进行了自己的电视技术研究，并出现了包括 NTSC、PAL、SECAM 在内的三种制式，我国的电视采用的是 PAL 制。

> **背景延伸**
>
> 西方国家普遍认为无线电的发明者是意大利人古格列莫·马可尼（Guglielmo Marconi）。1897年，马可尼在伦敦成立了无线电报通信公司，从事无线电器材的研究与制造工作。1901年，马可尼完成了第一次跨越大西洋的无线电通信，这是世界上第一次利用无线电进行如此远距离的通信，是广播诞生道路上最为关键的一步。

二、电子媒介的特征

（一）广播

广播通过无线电传播声音，属于电子媒介的一种，与其他媒介相比，广播媒介有以下一些特点：

1. 广播的传播

一般说来，纸质媒介的传播受到发行范围的限制，电视的分布需要信号传输的支持，而广播虽然是电子媒介的一种，却可以不受其他附加条件的限制，实现超远距离的信号接收，特别是短波频段。有学者指出，相对于卫星电视和网络广播，短波是唯一不受网络封锁和有源中继转发约束的传播手段，而调频和地面电视的发送方式则需要对象国政府的配合，内容需要经过审查。简单地说，一旦对象国发生战争或灾害等突发事件或发生重大的全球性危机，现代化的国际性大众传播工具有可能被封锁、破坏、屏蔽、切断或因过载而瘫痪，这时，短波国际广播就变成了万无一失的传播工具，可以将信息传达给国外听众和海外侨民。[①]

除此之外，对于那些卫星电视信号难以覆盖、纸质媒介发行难以到达的偏远山区，广播也可以实现信息的传播，因此，在我国，对农广播在很长一段时间内，都是必要存在的。

2. 广播的现场感

与纸质媒介相比，广播不需要复杂的后期写稿过程，在新闻现场即可以传递声音，实现现场播报。与电视相比，广播没有复

---

① 参见赵明：《短波国际广播具有不可替代性》，载《中国广播电视学刊》，2008（4）。

杂的拍摄与后期制作过程，即使都是现场直播，广播的信息传输仍然要比电视简单很多。技术上的特点，使得广播在遇到重大突发事件时，能够第一时间反映事件的真相。"5·12"汶川大地震发生后，中央人民广播电台的记者王亮率先进入震中汶川县映秀镇，使中央人民广播电台成为最早在震中直播部队救援的媒体。这便是广播轻便、快捷的优势体现。

3. 广播的渗透性

广播是声音的媒介，相较于文字传播，声音几乎没有壁垒，只要听力健全就能听懂广播，可以说，广播是最没有门槛的媒介之一。有资料显示，我国曾经以拥有5亿台收音机，广播人口覆盖率超过90%的惊人数字位居世界广播大国的行列。[①] 有广泛的收听对象意味着广播具备良好的舆论引导能力，广播的强大渗透力也使其具有宣传工具的特征，这一点，在战时尤为显著。

4. 广播的声音感染力

简单地说，广播是声音的媒介，但在实际操作过程中，音响与音乐也是广播中不可缺少的元素。因为没有视觉画面，广播诉诸听觉的"唯一性"能够给听众以想象的空间，使得听众在收听时会对各种人物和场景进行建构。例如人们听见记者的声音伴随着炮火的轰鸣声，便会去想象这是从战场传来的新闻。再比如，夜间档的热线类节目，主播温柔的声音配合舒缓的音乐，会让听众对话筒那端的亲切形象产生想象。这种想象是有悬念的、有期待的，因此也是趣味所在，这种独特的感染力也正是广播的魅力所在。

5. 广播的伴随性

广播在传播的过程中只需调动人们的听觉器官，所以人们在听广播的同时还可以从事其他活动，比较典型的是城市交通广播和音乐广播，收听对象主要是驾车的司机。广播可以让旅途不再单调，即使堵车也不会难以忍受。此外，一些老年人也习惯在晨练的时候收听广播，接受信息。这种伴随性的特征是广播特有的，既能提高人们的时间利用率，又能在不知不觉中让信息被听众接受，实现其传播效果。同时，因为广播制作技术的特点，可以实现较强的互动性，听众可以直接打电话与播音员进行交流，就某个问题发表自己的观点，这也是对于电子媒介的强势传者地位的一个突破。

6. 广播的线性传播

这是电子媒介共有的问题，与纸质媒介和网络媒介相比，线性特点是难以打破的劣势，目前解决办法是寻求网络的帮助，将线性打散，节目分条上传，可以满足一部分听众的选择性收听。

7. 广播的深度

纸质媒介可以将复杂的抽象问题转化为文字，文字具有的属性能够表达深度的含义，而广播作为一种口语传播的媒介，很难去解释复杂的事情，更谈不上深层次的调查与解

[①] 参见《振兴广播评论 和谐舆论环境——2006南京广播评论发展论坛倡议书》，载《视听界》，2007（1）。

读。与电视相比,广播没有图像,很多问题的直观性呈现也必须依靠语言,这就造成了广播现在的尴尬局面,既达不到深度,又不够简明。想要解决这个问题需要播音员有极高的语言技巧。

8. 广播的终端

在当今这个时代,人们接受信息的工具大多是互联网和手机,电视作为家庭收视的重要媒介,也在传播中占据一席之地。只有广播,在终端竞争中处于不利的地位,很少有人会为了听广播而专门购买收音机,广播的发展越来越依靠车载这样的伴随性装置。想要解决这个问题,关键在于思路的转变。与新媒体合作发展网络广播;与智能手机终端合作,开发手机接收广播信号,这些都是未来广播发展的新途径。

我们对声音的记忆与文字的记忆似乎是有很大的不同,电视画面好像多少干扰了我们对声音的记忆,因此,广播的内容呈现方式仿佛是围绕记忆而展开的,声音的互动远胜过文字和画面的互动,这就是为什么电台热线如此重要。比起其他媒介,广播更适合把复杂的东西简单化。

(二)电视

1. 电视的形态

电视区别于其他媒介的最主要的特点,是它不仅诉诸听觉,还诉诸视觉。这种特点使得电视特别适合报道现场感强、有视觉冲击力的新闻,在一般重大事件的现场直播中,电视总是扮演着最重要的角色。

2. 电视的传播

电视以电波为载体来传输视频信号和音频信号,传播速度很快,几乎能够实现实时直播,同步反映新闻事件的发展。近几年,直播已经成为电视新闻发展的常规态势,从基本的重大事件直播,如香港回归、北京奥运会开幕式;到灾难事件的突发应急直播,如汶川地震;再到策划性强的大型直播特别节目,如东非野生动物大迁徙直播、探潮亚马孙河大直播。直播的形态在变,理念在变,只有对于现场的即时呈现没有改变。

3. 电视的功能

电视能够展现形态、声音、色彩的各种美,综合了绘画、雕刻、建筑、音乐、诗歌、舞蹈、戏剧、电影的各种表现形式,节目内容丰富,涉及人们日常生活的方方面面,就我国的电视节目而言,主要有新闻类、咨询服务类、娱乐类、艺术类等各种类型,并且有丰富的形态供用户选择。

4. 电视的受众

电视媒介的受传者极其广泛,不同年龄层次、不同文化程度、不同职业、不同民族的人都可以收看并从中获取信息,在不同的新闻媒介受众中,电视的普及率最高,电视观众的数量也是最多的。同时,电视是视听结合的媒体,对于不同的题材可以有不同的表现手法,既可以表现深奥的内容,如深度访谈、专家解读这类偏向于语言文字的处理方式,也可以表现通俗的内容，采取简单的声音配画面的处理方式。

5. 电视与民主

无论文字怎样通俗，其特有的属性，仍然会使表述和理解之间存在差距，教育水平和理解能力是人们对文字信息产生不同认知的主要壁垒。然而，电视采用的声画符号，具有走向感官表层的趋势，容易被理解和接受，因此，电视的传播天生具有民主的色彩，任何健康的人接收信息的权利都是平等的。

电视具有电子媒介所具有的普遍特点，同时也具有普遍的缺点，一方面，线性传播是电子媒介无法克服的困难，在线性传播过程中，观众只能根据电视播出的顺序来选择是否观看，却无法直接选择观看的内容，选择性差是电子媒介逊色于网络等新媒介的主要短板。另一方面，电视对画面的依赖使其具有再现上的缺憾，对于报纸和广播来说，事件发生后可以用文字和语言来还原事实，公众可以通过想象再回到现场，而电视却是直接再现的艺术，当事件发生时如果不能记录到现场画面，就留下了艺术上的缺憾。[①]

至今为止，并不存在着一种媒介内容只适合一种形式来表现的情况，反过来说，也不是一种形式只能表达一种内容。电视也不例外，画面和线性肯定是重要元素。同时，也不能忽略观众的视觉感受。

三、电子媒介的软肋

如果说前文提到的电子媒介因为媒介属性导致的诸如线性化、选择性差等问题是电子媒介的硬伤，那么，因为电子媒介从业者的错误认知及媒介竞争的环境带来的问题则是电子媒介的软肋，在当下，电视作为最大众化的媒介，在获得关注的同时也面临着很多诟病。以舆论监督为主的新闻类节目优势不再，以综艺吸引眼球的娱乐节目缺乏创新，没有底线，曾几何时能造成万人空巷效果的电视剧陷入同质化、低俗化的困境，这些都是当下电子媒介尤其是电视发展的问题所在。

1. 舆论监督的弱化

一方面，电视作为电子媒介，传播速度无法赶超网络，很多热门事件都是由网络引发，即使电视媒体不遗余力地报道后续事宜，电视也已经沦为了第二战场，时效性的缺失，让电视在舆论监督的一开始，就走在了后面。另一方面，网络的开放，让电视舆论监督的权威性也受到了挑战。权威发布往往会产生缺陷，对真相的模糊和掩盖让电视在观众心中的权威产生动摇，官方性质、严苛的把关制度使电视舆论监督往往不敢轻易对某一人物或事件提出质疑，甚至一个细节的不确定都会让整个事件停留在等待的状态。而网络监督往往是碎片式的引发，通过网友的围观，不断注入新的信息，经过补充、求证、质疑、

---

① 参见骆正林：《新闻理论教程》，95 页，北京：北京大学出版社，2010。

解惑，在不断膨胀的关注流程中完成对事实的筛选和核定。因此，网络监督尽管一开始质疑声不断，但可以在互动中求证，而传统的电视舆论监督依旧是靠领导批示形成监督效果，如果没有网络的助推，很难形成骤发性的围观效果。① 所以，随着网络监督、微博政务的兴起，电视的舆论监督功能被弱化，这是电子媒介尤其是电视需要面对的一个难题。

在中国社会科学院社会学研究所编辑的《中国社会形势分析与预测》的报告中，通过将最近几年的"互联网舆情分析报告"所排列的 20 个网络热点事件与《焦点访谈》最近几年所有节目的对比，可以清楚地看到《焦点访谈》的舆论失焦现象（见表 6–1 至表 6–3）。②

表 6–1　　　　2010 年网络热点事件与《焦点访谈》对比（<2.5 件）

排序	事件 / 话题	《焦点访谈》报道
1	腾讯与 360 互相攻击	无
2	上海世博会	9 期
3	网络红人"凤姐"	无
4	李刚之子校园撞人致死	无
5	富士康员工跳楼	无
6	袁腾飞言论惹争议	无
7	北京查封"天上人间"	无
8	郭德纲弟子打记者事件	无
9	唐骏"学历门"	无
10	宜黄强拆自焚事件	无
11	方舟子遇袭	无
12	张悟本涉嫌虚假宣传	《神乎"大道堂"》，12 月 29 日，仅提到其姓名
13	各地校园袭童案	无
14	安阳曹操墓真伪之辨	无
15	山西"问题疫苗"	无
16	商丘赵作海冤案	无
17	王家岭矿难救援	《王家岭的生命大营救》，3 月 30 日
18	谷歌退出中国	无
19	唐福珍自焚	无
20	部分地区罢工	无

---

① 参见阮拥军：《电视舆论监督的困局与出路》，载《青年记者》，2013（14）。
② 参见庄永志：《〈焦点访谈〉何以失焦》，载《青年记者》，2013（14）。

表 6-2　　2011 年网络热点事件与《焦点访谈》对比（＜4.5 件）

排序	事件/话题	《焦点访谈》报道
1	"7·23"动车追尾	《关注特别重大铁路交通事故》，7月24日
2	佛山小悦悦事件	无
3	日本9.0级地震	《关注日本大地震》，3月16日
4	郭美美事件	无
5	深圳大运会	无
6	利比亚局势	1.《卡扎菲之后的利比亚》，10月21日 2.《中国记者在利比亚》，8月29日 3.《利比亚战争之痛》，4月8日
7	药家鑫案	无
8	乔布斯去世	无
9	上海地铁追尾	无
10	各地房产限购	无
11	抢盐风波	无
12	免费午餐计划	无
13	李娜法网夺冠	无
14	"神舟八号"发射升空	1.《"天宫一号"开启太空新旅》，9月30日 2.《天宫神八太空牵手》，11月3日
15	钱云会案	无
16	故宫失窃系列案件	无
17	上海染色馒头事件	无
18	刘志军贪腐案	无
19	双汇瘦肉精事件	无
20	微博打拐	《小微博服务大社会》，10月19日，略微涉及

表 6-3　　2012 年网络热点事件与《焦点访谈》对比（6 件）

排序	事件/话题	《焦点访谈》报道
1	钓鱼岛与反日游行	1.《钓鱼岛：中国主权不容侵犯》，9月11日 2.《购岛闹剧该休矣》，9月12日 3.《捍卫领土绝不退让半步》，9月13日 4.《购岛闹剧背后的阴谋》，9月14日 5.《钓鱼岛：历史作证》，9月15日 6.《钓鱼岛：海空巡航维护主权》，12月14日
2	伦敦奥运	1.《伦敦：上天入地下海保奥运》，5月10日 2.《奥运启示录（一）眼光与心态》，8月19日 3.《奥运启示录（二）金牌的分量》，8月21日 4.《奥运启示录（三）规则之惑》，8月22日 5.《奥运启示录（四）走出去请进来》，8月23日 6.《奥运启示录（五）永恒的财富》，8月24日
3	"神舟九号"与"天宫一号"对接	1.《火箭飞天"引路人"》，6月13日 2.《飞天三人组全新亮相》，6月15日 3.《科技助推神九飞天之旅》，6月29日
4	黄岩岛与南海局势	《黄岩岛：主权不容侵犯》，5月9日
5	《舌尖上的中国》	无
6	莫言获诺贝尔文学奖	无
7	周克华案	无
8	方韩论战	无
9	王立军、薄熙来事件	无
10	北京特大暴雨灾害	《北京抗击特大暴雨》，7月22日
11	毒胶囊与"皮鞋很忙"	无
12	电商价格战	无
13	微笑局长"表哥"	无
14	广东乌坎事件	无
15	四川什邡事件	无
16	陕西孕妇引产事件	无
17	多地爆集资案	无
18	哈尔滨塌桥事件	无
19	沈阳大量商铺关门	无
20	最美女教师张丽莉	1.《最美教师张丽莉》，5月20日 2.《好一朵美丽的茉莉花》，8月20日 3.《最美女教师的至高荣耀》，9月17日

2. 娱乐至死

海外的娱乐节目模式占据了中国电视荧屏的大部分时段。这反映出两个问题，其一是娱乐节目过多，即使是在"限娱令"颁布之后，娱乐节目的数量也没有从实质上发生改变，娱乐成风，娱乐至死，仍然是当下电视媒体追求的主题。其二便是令人担忧的创新能力疲弱，中国拥有世界上数量最多的电视播出平台与电视观众，但是电视节目的差异化与创新性远远落后于英国、美国、荷兰等引进电视节目模式的主要来源国。①

究其原因，最主要的是因为日益激烈的媒介环境。各大卫视不仅要与同类媒介竞争，更要面对新媒体分流大量观众带来的压力，在新闻资讯类、财经类节目上又难以与中央媒体竞争，在争抢电视剧资源之余，各大卫视就要依靠综艺节目来突出重围。但是，研发创新人才的稀缺以及对原创节目的低投入，导致了满屏皆是的综艺节目良莠不齐，为了追求短期的高收视率，很多电视台走上了引进海外节目的道路。到目前为止，这些节目中的一部分在国内市场上取得了不俗的成绩。然而这些海外节目样式的引入热播，也带来了一些隐忧：一味依赖引进会不会弱化国内本来就薄弱的原创能力？既然引进节目样式可以确保高收视率并赚钱，又如何激发国内电视业甘冒风险自主研发新节目？②

3. 电视剧的困惑

近年来，对电视剧的批评主要是在于它过于娱乐化，虽然没有像综艺节目那样娱乐至死，但从戏说历史到穿越成风，电视剧的泛娱乐化引起了越来越多的关注。作为收视率的主要拉动者，电视剧在卫视竞争中扮演着重要的角色，但如今，越来越多的电视剧走上了题材雷同、剧情雷人的不归路。

第三节　新媒介

一、互联网

互联网，是一种把众多计算机网络联系在一起的国际性网络，它是计算机技术、信息技术与通信技术融合的产物。③互联网是当代世界上规模最大的超远距离信息传送网络，被人们视为自报刊发明以来的一项无与伦比的创举，是信息生产、传播及交换领域的一场革命。④

1. 传播快捷

与纸质媒介和电子媒介相比，互联网内容制作简单，经后台编辑处理之后，可以随时

---

① 参见周凯：《创新疲弱　娱乐至死》，载《青年记者》，2013（14）。
② 参见张贺：《电视节目缺乏创意原因究竟何在》，载《中国广播》，2013（7）。
③ 参见匡文波编著：《网络传播技术》，1页，北京：高等教育出版社，2003。
④ 参见张穗华主编：《媒介的变迁》，122页，北京：中国对外翻译出版公司，2002。

> **背景延伸**
>
> 保罗·莱文森（Paul Levinson,1947— ）美国媒介理论家、科幻小说家、大学教授、公司总裁、音乐人。他多才多艺，在文学和传播学两方面成就斐然，完美地实现了科学文化与文学文化、精英文化与大众文化的结合，被称作"数字时代的麦克卢汉""后麦克卢汉第一人"。莱文森的理论主要有：
>
> 1. 媒介演化的人性化趋势（Anthropotropic）理论：人类技术开发的历史说明，技术发展的趋势是越来越人性化，技术在模仿甚至是复制人体的某些功能，是在模仿或复制人的感知模式和认知模式。
>
> 2. 补偿性媒介（Remedial Medium）理论：人在媒介演化过程中进行着理性选择：任何一种后继的媒介都是一种补救措施，都是对过去的某一种先天不足的功能的补救和补偿。换言之，人类的技术越来越完美。
>
> 3. 后麦克卢汉主义（Post-McLuhanism）：莱文森的技术乐观主义扬弃了麦克卢汉的"技术决定论"，认为人可以对技术进行理性选择，人对技术具有控制能力。

上传，尤其是在自媒体时代，每个人都能成为内容发布者，省去了制作和审核的时间。并且，互联网是一个全天候的媒介，不像报纸有发行周期，广播电视有节目时段的要求，只要有突发事件，互联网可以随时通过小弹窗、头条更新等方式第一时间进行关注。

2. 海量信息

在如今这个信息爆炸的时代，互联网带给我们的是海量的信息，海量的内涵不仅是数量，更多的是无边界化。在互联网上，几乎能找到我们想要知道的任何事情。同时，运用数字化处理手段，互联网上的任何一条信息从技术角度上来说都可以永远存在的，就好像这片大海只有河流汇入，而没有海水流出，长此以往，信息的容量甚至难以用"爆炸"来形容。此外，类似于"百度知道""维基百科"这样的科普性网站，可以进行交互式的问答，也就是说，在互联网上，每个网民的智慧是可以被交叉利用的，这又给了海量的互联网信息以新的增长点。互联网的特性还使其具有资料库的功能。

3. 全球性和跨文化性

通过网络，我们可以浏览、搜索、分享各种信息，其中很大一部分信息实现了跨国交流，我们能够在视频网站上看到美国的电视剧，能在购物网站上购买欧洲的商品，能在专业论坛上与各国专家共同讨论国际上最新的研究成果，这都是网络全球化带来的便利。不过，需要注意的是，正是因为互联网具有全球性的属性，我们在互联网上进行信息交互时，要注意尊重他国的文化，构建和平的网络环境。

4. 交互性强

传统媒体的传播方式基本上是单向的，即使和受众之间存在沟通，也难以实现即时性和双向性。网络则具有很强的交互性，电子邮件、论坛和博客都能很便捷地反映受众的意见，并实现与传者的沟通。如今，即时性的交互软件在更大范围内得到了使用，从微博到微信，传者与受众的地位开始变得微妙，这一秒你是传者，下一秒你就可能去接受他人的信息，成为受众。传播的频率加快，你来我往使得大众传媒的单向性彻底瓦解。

5. 形式多样

纸质媒介是视觉媒介，电子媒介实现了声音和图像的融合，而到了网络媒介，信息表现变得更加丰富多彩，打开网页，一条新闻可以有文字描述、有图片记录、有现场视频、有解说声音，甚至可以配合动画等多媒体手段进行展现，人们对于信息传播的表现形式变得超乎想象地丰富，传播效果也比以往的任何一种媒介都要好。

比如，博客可以说是最个人化的内容表达方式，博客被微博快速替代的事实证明内容长短对传者和读者都有影响，在网络世界更是如此。博客似乎是首次在网络的内部社会建立了一个独特的内容通道，在一定程度上它和网络实现了某种分离，它影响的好像是一批分离开的独立阅读群体。每一种媒介都会有它独特的内容呈现模式，微博也不例外。微博的内容呈现和速度有关，也和内容短小分不开，它好像更适合做内容的发动机。而到内容传播的第二阶段时，传统媒体的内容呈现方式就逐渐显露出更大优势了。

6. 网民也是传播者

网络是没有门槛的，每个人都有发布信息的权利和能力，在互联网的世界里，即时报道的记者身份被虚化，信息不受人为的限制，并能通过滚雪球的方式形成巨大的影响力，这种现象宣告着自媒体时代的到来。

微信和微博最大的区别在于"精准"两个字。微博是当微博主发出一条信息，粉丝就可以通过自己的主页看到博主发出的内容，但是现在一般人都关注了大量的博主，在海量信息之中，对于某一条内容的接受是随机的；而微信则不同，微信公众平台账号发出一条群发消息，所有关注的人都会收到这条消息，点对点的性质更强。

此外，在微信上，用户需要互加好友，以对等关系进行对话；而微博普通用户之间并不需要互加好友，双方的关系并非对等，而是多向度错落、一对多进行。微信是私密空间内的闭环交流，微博是开放的扩散传播。一个向内，一个向外；一个私密，一个公开；一个注重交流，一个注重传播。

二、手机

互联网技术革新的同时，现代通信技术尤其是移动通信技术也得到了飞速的发展。手机日益普及，功能越来越全面，越来越强大，智能化是现代手机演进的方向。手机已经从一个单纯的通信工具变成了集便携通话、娱乐功能、传播媒介为一体的新型信息化终端，并在与互联网结合的过程中表现出了前所未有的优势。有学者认为，手机可以被看作继报刊、广播、电视、互联网之后的第五媒介。

1. 时效性强

手机的传播非常迅速，受众接受新闻不再受到时间与空间的束缚。2003年2月1日

22时32分，美国哥伦比亚号航天飞机失事16分钟后，新浪网就把这则新闻以手机短信的方式发送给订阅手机新闻的用户，开创了国内手机传播新闻的先河。到了当天的23时50分，央视一套才在节目中插播了哥伦比亚号失事的新闻，比短信晚了一个多小时，而纸质媒体更是到了第二天才刊登出此则新闻。[①] 现在，不仅是手机短信，很多大众传播媒介还借助于APP软件来发布即时信息，比较常用的是微博和微信的订阅推送，这是在发行周期之外进行补充传播的手段之一。

2. 便携灵活

手机与电脑相比，优点是便携小巧，与受众的关联度高，无论是在公共交通工具上，还是在排队等候的闲散时间，手机几乎成了人们利用率最高的现代化通信工具。有一句笑话说，"真正的朋友，就是一起吃饭的时候不看手机"，可见，手机在人们的生活中扮演着多么重要的角色。在这种情况下，以手机为媒介进行信息传播，到达率是非常高的，传播效果也是非常好的。

3. 个性化传播

手机媒介具有极强的个人属性，因为这是我们日常生活中使用率极高的现代化通信工具，难免会带有个人色彩。从信息传播的角度，主要表现为选择性关注和选择性订阅。对体育感兴趣的人，可以通过手机客户端关注体育媒体，或者订阅体育新闻；对经济感兴趣的人，亦可以专门订阅经济类的内容。在手机时代，每个人接收的信息都是不同的，细分化的市场为媒介提供了更大的发展空间。

4. 互动传播

通过手机进行的传播，往往包含了大众传播、群体传播与人际传播。在大众传播阶段，通过手机，传者和受众之间可以实现良好的互动，如在媒体官方微博上留言；在群体传播阶段，网络或手机联系起来的群体本身就需要依靠互动维系，如群发短信讨论事情或者利用手机客户端在QQ群、微信群中进行信息的互动；在人际传播阶段，手机的互动性更加明显，无论是通话还是发送短信，其实质都是人与人之间的互动沟通。而这三种传播方式的结合，更能提升信息源的影响力。

三、不断扩展的媒介

在媒介研究大师麦克卢汉笔下，"媒介是人体的延伸"，媒介可以是万物，万物皆媒介，所有媒介均可以同人体器官发生某种联系。在融媒体时代，媒介定义的外延必然会更为宽泛，"媒介就是渠道"，所有能将传受双方互联互通，并承载信息、意义与文化的介质都可以被看作媒介。

[①] 参见韩春秒：《手机报新闻传播误区浅析》，载《中国新闻出版报》，2006。

融媒体时代的创新,首先是理念上的创新,比如对于"媒介"的理解,随着不断的新生事物的加入,其外延将更加宽泛。比如,星巴克、7-11快捷店算不算媒介?无疑,星巴克之类的门店必将会成长为新兴媒介,而目前它们也是我们这些传统媒介可以利用的、非常好的"辅媒"!

延伸阅读

1. 〔美〕罗杰·菲德勒著,明安香译:《媒介形态变化》,北京:华夏出版社,2000。
2. 〔加〕赫伯特·马歇尔·麦克卢汉著,何道宽译:《理解媒介》,北京:商务印书馆,2000。
3. 〔美〕Bob Edwards 著,周培勤译:《爱德华·R·默罗和美国广播电视新闻业的诞生》,上海:复旦大学出版社,2005。
4. 匡文波:《手机媒体》,北京:华夏出版社,2010。
5. 李怀亮:《新媒体:竞合与共赢》,北京:中国传媒大学出版社,2009。

思考与研讨题

1. 总结传播媒介演进的规律。
2. 选择具体案例,简述不同媒介对新闻报道的把握及影响。
3. 分析读报类节目对于纸质媒介与电子媒介的结合途径。
4. 结合具体案例,谈谈大众传播媒介在与互联网结合的过程中如何避免新闻失实。
5. 手机作为传播媒介的发展前景如何?受到哪些阻碍?该如何解决?

chapter 7

第七章　新闻传播的过程

本章要点

1. 从宏观上来探讨新闻传播是如何实现的
2. 从微观上来了解新闻生产的具体过程
3. 阐述融媒体时代新闻传播过程的新特点

新闻传播既是一种过程,也是一种结果。在新媒体时代,新闻传播的实现越来越多依靠过程。

第一节　新闻传播的实现

任何事物的产生都需要经历一个过程,这个过程可长可短,参与进去的因素可多可少,正是这些因素构建的过程造就了一件事物的产生。传播也不例外,它同样需要经历一个过程才能得以实现。那么何为传播过程?新闻传播可通过哪些渠道实现?它的实现又经历了一个怎样的过程?

一、新闻传播的实现

新闻传播的实现重在"传播"二字,它强调的是传播的实现,而传播的内容是新闻。新闻工作者从新闻采集到加工制作,仅仅是完成了一则新闻的生产,并不代表新闻传播就实现了。拉斯韦尔曾提出著名的"5W"学说,指出了传播的五个要素:传播者、传播内容、传播媒介、受众和反馈。由此我们可以看出,一则新闻起码要到达受众那里才算是实现了传播,而最快、最便捷地收到反馈,达到与受众的互动,则是众多媒体仍在追求的目标。

"传播"这个词对应于英文中的"communication",有信息传递、互动交流以及通信等含义。国内外对于传播的定义众说纷纭,在国内较为权威的是由郭庆光教授提出的,"所谓传播,即社会信息的传递或社会信息系统的运行"[①]。从传播的角度来看,社会信息是指人类社会在生产和交往活动中所交流或交换的信息,即除人的生物信息和生理信息以外的、与人类的社会活动有关的一切信息。

人的生存发展与社会信息的传播紧密联系。现代社会已经发展成为一个结构复杂、内容庞大的社群组织,为了提高传播的效率,社会信息不能盲目地、杂乱无章地传递,而是要根据供需关系和社会整体结构进行合理适量的配置,将不同类型的新闻通过适宜的渠道准确传递到目标受众。由此新闻独立于社会信息形成自身的结构系统。

首先,新闻传播概念澄清了信息传播源,范长江这样对新闻下定义:"新闻就是广大群众欲知、应知而未知的重要事实。"[②]此定义将有传播意义的信息从庞杂的社会信息中提取出来,对新闻的真实性、时效性、可读性等特征的总结归纳统一了标准,规范了行业,提高了受众对新闻的辨识度。其次,为了将标准化的信息(新闻)高效有序地配置到社会生产之中,新闻传播系统在其自己的发展过程中逐步完善,直至形成一个高度产业化、专业

[①] 郭庆光:《传播学教程》,第二版,4页,北京:中国人民大学出版社,2011。
[②] 转引自雷跃捷:《新闻理论》,70页,北京:北京广播学院出版社,1997。

化、集约化的产业链,通过不同的社会和受众需求生发出适宜的传播内容和渠道。从宏观来看,国家的调控——对传媒资产、所有权的配置,掌控监督权等——保证了一套符合全体人民发展利益的话语系统。对不同媒介形态在社会中所占比例的控制,促进传媒和其他社会产业的融合升级,尽可能减少信息拥塞和过剩,让新闻传播的效果达到最大化。从微观来看,在自上而下的单向传播链条中发展出一套补充性的传播系统。如新媒体的兴起,给予民众自己发声的资源和渠道,达到宏观和微观的平衡,完善社会信息传播结构,满足人类发展需求。

总之,新闻传播是信息传播的一部分,是为了最大限度地发挥传播对人类发展的意义应运而生的一套社会生产系统。它发展出一整套意义符号,规定了一整套传播流程,并创造了一个全新的信息产业。

延伸阅读

传播学

传播学是研究人类一切传播行为和传播过程发生、发展的规律,以及传播与人和社会的关系的学问。简言之,传播学是研究人类如何运用符号进行社会信息交流的学科。传播学又称传学、意衡学等。传播学是20世纪30年代以来跨学科研究的产物。传播学和其他社会科学学科有密切的联系,处在多门学科的边缘。由于传播是人的一种基本社会功能,所以凡是研究人与人之间的关系的科学,如政治学、经济学、人类学、社会学、心理学、哲学、语言学、语义学、神经病学等,都与传播学相关。它运用社会学、心理学、政治学、新闻学、人类学等许多学科的理论观点和研究方法来研究传播的本质和概念;传播过程中各基本要素的相互联系与制约;信息的产生与获得、加工与传递、效能与反馈,信息与对象的交互作用;各种符号系统的形成及其在传播中的功能;各种传播媒介的功能与地位;传播制度、结构与社会各领域、各系统的关系等。

二、新闻传播实现的渠道

(一)传播过程

一则新闻传播究竟经历了什么过程?这个过程是一成不变的,还是多种多样的?我们知道,新闻传播过程其实就是一则新闻从采集、加工制作、传播、接受,乃至反馈所经历的过程。

(二)传播渠道

社会信息是人类在社会交往中所传递的内容,是人类生存发展中必须具备的知识和意义。它传递的途径多种多样,伴随着传播方式的革新,社会形态的变更,传播路径从自我传播到人际传播,从集群传播发展到大规模集约化的社会传播,形成了自我传播、人际传播、组织传播、群体传播和大众传播等几种基本的传播路径。

但这几种传播类型研究的不仅是包括新闻传播活动,同样包括人类其他的传播活动。李良荣曾指出新闻传播学和传播学的三个区别,其中有一点是,传播学是研究人类传播行为、活动及其规律的学科,它除了研究人类的新闻传播活动之外,还研究人类的一切传播活动。① 而我们所要研究的是新闻通过这几种传播渠道传送给受众的过程，那么每种类型的传播在传播新闻的时候所经历的过程是一样的吗？下面我们就以这五种类型为基准，来探讨一下它们与新闻传播之间的关系。

1. 自我传播

自我传播是指个体看到社会上发生的某一事件、某一现象，由最初的主观印象到深入理解，通过表征理解内涵，思考其意义并作出自己的判断，最后将反馈付诸实践。这是信息在内部的传递过程。

自我传播者受者一体化，不需要传播媒介。个人通过实践获取生存发展所必需的经验，经过自我内部对信息的传递和处理，将其应用到新的实践当中，从而完成传播的循环。

在完整的新闻传播流程中，信息从发出到接收的完成必须抵达受众。只有受者对传播者的信息进行个性化解读后，才算一次成功的信息传播。而自我传播是受者解读信息必不可少的途径，即存在于每一种传播路径的末端。自我传播对外在信息的理解离不开受者自身的知识结构和价值体系，渠道中不同的媒介形态也会影响传播效果，例如纸媒传递信息更精准，富有逻辑性，文字的理解需要一定的知识素养，传播偏精英化。而广播和电视媒体通过声音或声画传递的信息对感官的作用更加全面，更容易理解，着重于情绪的传递，受众更加广泛。两种不同媒介的自我传播效果是截然不同的。

延伸阅读

"镜中我"理论

由美国社会学家查尔斯·霍顿·库利在他的1909年出版的《社会组织》一书中提出。他认为，人的行为很大程度上取决于对自我的认识，而这种认识主要是通过与他人的社会互动形成的，他人对自己的评价、态度等，是反映自我的一面"镜子"，个人通过这面"镜子"认识和把握自己。因此，人的自我是通过与他人的相互作用形成的，这种联系包括三个方面：

(1) 关于他人如何"认识"自己的想象；

(2) 关于别人如何"评价"自己的想象；

(3) 自己对他人的这些"认识"或"评价"的情感。

在这其中，前两项只有在与他人的接触中、透过他人的态度才能获得。库利认为，"镜中我"也是"社会我"，传播特别是初级群体中的人际传播，是形成"镜中我"的主要机制。一般来说，这种以"镜中我"为核心的自我认知状况取决于他人传播的程度，传播活动越活跃，越是多方面，个人的"镜中我"也就越清晰，对自我的把握也就越客观。

2. 人际传播

人际传播是指个人与个人之间，或者是两个个体系统之间的信息传播活动。相对于自我传播，人际传播有显著的社会性特征。首先，人际传播以两个人交流为目的，传播具有对象性和目的性，希望得到反馈，强调人与人之间的互动；其次，象征性社会互动理论认为，符号意义的交换有一个前提，就是交换的双方必须要有共同的意义空间。② 人际传播的传受双方必须具备对所使用的语言、文字等意义符号共同的理解，这一整套的符号意义

---

① 参见蔡铭泽：《新闻传播学》，第二版，22页，广州：暨南大学出版社，2007。
② 参见郭庆光：《传播学教程》，第二版，44页，北京：中国人民大学出版社，2011。

由不断发展完善的社会化进程所带来。

人际传播在新媒体时代充分发挥了其亲和力和自主性的特点，大大缩减了传统新闻制作的过程，例如网络上的自媒体，制作简便、传播广泛、内容个性化、形态亲民化，形成对主流媒体的补充，丰富了话语场。

3. 组织传播

组织传播包括组织内传播和组织外传播，具体而言，组织传播就是组织内部成员间、组织之间以及组织与环境之间的信息交流活动。

组织传播是小规模的大众传播，不同的是它的目标更明确，反馈更及时。传统的组织传播有企业、机构等内部组织传播，既要接受大众新闻传播的外部消息，及时调整自身内部结构；也要发出信息，在规范内传递某一类群体的观念，达成目的。相对于大众传播自上而下强势的传播态势，组织传播往往形成一种非强制性的话语权，在迎合受众的情况下制定传播计划。例如现代公司的品牌营销理念、明星的粉丝效应。

4. 群体传播

群体传播是生活在同一个地域，或者因为某些目的而聚集在一起、遵守群体意识规范的人们之间的传播。

我们每个人都生活在群体当中，我们可以隶属于不同的群体，这个群体可以是现实中真实存在的，也可以是在网络虚拟空间所创建的。但无论是真实的还是虚拟的，身处该群体中的人都要有共同的群体意识，并遵守一定的群体规范。

网络群体传播使自媒体时代得到更好的诠释，受众不再仅仅是受众，他们同样可以作为传播者来发布新闻。人们可以将身边发生的事第一时间发布到网上，甚至可以掀起舆论狂潮。以电子公告牌系统（BBS）为例，假如群体中的某一位成员看到一则新闻并发布到论坛上，如果新闻的内容足够吸引人，则在很短的时间内就会聚集一大批受众来参与讨论。有的甚至会产生较大的影响以致成为网络群体事件，比如"南京天价烟房产局长事件""表哥杨达才事件"，这些事件的发起经历了"议题发表（发帖）—议题的传播和扩散（跟帖或转帖）—形成社会影响、达成社会共识—解决"的过程。由此可见，群体传播在一定程度上可以促进一些腐败事件的解决。但同时，由于受众在群体传播中的双重身份，受众在作为接收者的时候，大众媒介所发布的新闻尤其是时政新闻在群体中的传播面临越来越大的挑战。大众传播者希望受众能够做顺从式的解读，而在群体传播中受众往往做协商性或对抗性的解读，他们往往怀着情绪化、戏谑化的态度去思考。[①]

我们不妨将中外网络跟帖做一个比较，中国的新闻跟帖似乎更多一些，表态功能更明显，而对有观点的文章的跟帖相对较少，并且一些跟帖者的素质较差，在各种跟帖中都有一些谩骂的帖子。我们的媒体好像喜欢网络的原创，很少关注跟帖。通常新闻跟帖多就意味着对一些新闻报道的信任度比较低，或者表明受众要知道更多新闻背后的真相。

---

① 参见隋岩、曹飞：《论群体传播时代的莅临》，载《北京大学学报（哲学社会科学版）》，2012（5）。

5. 大众传播

从自我传播到大众传播类型的形成，一是由于社会化进程加快，交通、经济的发展等因素缩短了人与人之间的地域和心理距离，社会整体传播参与人数增加，社会形态演变，社会结构复杂化，出现了不同的话语体系、不同的社会层级需要不同的传播路径满足自身需要；二是因为科技的发展促进了媒介形态的发展，从语言、图案，到文字符号，再到声讯和视频图像，信息载体和媒介形式功能大幅拓展，信息传递时空疆域大幅拓宽，满足了各类规模传播途径的技术需求。

案例精选

2012年8月26日，陕西省包茂高速安塞段发生特大交通事故。一张新闻图片拍摄到陕西省安监局原局长杨达才面带微笑出现在事故现场，引发网友愤怒声讨，网友又"人肉搜索"出杨达才佩戴名表的各类图片。杨达才被戏称为"表哥"。

8月29日，杨达才在访谈中就"微笑门"和"名表门"与网友交流。杨达才称，在10年间，他共买了5块手表，这些表是自己在不同时期购买的，是用合法收入购买的。但访谈结束后，有网友整理出杨达才佩戴不同款式手表的照片共计11张。在随后的数日内，杨达才又被网友陆续挖出戴估价13万元的眼镜、腰系名牌皮带，被网友戏称"全身都是宝"。

8月30日，陕西省纪委对外称，已经安排人员对杨达才进行调查，如确有违纪或腐败问题，将依照有关规定严肃处理。

9月21日，陕西省纪委公布了初步调查结果，称杨达才存在严重违纪问题，撤销其陕西省第十二届纪委委员、省安监局党组书记、局长职务。

从传播参与者的人数来看，自我传播和大众传播分属两端。自我传播和人际传播参与者人数较少，信息个性化、自由化、互动化，更有利于表达真情实感，满足个人的信息和情感交流欲望。多人传播为达成群体目标，信息共性强，具有强迫性，传播渠道单一，更有利于组织或体制的正常运作，保证大规模群体生活的稳定。

麦克卢汉早就预言了"地球村"的到来，传播疆域从未像现在这样规模宏大，传播个体之间从未像今天这样联系紧密。在现代传播社会中，任何一种传播路径都不是单一存在的。就个人而言，通过传统大型媒体接收新闻报道、影像资料的同时，还吸收着学校或公司、家庭、社会团体等各种群体组织的讯息。在解读的过程中，我们并没有完全按照传播者的意图接受意义，而是根据自身经验和偏好进行个性化的解读。就某个组织而言，内向传播和外向传播分别担负着调整内部结构和塑造外部形象的功能，正式渠道传播保证组织内部政令畅通，非正式渠道担负着人际传播功能，调整组织内部矛盾。不同传播类型互为渠道、互相包含，各自独立又相互联系，从而形成整个社会宏大的信息传播系统。

三、新闻传播过程模式

新闻传播以人与人之间的互动为基础，一次完整的人际信息传播过程，需要有传播者、讯息、媒介、受传者、反馈五个部分。那么这些因素是如何组合才使传播得以实现的呢？是沿着一个方向直线性流动，还是双向流动？我们是该单研究传播过程的样态，还是将传播放在社会这个大系统中研究？

背景延伸

丹尼斯·麦奎尔（Denis McQuail），英国传播学家，荷兰阿姆斯特丹大学传播学终身教授，"欧洲传媒研究小组"成员，《欧洲传播学杂志》三位创始人之一。主要著有《传播学》《受众分析》《大众传播理论》《大众传播研究模式论》等书。

丹尼斯·麦奎尔在20世纪80年代，总结自从传播学模式研究方法诞生以来所有的传播模式，精心选取了28种最具代表性的模式，逐一介绍其含义、演变过程和主要优缺点，从模式研究角度明晰地描绘了50年来传播学发展的轮廓。

（一）何为传播模式

为了更简便也更清晰地展现传播实现的过程，传播学者习惯用模式来展现传播过程。模式，是科学研究中以图形或程式的方式阐述对象事物的一种方法。英国著名社会学家、传播学家丹尼斯·麦奎尔及其助手斯文·温德尔在《大众传播模式论》中给模式下了定义："模式是用图像形式对某一事项或实体进行的一种有意简化的描述。一个模式试图表明任何结构或过程的主要组成部分以及这些部分之间的相互关系。"①此外，他们还指出了模式的四种功能：

（1）构造功能——揭示各系统之间的次序及其相互关系，为各种不同的特殊状态提供一个一般的图景；

（2）解释功能——用简洁的方式提供，如果改用其他方法则可能相当复杂或信息模糊不清；

（3）启发功能——能引导受众或研究者关注某一过程或系统的核心环节；

（4）预测功能——对事件的进程或结果进行预测，以支持研究假说的建立。

由此可见，传播模式就是用图形或程式，直观简化地展现传播过程的理论描述方式，它让传播过程的研究更加方便、清晰、快捷。

（二）传播模式的类型

人类传播过程是一个涉及多领域、多学科的研究，每门学科都有研究的侧重点。比如社会科学的学者就会重点研究新闻传播在整个人类社会中的影响和意义，他们善于把传播过程放到整个大环境中；而自然科学特别是通信、信息科学研究者则会主要从传播过程的物理属性方面进行研究。众多学科的学者们研究出了许多模式，麦奎尔、温德尔将前人的研究成果分成了5种类型28个模式：

（1）基本模式：拉斯韦尔模式、香农—韦弗模式、奥斯古德—施拉姆循环互动模式、格伯纳的传播总模式等8种模式；

（2）人际影响、扩散和大众传播对个体的影响模式，刺激与

---

① 〔英〕丹尼斯·麦奎尔、〔瑞典〕斯文·温德尔著，祝建华、武伟译：《大众传播模式论》，2～3页、5～6页，上海：上海译文出版社，1987。

反应模式及其修正，两级传播模式，创新扩散模式等 5 种模式；

（3）大众传播对文化与社会的影响模式、间接与直接模式、议题设置模式、大众传播依赖模式、沉默螺旋模式 5 种模式；

（4）受众中心模式：使用与满足模式、使用与效果模式、信息寻求模式 3 种模式；

（5）大众媒介的体系、制作、选择与流动模式，比较媒介体系模式，媒介组织模式，守门人模式等 7 种模式。

在这里我们重点介绍一下线性单向模式、也即直线模式，循环和互动模式，系统传播模式，网络多向互动模式 4 种类型。

（三）典型传播模式分析

1. 直线模式

最早的传播模式是单向、直线的，它是随着美国学者拉斯韦尔提出的"5W"模式而产生的。"5W"模式也即"拉斯韦尔模式"或"拉斯韦尔程式"，是拉斯韦尔于 1948 年在他的一篇题为《传播在社会中的结构与功能》的论文中提出的，他提出了构成传播过程的 5 种基本要素，并按照一定结构顺序将它们排列，这 5 个 W 分别是英语中 5 个疑问代词的第一个字母，即 Who（谁），Says What（说了什么），In Which Channel（通过何种渠道），To Whom（对谁说），With Which Effect（产生了什么效果）。后来，英国传播学家麦奎尔等将这个模式进行了归纳，如图 7-1 所示。

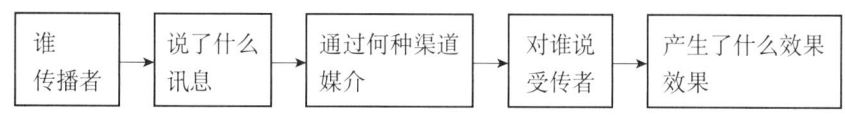

图 7-1　拉斯韦尔模式 [①]

从图 7-1 中我们可以清晰地看出，一次传播的实现究竟经历了什么过程，都有哪些因素参与进了此过程。这也正是拉斯韦尔模式最大的优点，它第一次揭示了传播活动得以进行需要的 5 个环节和要素，并对每个要素都划分了相应的研究范畴，打开了学者们的研究思路，为传播过程的研究奠定了基础、开辟了道路。当然，作为早期的研究成果，该模式的不完善之处也是显而易见的，它没有显示出受众对传者的反馈，没有反映出影响传播实现的外在因素，没有把传播放在一个大环境中去考虑，但也正是这些不足促使着一代又一代学者继续进行研究。

紧接着，美国的两位通信学者香农和韦弗在《传播的数学理论》一文中提出了香农—韦弗模式（见图 7-2）。

这一模式又被称作数学模式，由于它是描述电子通信工程的，所以它包括了信息源、

---

① H. D. Lasswell, "The Structure and Function of Communication in Society", *The Communication of Ideas*, Harper and Brothers, New York, 1948.

发射器、信道、接收器、信息接收者以及噪声6个因素，这里的发射器和接收器起到了编码、解码的作用。而在信源的发射过程中，有可能受到噪声的干扰，产生某些衰减。

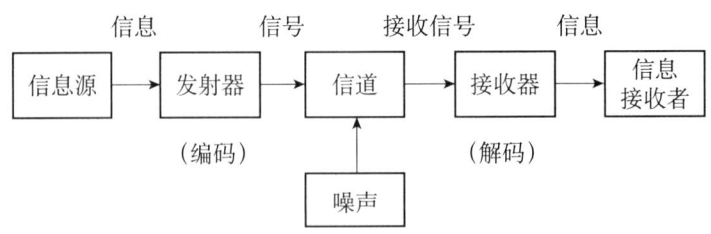

图 7-2　香农—韦弗模式 ①

这一模式的突出贡献就是引入了噪声这一重要元素，虽然它是描述电子通信工程的，但同样给新闻传播过程的模式带来了启发。前面我们提到拉斯韦尔模式的一项不足是没有指出影响传播实现的外在因素，那么噪音的提出则表明了传播不是在封闭的真空中进行的，它会受到各种障碍因素的影响。

但它的不足也是显而易见的，它和拉斯韦尔模式一样，是一个单向传播过程。虽然这一模式对通信过程的研究来说没有什么不妥，但从传播的过程模式研究上来说，还是缺少反馈环节的。

2. 循环互动模式

认识到了不足以后才能更好地完善，研究的脚步并没有停止，一些传播学者又开发出了其他类型的过程模式，他们开始考虑到反馈，并把传播过程看成一个循环互动的过程。

（1）奥斯古德—施拉姆循环互动模式。1954年，施拉姆在《传播是怎样运行的》一文中，在受奥斯古德的观点启发的基础上，提出了一个新的过程模式，称为"循环互动模式"（见图7-3）。

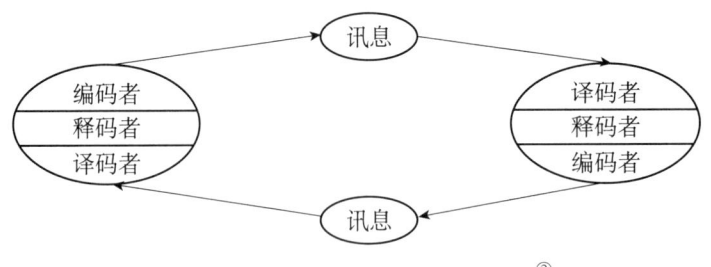

图 7-3　奥斯古德—施拉姆循环模式 ②

由图7-3我们可以看出，该模式与直线模式有显著不同，它只包含了四个因素，即：编码者、译码者、释码者、讯息。要表达的也清晰明了：信息的相互传播。它的重大突破是将信息的传播看作循环互动的现象，在该模式中没有传者和受者的概念，传播双方都享有主动权，讯息的授受处于你来我往的相互作用之中。

---

① D. McQuail & S. Windahl, *Communication Models*, Longman, London & New York, 1981, p.10.
② Ibid., p.14.

但该模式同样具有局限性，首先，它将信息的传播者和接收者放在同等地位中本来就是不合理的，是与现实社会状况不符的。其次，它没有反映出传播过程中可能受到的干扰，在大众传播过程中信息是不可能百分之百完全传达给受传者一方，该模式只体现出了人际传播特别是面对面传播的特点。此外，该模式同样没有将传播过程放在社会系统中进行研究。

（2）施拉姆大众传播过程模式。施拉姆本人也意识到了这些问题，于是在同一篇文章中又另外提出了一个大众传播过程模式（见图7-4）。

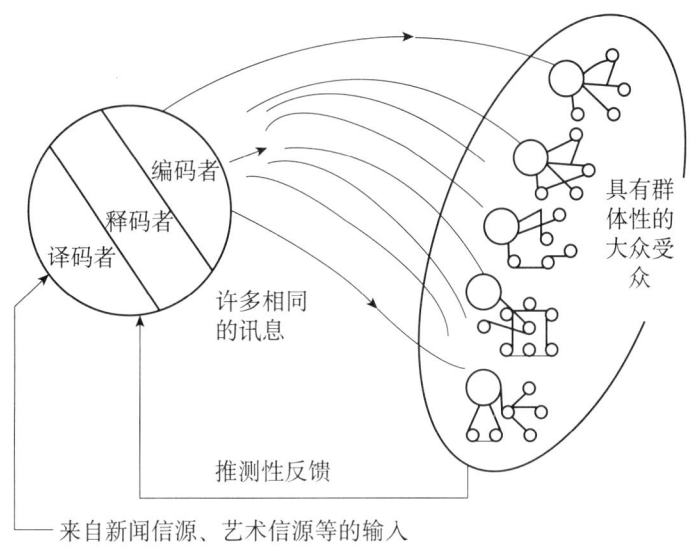

图7-4 施拉姆大众传播过程模式[①]

（3）德弗勒互动模式。德弗勒在总结了香农—韦弗模式的成功与不足后，于1966年提出了德弗勒的互动模式（见图7-5）。

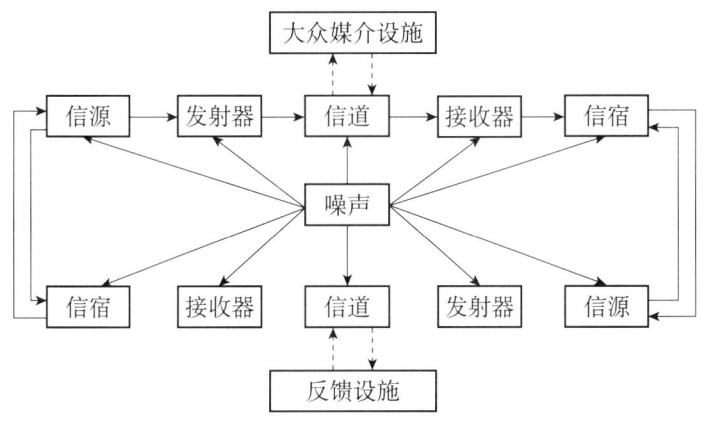

图7-5 德弗勒互动模式[②]

---

① D. McQuail & S. Windahl, *Communication Models*, Longman, London & New York, 1981, p.13.
② Ibid., p.14.

从图 7-5 中我们可以明显看出，德弗勒互动模式将传播过程看成双向互动的，考虑了反馈这一要素，这是对香农—韦弗模式最大的发展。此外，这个模式还对噪声这一概念进行了补充。德弗勒认为，噪声不仅对讯息，而且对传达和反馈过程中的任何一个环节或要素都会产生影响。

不过，该模式也有它的缺陷，那就是它同样没有将传播放进一个社会系统中去考虑，仍然只是从过程本身或从过程内部来进行说明。因为从辩证法的观点来看，事物的运动过程不仅仅取决于过程的内部因素或内部机制，传播的实现同样如此。它不仅受到传播过程本身的噪声带来的干扰，同样会受到外部条件或外部环境的制约和影响，比如说受到与我国新闻传播相关的法律法规以及社会利益阶层等的制约和影响，仅仅提到一个噪声是远远不够的。

3. 社会系统传播过程模式

辩证唯物主义认为，事物是普遍联系的，我们要用联系的观点看问题。我们在研究传播过程时，同样应将传播过程放在整个社会系统的大环境中去考虑，用宏观的视野去研究，而不应该仅仅局限于传播过程本身。

认识到进行综合研究的必要性，不少学者开始运用系统论的原理和方法来考察社会传播。为了与传统的微观、单一的过程研究相区别，这种研究一般被称为系统研究或传播总过程研究。

（1）赖利夫妇的传播系统模式。1959 年，美国一对从事社会学研究的夫妇 J.W. 赖利和 M.W. 赖利在《大众传播与社会系统》一文中，从社会学的角度最早提出了在社会系统框架中的传播系统模式（见图 7-6）。

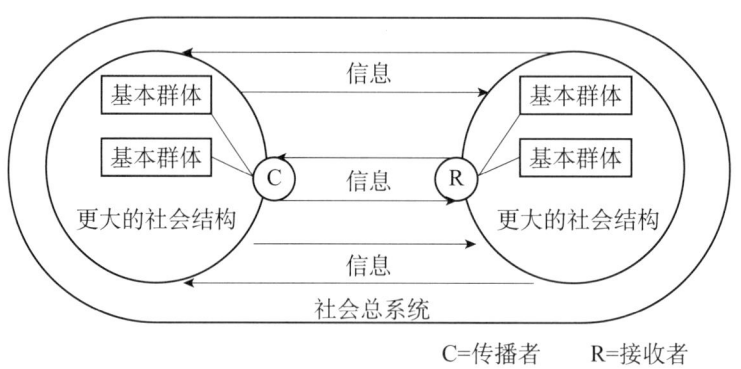

图 7-6　赖利夫妇的传播系统模式[①]

由图 7-6 我们可以看出，赖利夫妇将传播过程看作庞杂的社会系统的一个子系统，并考察了传播系统与社会系统之间的互动关系。

---

①　D. McQuail & S. Windahl, *Communication Models*, Longman, London & New York, 1981, p.40.

赖利夫妇在《大众传播与社会系统》一文中提出的传播系统模式的特点如下：

首先，从事传播的双方即传播者和受传者都可以被看作一个个体系统，这些个体系统各有自己的内在活动，即人内传播；

其次，个体系统与其他个体系统相互连接，形成人际传播；

再次，个体系统不是孤立的，而是分属于不同的群体系统，形成群体传播；

最后，群体系统的运行又是在更大的社会结构和总体的社会系统中进行的，与社会政治、经济、文化、意识形态的大环境保持相互作用的关系。

该模式回答了以上模式中所没有回答的问题，它将传播的整个过程放在了社会的大系统中去考虑，这样就关注到影响传播实现的其他外界因素，这就更加有利于探索传播得以实现的有效方式。

（2）马莱茨克模式。除了赖利夫妇的传播系统模式外，1963年，马莱茨克又从社会心理学角度提出了自己的大众传播过程模式，马莱茨克认为传播这种复杂的社会互动过程，不仅是有形的社会作用力之间的互动，也是无形的社会作用力也即社会心理因素之间的互动。

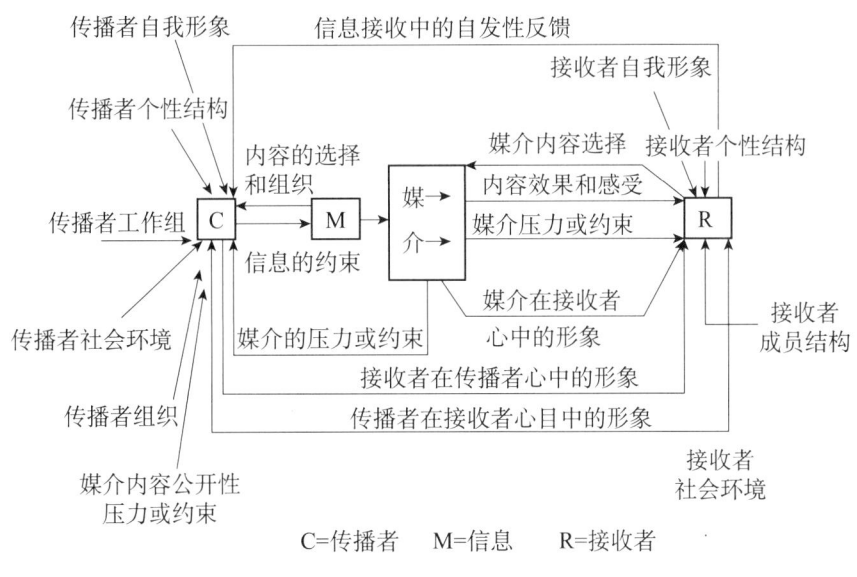

图7-7　马莱茨克模式[①]

在这个模式中，马莱茨克将大众传播看作包括社会心理因素在内的各种社会影响力交互作用的"场"，这个系统的每个环节都会受到社会心理因素的制约。

比如，影响和制约传播者的因素有：传播者的自我印象、传播者的人格结构、传播者的人员群体、传播者的社会环境、传播者的组织、媒介的公开性所产生的约束力、接收者的自发反馈所产生的约束力、来自讯息本身以及媒介的压力或制约等。

[①] D. McQuail & S. Windahl, *Communication Models*, Longman, London & New York, 1981, p.40.

> **要点小结**
>
> 新闻传播的实现
> 　一、新闻传播的实现
> 　二、新闻传播实现的渠道
> 　三、新闻传播过程模式

可以说，该模式包含了众多的复杂因素，是对此前从社会心理学角度研究大众传播的总结。它既指出了传播过程的社会制约性，也指出了其中的心理变量。他的分析较以往的研究更为系统、全面，而且更具有社会性。

我们讲的是几种常见的传播过程模式，当然，随着传播研究的不断发展，新的模式也会层出不穷。麦奎尔曾说，模式构建是一项持续不断的活动，其功用在于阐明新的观点和理论、帮助整理研究成果，以及揭示进一步探讨的问题。各种模式必须不断更新才能适应社会变动中的传播现实。①

第二节　新闻的生产

> **案例精选**
>
> 新闻生产社会学研究者伯纳·罗胥克（Benard Roshco）认为在研究新闻的社会性时，对"新闻产生过程的解析，远比研究新闻所带来的社会结果更重要"。

新闻是不是商品？这个问题争论了很多年。马克思在《资本论》第一卷中说："商品首先是一个外界的对象，一个靠自己的属性来满足人的某种需要的物。"② "要成为商品，这个生产物必须由交换移转到把它当作使用价值来使用的人手里。"③ 这样来看新闻，新闻是由于满足社会的需要而产生的。无论是报纸、广播、电视，还是网络等新媒体，人们都是需要花钱才能得到所需要的信息，可见新闻在这个意义上是可以称为商品的，新闻这一商品不同于普通意义上的商品，它有两种情况：一种情况是实物形式，如书籍、乐谱、报刊等；另一种情况是作为劳动的结果与劳动过程同时存在的，例如电视和广播等。随着科学技术的进步，后一种商品也可以转化成前一种商品。④ 承认新闻的商品性，然后我们再来谈新闻的生产。

新闻是商品还是产品？产品和商品有什么区别？产品是以生

---

① 参见〔英〕丹尼斯·麦奎尔、〔瑞典〕斯文·温德尔著，祝建华、武伟译：《大众传播模式论》，第二版，11页，上海：上海译文出版社，2008。
② 马克思：《资本论》，第一卷，47页，北京：人民出版社，1975。
③ 同上书，13页。
④ 参见刘建明：《当代新闻学原理》，519页，北京：清华大学出版社，2005。

产者为主导的，而商品是以消费者为主导的。艺术家创作的是作品。新闻记者不大可能像艺术家那样写新闻，也不应该像商人那样唯利是图。过去的新闻像产品，今天的新闻像商品。总的看，新闻不应该是作品，新闻是有商品属性的产品。

在西方经济学中，生产的定义是：将投入转化为产出的活动，或是将生产要素进行组合以制造产品的活动。

宏观来看，封建社会末期，随着资本主义的萌芽，新闻事业开始诞生，并逐渐走向职业化、产业化的发展道路。当新闻事业形成了一个独立的行业之后，新闻的制作过程就有了生产的性质。随着全球传媒商业化、市场化、产业化的步伐不断加快，传媒更具有工业生产的特征，生产者按照"新闻标准"生产出"新闻商品"，受众则是生产流水线末端的消费者。

那么，新闻生产的是观念吗？理论上说，新闻并不生产完整的知识，也不生产思想，它更多生产的是规范和意义。新闻生产的方式似乎并不排斥现如今流行的碎片化传播。表面上说，新闻生产的是信息，但是深入地看，新闻生产的是一种社会秩序。如果从新闻生产的历史来看，我们的重心似乎已经发生了转移，从生产传播到消费传播，从阶级斗争到经济建设，从计划经济到市场经济，从生产到消费的重心转移以后，传播模式也随之转移。在生产传播语境内，生产者是主角，工人和农民是典型人物，在生产过程中提倡节约；而在消费传播语境内，消费者变成了主角，商人和精英更多出现在媒体的视野，奢侈品逐渐变成了成功的符号。

再来看看新闻生产的周期，有一个疑问，新闻的生产周期今天是在加快吗？有网络以后，这种周期的加快是比较明显的。这里说的新闻生产周期不是指媒体单纯把新闻报道出来，而是包括了读者反馈，媒体和大众共同完成了这种生产。过去一个周期是很缓慢的，现在通过话题的引领速度是非常快的。与其说大家都是记者，不如说都是参与者。

接下来就要谈到，舆论能被生产出来吗？我们可以看到有人提到舆论生产的概念。舆论引导目前是常用概念。问题是，舆论能被消费吗，舆论本身是天然的生态，还是能被生产出来的？虽然网络推手对网络舆论有一些影响，但是很难说网络舆论就是可控的。况且网络舆论只是社会舆论的一部分。如果舆论可以生产，那么谁是舆论生产者？

一、新闻生产的主体

如果将新闻的生产过程看作一条产业链的话，位于链端的生产主体就不能仅仅指记者、编辑这种生产新闻作品的具体工种了，而已上升为产业主体的意义。在产业意义上论述新闻生产的主体，将更有助于在宏观视角上梳理新闻的生产和传播过程。新闻生产主体的存在是以新闻事业的诞生为基础的，在某种程度上可以说，新闻事业的形成过程就是新闻生产主体从建立到发展成熟的过程。

早在原始社会，就存在新闻传播活动，只是传播手段极为简陋，主要以口头形式传递新闻。原始社会末期，人类创造了文字，新闻传播活动进入用文字传递新闻的新阶段。到奴隶社会，形成口头、信号、文字三者并存的新闻传播媒介。到了封建社会，书信新闻、布告揭帖等各种形式的新闻传播活动纷纷出现。整个古代社会始终没有停止过新闻活动，但与近现代社会的新闻生产和传播活动相比，新闻活动基本由统治阶级所垄断，没有产生过以新闻为主的定期连续出版物，更没有产生过以收集和公开向社会发布新闻为职业的机构。直到封建社会向资本社会过渡的时期，才产生了最早的新闻业。

（一）专业新闻机构

随着近代新闻事业的产生，新闻传播活动逐渐成为一种稳定的社会职业，作为新闻传播过程始端的新闻生产主体开始形成有组织的专业机构。传统的专业新闻生产机构主要由通讯社、报社、电视台、电台等组成。机构内部专业的部门分类，有专职记者、编辑等工作人员负责对口工作，新闻生产的过程遵循特定的工作流程。

继传统媒体之后，新闻网站成为新闻生产队伍中空前庞大的一支。新闻网站主要包括传统媒体所办的网站，以传播新闻为主，同时提供各类信息服务，如人民网、凤凰网、新华网；文化公司、信息公司开办的大型门户网站，如新浪网、搜狐网。这些新闻网站尤其是新浪网、搜狐网等门户网站，由于需要海量的信息内容作支撑，所以其大部分新闻作品来源于其他媒体，由编辑进行二次加工后发表。2000年10月8日，我国颁布实施了《互联网站从事登载新闻业务管理暂行规定》，对网络新闻内容的发布进行了规范，使商业网站在进行新闻传播活动中有所制约。

（二）自媒体

随着互联网及移动终端技术的发展，微博、博客等新的传播方式备受用户青睐，新闻传播进入自媒体时代。自媒体依托网络这片充满着无限潜力的土壤而蓬勃发展，尤

背景延伸

《互联网站从事登载新闻业务管理暂行规定》（节选）

第七条 非新闻单位依法建立的综合性互联网站（以下简称综合性非新闻单位网站），具备本规定第九条所列条件的，经批准可以从事登载中央新闻单位、中央国家机关各部门新闻单位以及省、自治区、直辖市直属新闻单位发布的新闻的业务，但不得登载自行采写的新闻和其他来源的新闻。非新闻单位依法建立的其他互联网站，不得从事登载新闻业务。

第九条 综合性非新闻单位网站从事登载新闻业务，应当具备下列条件：（一）有符合法律、法规规定的从事登载新闻业务的宗旨及规章制度；（二）有必要的新闻编辑机构、资金、设备及场所；（三）有具有相关新闻工作经验和中级以上新闻专业技术职务资格的专职新闻编辑负责人，并有相应数量的具有中级以上新闻专业技术职务资格的专职新闻编辑人员；（四）有符合本规定第十一条的新闻信息来源。

来源：国务院新闻办公室门户网站（http://www.scio.gov.cn/zhzc/8/5/Document/1014232/1014232.htm）

其是伴随着博客、微博、微信的出现而发展,"人人皆记者""人人皆媒体"的自媒体形式成燎原之势迅猛发展。"源于其高度的私人化、平民化、自主化特点,自媒体的基数趋于爆炸式增长以及日益多样化的表现形式。"[①]自媒体是相对于传统媒体概念提出来的,综合学术界和业界普遍认同的关于自媒体的说法,"自媒体也叫'个人媒体',特指以普泛化和自主化为特征的草根网民,以简易的电子化手段和数码技术为支撑,在私人的独立空间内,无需经过专业编辑的过滤,向特定或不特定的个人或群体传递和分享新闻信息或非新闻信息的新型媒体的总称。"[②]有别于传统的专业媒体机构创办时有严格审查制度、播出制作制度、专业的从业者以及明确的受众群体,自媒体的构成相对简单,往往由个人和介质平台(博客或微博等)的简单组合就可完成信息的制作与传播,大量的自发性个体都是自行发布信息。如果说传统媒体属于上层建筑,那么自媒体就更多体现了"草根"属性。由于其进入门槛低,操作运作简单,顺其自然地成为了由普通大众主导的信息传播活动。在自媒体中,平民大众获得了话语权,个体声音得到充分释放,以往由专业媒体机构进行议程设置的传播格局被打破,新闻传播的受者一改被动接收的局面而成为新闻的生产者。

案例精选

中国网民直播"7·23"甬温线特别重大铁路交通事故
2011年07月24日 15:24:35 来源:新华网

新华网石家庄7月24日电(记者任丽颖朱峰)23日20点38分,D301次列车行驶至温州市双屿路段时与D3115次列车追尾。网络ID为"袁小芫"的微博网友是D301次列车上的乘客,事故发生四分钟后她发出了第一条微博,比国内媒体在互联网上的第一条关于"列车脱轨"报道早了两个多小时。23日当晚,身在事故现场的一些微博用户不断更新关于现场的种种图片、文字信息,短时间内,甬温线特别重大铁路交通事故迅速以图文并茂的全透明方式在全国民众面前得以展现。

以新浪微博为例,截至24日12时,已有3,286,883条关于这起事件的微博。网民从事故现场、寻人、遇难者名单、献血现场等多角度展示这次突发事件。

随着微博在中国网民中的广泛应用,这一交流平台已经成为国内热门事件尤其是突发事件的信息聚集点,普通网民随时可能客串"公民报道者"。

微博,又称微博客,是基于有线和无线互联网终端发布精短信息,供其他网友共享的及时信息,由于用户每次用于更新的信息通常限定在140个字符以内,故此得名"微"。

对于23日当晚发生的铁路交通事故,事故现场网友"袁小芫"的第一条微博是:"D301在温州出事了,突然紧急停车了,有很强烈的撞击。还撞了两次!全部停电了!!!我在最后一节车厢。"

21时18分,他和几位博友在微博上透露出如下信息:他身在2号车厢,听车上的乘客说16号车厢出轨,伤亡严重。同时,他还在微博上发了一张用手机拍的图片:车厢内灯光微黄,厢体倾斜,乘客在位子上或站或坐,神态焦急。

华中师范大学文学院的孟令俊表示:在对突发事件的传播中,微博不仅成为舆论传播的中心和渠道,同时也参与舆论的形成、发展与引导的过程。

"微博在充当突发事件公开的助推器、突发事件的社会监督者和突发事件的救援平台的同时,由于缺乏引导和监管,又容易成为谣言滋生的工具和发泄不满情绪导火索。"孟令俊说。

---

① 梁相斌:《中西方新闻战》,76页,北京:新华出版社,2008。
② 蒋晓丽主编:《网络新闻编辑学》,第二版,300页,北京:高等教育出版社,2012。

> 目前，虽然国内各微博网站上关于"动车追尾"事件的质疑声仍在持续，但更多的言论还是对死难及受伤者的哀悼和同情，事故现场中救援信息也在不断滚动传播，不少乘客家属通过微博来寻找失踪的亲朋好友，网友纷纷转发寻人消息。
> 记者回访23日当晚及时发布这起突发事件信息的"Sam是我"，他已经把微博的个人说明改成了："活在当下，享受现在！"①

（三）新闻生产主体的全媒介化

全媒介化的新闻生产不单是指传统媒体机构将新闻位移到互联网等其他媒体上（比如报纸所办的电子版），更体现在新闻机构跨媒介的产权融合和不同新闻机构间内容的共享。大型媒介集团在纵向和横向上整合资源，同一资源在不同媒介或渠道上再生产或再目的化，就是全媒介化的一种表现。具体来说，我们可以从三个层次来理解媒介融合。第一层次为媒体战术性融合（convergence of media tactics），主要指传统媒体与新媒体之间在内容和营销领域的互动与合作，这是媒介融合最初的形态，但还未实现全媒介化。第二层次是媒体组织结构性融合（structural convergence of media organization），主要指各种不同类型的大众媒介通过并购等方式，从各自独立经营转向多种媒介联合运作，尤其是在新闻信息采集发布上联合行动，改变同一集团内部不同形式的媒体机构间各自为营、资源重复使用的状况。在组织构架上，全媒体新闻中心或大新闻中心蔚然成风，这样就能有效整合和利用各种媒介展示新闻事实。第三层次是媒介的数字化大融合，即不同媒介形态集中到一个多媒体数字平台上。多媒体数字平台将报纸、广播、电视、电脑、手机等信息终端的功能和特点汇聚一体，成为新的信息接收终端。例如，电视与网络相连，接收和储存数字化内容，真正实现媒体机构的全媒介化。②

新闻生产主体的全媒介化对机构内部从业人员也提出了更高要求，全媒介型人才成为新闻界的呼唤对象。有学者指出，未来新闻机构将呈现出三个决定性特征："灵活的工作流程；网络化的制度体系；对新闻事实有效性的反思，包括如何基于新的工作流程来收集、评价新闻事实；规模更小但从事的业务更广泛；受数字订阅、网络广告、基于社交媒体的发行策略、基金支持与政府补贴等因素影响，而形成新的从业规范。"③在新的从业规范的制约下，新闻从业人员不仅要能运用多媒介融合技能采集新闻信息，也要懂得利用各种媒介符号进行新闻内容的制作展现。这不仅是对个人专业素养的提升，也是推动新闻生产和传播活动发展的必然趋势。

二、新闻生产的过程

新闻的生产过程是从新闻机构获取新闻来源开始的。新闻来源有狭义和广义之分，狭

---

① http://news.xinhuanet.com/politics/2011-07/24/c_131005893_2.htm。
② 参见许颖：《媒介融合的轨迹》，12~14页，北京：中国人民大学出版社，2011。
③ 万小广：《转型中的新闻人、新闻机构与新闻生态——〈后工业时代的新闻业〉报告摘要》，载《青年记者》，2013（3）。

义上讲，新闻来源是指新闻事实的提供者；广义上讲，新闻来源是提供新闻报道的渠道（记者采访，通讯社发稿，读者、听众、观众来信等）和新闻中事实的提供者（事实的出处）的总称。本书将主要论述的是广义的新闻来源。广义上的新闻来源包括新闻线索，新闻线索是新闻事实出现的苗头和信号，是发现新闻的前奏，属于新闻来源的范畴。[①]

新闻生产是专业生产吗？看上去这是个奇怪的问题，因为如今新闻专业主义呼声很高，媒介素养问题也越来越受到重视。但是，新闻记者的专业化对应的是新闻读者的非专业化。换言之，新闻本身并不是专业产品，它只是经过了新闻工作者专业的加工。因此，我们很难苛求受众和新闻编辑、记者一样专业。

（一）获取新闻来源

新闻来源的获取有多种渠道，主要来说，可以通过以下渠道来获得。

党与政府部门：新闻机构通过发布会直接获取新闻事实及相关问题的解答，可谓是获取新闻来源最便捷的途径。

媒体记者的耳闻目睹：记者的工作就是发现新闻、采集新闻，因此职业习惯会让记者无时无刻不保持新闻敏感。无论是日常生活中的所见所闻，还是对其他媒体的关注，都是记者获取新闻来源的途径。例如，记者上网时可以看看他人的微博、博客，从这些自媒体中发现舆论热点，找到新闻线索。

参与社会活动：媒体参与策划社会活动，比如参与社会公益活动，组织演出，继而将事件作为"新闻"进行报道制作，这属于新闻策划。也就是说，媒体既策划事件又策划报道，自己介入一个正在发展的社会事件，自己再做报道。[②]

受众提供：受众为媒体提供新闻线索是他们参与新闻传播活动的重要方式。为达到优化的传播效果，媒体十分重视与受众的互动，鼓励受众通过信件、电话、网络等多种途径向媒体反映问题、提供线索。

（二）获取新闻内容

获取新闻内容一般而言即"新闻采访"，新闻采访是指新闻生产主体在获取新闻来源后，对事实进行深入调查挖掘和研究整理，采集具有传播价值的翔实资料，为新闻产品的进一步加工制作提供铺垫。新闻采访是启动新闻传播活动的第一个有目的性的动态实施阶段。"纵观人类漫长的新闻传播活动，从口头新闻到手抄新闻、印刷新闻，再到今天的以音频、视频为传播模式的电子新闻，以及及时、海量、多媒体为传播特点的网络新闻，新闻传播道路的起点无一不在采访上。"[③]

[①] 参见操慧：《新闻采写教程》（上），151 页，成都：四川大学出版社，2010。
[②] 参见杨飚、蔡尚伟：《媒体竞争论》，110 页，成都：四川民族出版社，2001。
[③] 岳山、杨明：《全媒体采编与应用》，3 页，合肥：合肥工业大学出版社，2012。

新闻采访作为新闻生产过程中的一环，有时也可作为新闻产品的文本内容被呈现，如在电视新闻直播中，采访的过程直接伴随播出，新闻的播出内容就是记者进行采访的过程。这种集采写、编辑、播出为一体的新闻传播活动无疑对记者的专业综合能力提出了更高的要求。

（三）制作新闻内容

完成了新闻采访的工作，记者就要进行新闻写作，顾名思义，新闻写作是指记者将采访中搜集到的材料、信息，通过文字写作制成一定体裁的新闻作品的过程。

新闻写作实际上包括两部分，首先是传播者对信息进行筛选的过程，再就是将其作品化的过程。

1. 筛选信息

筛选信息是新闻写作的重要一环，包括整理、分析、核实取得的新闻素材。整理新闻素材包括对新闻背景资料、采访笔记、录音录像、心得札记等信息的梳理，分门别类。这一过程重在对新闻事件的整体感知；分析新闻素材是判断整理好的信息的新闻价值，对新闻信息进行取舍，发现信息的内在联系，去粗取精，决定哪些新闻信息可以成为作品，哪些应当舍弃；最后的核实新闻素材就是对采访中有疑问的地方进行核实求证，避免任何失实的信息出现在新闻中，必要时进行补充采访。

2. 将内容产品化

将筛选好的新闻素材进行产品化的过程包括形式的设计和文本的组织。形式的设计是指确定新闻事实用什么样的体裁，对平面媒体来说，包括短消息、长消息、通讯、言论、特写等；对电子媒体来说，包括消息播报、评论、专题片等，以及现场直播或者录播等形式。文本组织就是新闻写作中"写作"的表现，这一过程要依据不同媒体的传播特点，如报纸新闻强调时效性和深度，强调书面化语言，因受到报纸版面限制要考虑版面容量，稿件类型主要集中在消息、通讯、评论上；广播比报纸更强调时效性，因为是用声音在传播，广播稿还要注重口语化，简洁、通俗易懂，具有亲和力，稿件类型通常和报纸一样；电视的优势在于声画同步，除了具备广播稿的写作特点外，注重画面、文字和声音的配合；网络等新媒体的新闻写作是传统媒体新闻写作的融合，文字、图片、音频、视频都囊括其中，更加重视对受众的个性化服务，新闻写作更加个性化。

3. 融媒体时代的新闻产品

全媒体时代，新闻写作无论是对写作主体还是写作方式都提出了新的要求，记者已经不再作为新闻写作的唯一主体，人人都是新闻记者已经成为全媒体时代的普遍现象。新闻写作也突破纸制化写作方式，新闻采写的多媒体化掀起了融媒体的新闻融合生产，记者可以根据不同的媒介需要选择不同的介质，一些新闻机构也为记者配备了多媒体的采写设备如无线上网卡、照相机、摄像机、智能手机、平板电脑等，使新闻商品可以同时满足手机报、电子纸、移动报、纸媒文字图片的需求以及网站和户外视屏的视频需求。[①] 同时，全媒体时代下，新闻写作的周期也在缩短，尤其是面对突发新闻，一条短信、一条微博即刻就能成为新闻，新闻写作到新闻发布可以按秒计，完全打破了一天一次出版的常规形式。

案例精选

利用手机拍照，应用 Instagram 记录新闻画面

2012 年 11 月，飓风"桑迪"袭击美国东北部地区时，美国《时代》周刊采取了一种全新的报道模式，摄影主管基拉·珀拉克（Kira Pollack）召集了该地区的 5 名摄影师，给予他们登录《时代》杂志 Instagram 账号的权限。利用手机拍照，应用 Instagram 记录新闻画面，并以最快的速度向读者发布照片。《时代》在 Instagram 上的图片也被放在其官网的图片博客"Lightbox"下，而这组图片也成为"有史以来最受欢迎的照片库"。据珀拉克介绍，"这是我们做过的最成功的一个图片库。当报道飓风'桑迪'第四天的时候，这个图片库就为网站贡献了一周流量的 13%。"而在 48 小时的报道时间内，《时代》的 Instagram 账号吸引了 12,000 位新粉丝。其中一名摄影师用手机拍摄的"手机照片"甚至被选为《时代》杂志印刷版的封面。

（四）编辑新闻内容

新闻编辑是指现代新闻机构中从事新闻媒介产品生产过程中的决策、组织、选择、加工、设计、制作等专业性工作的总称。作为现代新闻机构中的新闻编辑，按媒体类别来划分，它可分为报纸编辑、新闻期刊编辑、广播新闻编辑、电视新闻编辑、网络新闻编辑等。[②] 按照现在新媒体的发展模式，新闻编辑还应该包括网络新闻之外新媒体的新闻编辑等。

1. 新闻报道的策划

新闻编辑的前期主要是完成决策工作，无论是报纸还是电子媒体，前期的策划是新闻编辑的"灵魂"，这涉及报道主题和如何组织报道。在新闻编辑的过程中，编前会制度是进行前期策划的重要一环，编前会起初是指每期报纸出版前，由报社领导人主持，编辑部各部门负责人等参加的确立和协调版面的会议；现在已经广泛应用到各类新闻媒体的编辑前期工作中。以中央电视台编前会制度为例[③]：在中央电视台副总编辑孙玉胜的著作《十年》中介绍，2000 年始，中央电视台新闻中心就建立了一套选题管理系统，通过计算机管理对记者的选题进行控制。一条新闻是否具有采访价值，不应只是由记者个人来判断，而应由编前会集体判断。由此开始，新闻中心第一次将新闻流程中的第一个环节——选题正式纳入管理范畴。新闻中心目前每天在上午 9:00、下午 2:00 和晚上 8:00 分别召开三次编前会，编前会上受理各部门新闻选题的申报，并规定除特别突发性新闻临时报选题外，未经申报并由编前会确认的选题将不予播出。此外，新闻中心还在每周一进行包括制片人、主编、策划人员在内的选题策划会，对记者报上来的选题从采制视角、节目立意等方面进行论证、筹划。

---

① 参见栾轶玫：《融媒体时代新闻生产的流程再造》，载《今传媒》，2010（1）。
② 参见谭云明：《新闻编辑》，9 页，北京：中国传媒大学出版社，2008。
③ 参见吴飞：《新闻编辑学教程》，433 页，北京：高等教育出版社，2004。

2. 新闻编辑的流程

确定好选题之后,对新闻后期的编辑成为新闻编辑的主要任务,重点是对新闻采集、写作的再加工,对新闻生产活动的最后把关,在下一小节会重点谈到新闻的把关。不同的媒体有不同的编辑方式。传统的报纸编辑是,确定编辑方针→设计报纸风格和版面→选题→组稿→审稿→修改制作→配置新闻稿件→排版→校对、签发。传统的广播电视等电子媒体编辑工作流程是,频道风格和栏目设计→策划→组织节目→选题→加工素材→编排节目→审查修改节目→播出监控。

在如今的全媒体环境下,新闻编辑方式已不是这种单线条的编辑模式,而是多元而互动的。在媒介融合情况下,由于报纸、杂志、广播、电视、网络和手机等媒体的编辑整合在一起,多元互动成为必要,这其中包括管理编辑与普通编辑的互动、不同内容编辑的互动、编辑与记者的互动、编辑与受众的互动。①

> **链　　接**
>
> 美国媒介综合集团最早在 2000 年就建立了多媒体编辑部"坦帕新闻中心",将其属下的报纸、网站和电视台编辑部整合在一起,统管三种媒介的新闻生产,实现联动效果。《纽约时报》将 1,000 多人的报纸编辑人员和数字运营队伍整合于一个功能一体化的融合编辑室。美国论坛公司也将其拥有的《芝加哥论坛报》、电台、电视台和新闻网站的编辑部整合在一起,组建了多媒体新闻编辑部,将不同媒介的内容产品的生产放在一个技术平台上去策划、组织和生产,进行多渠道传播。

三、新闻生产的把关

"把关"是传播学的一大范畴,卢因首次提出"把关人"概念。他在《群体生活的渠道》一文中指出,群体传播过程中存在一些把关人,只有符合群体规范或把关人价值标准的信息内容才能进入传播渠道(详见第四章)。在新闻生产和传播活动中,从广义上来说,"把关人"指"所有从事信息传播工作的人。他们通过对信息的处理、编码,控制新闻渠道的进出阀门,决定信息传播的内容"②。

在整个新闻生产过程中,把关行为主要体现在以下几个层次。

政治把关:主要指政府机关尤其是新闻宣传领导部门根据党和国家大政方针政策和社会主流意识形态取向对各新闻单位实施的监管,包括对新闻机构建立的批准与否,新闻从业人员的社会行为监督,新闻作品的审查及新闻传播效果的把控等各方面。

新闻机构自管:新闻机构内部的把关主要指媒介自律,即新闻从业人员都要遵循所在媒体的价值导向及编辑方针。具体来说,有记者对新闻事实的把关、编辑对新闻文本的把关等。通过层层把关,新闻机构得以规避虚假、错误、片面等背离传播价值的新闻作品。

受众监督:新闻传播过程中,受众有权对媒介的行为进行批评监督。尤其在新媒体时

---

① 参见石长顺、肖叶飞:《媒介融合语境下新闻生产模式的创新》,载《当代传播》,2011(1)。
② 段京肃、杜骏飞:《媒介素养导论》,272 页,福州:福建人民出版社,2007。

代,受众参与传播活动的方式越来越便捷,受众行使监督权的意识也逐渐增强,新闻传播过程的每一个环节都将受到受众的监督。"通过监督,可以帮助媒体矫正错误,更好地执行其环境监测、社会协调、社会遗产传承和娱乐功能。"[1]

扭转新闻把关弱化和缺失的局面,不仅要呼吁新闻专业主义和新闻立法,更需要受众自身素质的提高。在传统的大众媒介中,把关人多是媒介机构中的成员,具有专业素质,这样才能实现和形成媒介价值观和伦理观。但是在网络媒介中,除了少数的专业人员之外,大都是以网民身份存在的把关人。"过去是按照专业主义原则来生产新闻,而今天,社会化媒体的兴起,使公民新闻、草根新闻空前活跃,新闻与非新闻的边界容易模糊甚至混为一体,新闻的'把关'不再是组织控制的过程,而是在传播过程中由记者和公众共同参与、逐步辨析的过程。"[2]因此,就更需要网络受众提高自身把关人的素质,具有对虚假信息的质疑精神和抵制谣言制造者的权利意识,充分发挥舆论监督的作用。

四、新闻生产中的受者

当新闻已经成为作品化的商品后,一般意义而言,新闻商品只有通过不同的媒介传播到接收者那里才叫完成了新闻的单向生产。

施拉姆说:"传播过程实际上是永无止境的。"[3]新闻的传播也是永无止境的,因为有受众的反馈过程,新闻的传播活动和大众传播一样,是一个双向互动的过程。简言之,即新闻信息源→新闻传播主体→新闻传播媒介→新闻的接收者。

(一)新闻传播的流程

无论是传统媒体还是新媒体,新闻生产的最终目的是让其成为一个产品被受众看到并引发受众购买的行为,报纸通过发行,

背景延伸

威尔伯·施拉姆(Wilbur Schramm, 1907～1987),传播学科的集大成者和创始人,被誉为"传播学鼻祖""传播学之父"。他建立了世界上第一个大学的传播学研究机构和第一个传播院系,编撰了第一本传播学教科书,授予了第一个传播学博士学位,也是世界上第一个具有传播学教授头衔的人。施拉姆从政治功能、经济功能和一般社会功能三个方面对大众传播的社会功能进行了总结。其主要著作有:《现代社会的传播》《大众传播》《报刊的四种理论》《电视对少年儿童的影响》《大众传媒与国家发展》。

---

[1] 杨中举、戴俊潭主编:《新编传播学教程》,159页,济南:山东人民出版社,2011。

[2] 张志安:《融合时代的变与不变——美国传媒业考察随感》,载《南方传媒研究·第二十五辑:iPad与纸媒》,109页,广州:南方日报出版社,2010。

[3] 参见[英]丹尼斯·麦奎尔、[瑞典]斯文·温德尔著,祝建华、武伟译:《大众传播模式论》,23页,上海:上海译文出版社,1987。

电台、电视台的编播,在现代网络技术飞速发展的情况下,网络通过自身的复制、转发功能将新闻进行再传播。

从微观的角度而言,以报纸的传播为例,报纸作为媒介也作为新闻产品最终进行销售,销售的环节包括确定发行量→印刷出版→确定派送范围(包括赠送和试发行的范围)→联系派送地、邮局、运送单位→试发行→获得试发行报纸的反馈→研究反馈情况(重新确定发行量和发行范围)→定价发行。同时,需要注意的是,报刊还有明显的二次购买逻辑,就是第一次购买是读者购买报刊本身,买的是发行。第二次购买是买报刊上的广告,也就是说,广告商正是因为看中了读者的第二次购买,才肯花钱投入广告。当然,第二次购买是一种潜在的购买。

> **案例精选**
>
> **"云报纸"**
>
> 所谓"云报纸",就是通过普通报纸与云技术的无缝结合,将图像识别技术作用在报纸上,通过手机客户端软件拍摄报纸新闻图片,经过"云计算",查看相关新闻的视频内容,获取云端的海量信息,还带有游戏、购物等多项功能。
>
> 2012年5月17日,《京华时报》云报纸正式亮相。每周四随该报发行,每期4个版,分为封面新闻、视频、应用和购物四部分内容。
>
> 其中,封面新闻版主要报道新技术,新产品的开发与应用;视频版主要为娱乐和体育视频,将文字和图片很难精确表述的新闻用多媒体视频的形式表现出来;应用版以推荐和介绍目前智能手机平台上的软件、游戏及服务为主要内容;购物版为读者精选应季的热门商品,与电子商务完美结合。

(二)新闻受者的反馈

新闻接收者作为接受新闻的一方,在新闻学中通常称为"受众",又称新闻的受者、收受者或阅听人,指新闻传播另一端的读者、听众与观众的总称,是新闻信息传播的终点。[①] 新闻接收者是新闻生产过程的"终点",是新闻生产的最终评价人,也是新的新闻生产过程开始的"起点"。

受众意识,是针对不同的新闻媒体而言,传播者在新闻生产的各个环节中,脑子里要时刻装着受众,根据目标受众的需求进行新闻的选择、加工和制作,并根据受众的意见进行新闻产品的修正。传播者也应该意识到,接收者获得信息并非只有通过新闻传播唯一的形式,新闻受众的亲身经历、人际传播、群体传播等

> **要点小结**
>
> **新闻的生产**
> 一、新闻生产的主体
> 二、新闻生产的过程
> 三、新闻生产的把关
> 四、新闻生产中的受者

---

① 参见刘建明:《新闻学概论》,248页,北京:中国传媒大学出版社,2007。

其他信息渠道也同样可以满足受众的"信息欲",因此,如果新闻生产出的产品不能满足受众的需求,受众就会不予理睬或将其淡忘,甚至可能"移情别恋",转向其他信息渠道来满足他们的信息欲。[1]

反馈是新闻整个生产过程中最关键的一个环节,它代表新闻生产的主体与接收者之间的互动,对整个新闻生产活动具有重要的指导意义,既是促进、激励,又是约束。反馈信息的来源与获取有以下几种方式:一是接收者自发地、零碎地发表的各种观点、意见和建议等;二是媒体主管部门对新闻传播活动行为的监测与评估;三是有关学术研究机构对新闻传播行为的分析和评价;四是新闻媒体自身通过技术手段获取的反馈信息。[2]

第三节 融媒体时代的新闻生产

从媒介的发展史来看,从印刷时代到电子传播时代,再到网络传播时代,大众传媒在进行内容生产和信息传播时,它始终都跟随着时代和环境的变化显示出不同特征,同时也针对受众需求持续调整自己的流程安排和组织结构。在这三个历史阶段内,由于大规模信息复制和生产规律的稳定性,其生产流程也保持着相对的内在统一性。而进入21世纪,在新的信息社会里,在政治、经济、科技、文化各方面作用力的不断变化与创新的共同作用之下,媒介一体化的趋势越来越明显,而媒介融合的内涵和外延也在不断扩大。

一、融媒体时代的新闻生产

在媒介形成、运行、生产、调整的过程中所受的各种作用力中,技术、经济、市场这三个因素尤为突出,

背景延伸

早在1983年,美国麻省理工学院政治学家伊契尔·索勒·普尔就使用了"融合"一词。他在《自由的科技》一书中,最早将该词界定为一个"使得媒介界限模糊的过程"。他被称为最早将该词运用于传播学的人。

根据美国西北大学新媒体系主任李奇·高登在《数字新闻》一书中的说法,1994年,《纽约时报》在一篇有关《圣何塞水星报》网络版的报道中,使用了"媒介融合"的副标题。该文认为,所有的报纸负责人都相信,技术变革正带来所有媒体的融合。2000年年初,当美国在线与时代华纳宣布合并时,"融合"一词就非常普遍地与"电子内容的传送"联系在一起了。

此后,媒介融合这个概念就一直与技术联系在一起。比如,曾任美国哥伦比亚大学新闻学院新媒介中心负责人的约翰·帕夫利克1996年曾将"媒介融合"定义为:"在电脑的驱动下,所有形式的传播媒介以电子、数字的形式融合在一起。"

---

[1] 参见甘惜分:《新闻学大辞典》,19~20页,郑州:河南人民出版社,1993。

[2] 参见杨保军:《新闻理论教程》,53~54页,北京:中国人民大学出版社,2005。

它们互为因果、彼此促进。在这种合力的作用下，媒介融合具有可能性和必然性，也促使融媒体时代不断地进行深化发展和创新。

（一）技术成为媒介融合推动力

> **案例精选**
>
> 2008年，新华网"两会"报道也通过技术创新频出"新招"：第一是论坛方面，新华网推出了基于互联网技术支持的十几种互动形式；第二是打造、开通无线手机平台，在第一时间将新闻短信发出，此外，手机用户可以随时通过平台向总理提问，还可以随时参与访谈；第三是拓展宣传空间，从网上延伸到地面，通过大屏幕连通更多的角落，与众多网站合作，更大范围传播两会新闻；第四是加大整合，以多媒体的形式充分报道两会。这次两会专题开通以来，每年都有十几万人参与论坛，短信平台29日平均每秒收到2～3条关于两会的建议和献策。①

传播思想家麦克卢汉说，媒介即讯息。真正有意义的讯息不是各个时代的传播内容，而是这个时代所使用的传播工具的性质，以及它所带来的可能性和造成的传播后果。②

（二）经济促进媒介融合产业化发展

> **案例精选**
>
> 在国际上，"媒介融合"的标志性事件是2000年3月总部位于美国佛罗里达州坦帕市的媒介综合集团成立坦帕新闻中心，将旗下的《坦帕论坛报》、WFLA电视台和报纸的坦帕湾网搬到一座造价4,000万美元的四层大厦办公，被美国学者称为"媒介融合实验"与"未来新闻编辑部的模型"。
>
> 坦帕新闻中心1850年由办报起家，近年来开始向以数字媒体为主导的多媒体转型。如今，该集团拥有18家电视台及附属网站、21家日报及附属网站以及200多种出版物，包括周报以及面向不同地区、族裔和时事类等"定向出版物"。该集团将旗下产业划分为5个地域市场和1个"数字媒体"市场，可见其对"数字媒体"的重视。现在，该集团《坦帕论坛报》的记者经常在电视上露面，WFLA—TV电视8台的记者也经常为报纸写报道，坦帕湾网则为所有的媒体平台提供服务。尽管在美国，理论上报纸与电视的组合一般不被列为"融合"的范畴，而被称为"媒介协同"，但媒介综合集团的实践却打破了这一框架，将报纸、电视和网络的内容业务融合在了一起。③

媒介融合的一个重要的动因就是通过对现存媒介资源的有效整合，来实现规模经济和范围经济。④ 由于媒介产业有着文化产业的特殊性，在生产信息过程中具有相对较高的初始成本和相对较低的复制成本的特性，而较大规模的产业整合可以降低复制的成本以求利润的稳定性，同时可以增加初始成本的投入以提高产品质量。其中，在初始成本的购买或交易中，强强联合的媒介产业可以降低统一购买原材料的价格，强化自身在媒介市场的议价能力。而在内容生产过程中，媒介融合可以做到将资源进行优化配置，其中包括信息资

---

① 参见蔡雯：《媒体融合与融合新闻》，78页，北京：人民出版社，2012。
② 参见〔加〕赫伯特·马歇尔·麦克卢汉著，何道宽译：《理解媒介：论人的延伸》，132页，北京：商务印书馆，2000。
③ 参见人民网，http://society.people.com.cn/GB/13338306.html。
④ 参见蔡雯：《媒体融合与融合新闻》，126页，北京：人民出版社，2012。

源、人力资源、物质资源、品牌资源等。多种资源的整合可以开发多种媒介产品,扩大组织的经营范围。同时在重大议题进行设置时,能够动员各种渠道与受众连接形成属于自己的品牌效应。

(三)市场对于媒介融合提出需求

> **案例精选**
>
> 《华尔街日报》的网站使得报纸和网站遵照读者阅读习惯实现时间上的延续。在早上的报纸服务、全天的网络服务之间进行功能上的互补;报纸专注于独家新闻、重大突发新闻分析文章和深度报道,在部分版面增设似头版的专栏刊登新闻提要,引导读者去网站阅读因截稿压力未在报纸上刊登的完整新闻故事;而网站全天候更新,预告明日报纸深度报道,不间断更新重大突发新闻,定点给订阅用户邮箱发送新闻标题和内容提要,同时利用其多媒体优势全方位立体展现其海量信息资讯。不同媒体根据各自媒体和受众特点,对新闻信息进行分类加工,发挥各自的传播优势,针对性地传播给特定受众,使得报、网从时间上、功能上互有分工,内容彼此嵌入,各有侧重,互相不可替代。[1]

当前,随着信息的丰富以及人类文化发展形态的演变,无论在商品消费领域还是信息消费领域都结束了20世纪以"大众化"为特征的生产和消费的形态,步入一个分众化时代。受众对于信息的需求不再是"广而告之",反而要求信息的范围宽度更窄,信息是针对群体里的特殊个人进行量身打造,同时,"广而告之"的信息反而会被各种人潜意识所设的屏蔽障碍所阻挠。然而,分众化时代并不意味着信息的简单拆分和受众的生硬组合,有着大致相同信息需求的人在某段时间内于每个地域集合从而形成了一"类"受众,一"类"受众里的每个个体都具有差异性,每个个体也有着不同层次和类型的信息需求。

从市场的角度出发,融媒体时代的本质不是"融"而是"分"。根据社科院当代中国社会阶层研究报告,中国目前的社会结构已由改革开放前两个阶级和一个阶层(工人、农民阶级和知识分子阶层)的平行结构逐渐变为现在的十大阶层。[2] 社会阶层与社会利益主体的多元化有着密切的关联,不同的利益群体阶层的道德标准、观念原则、生活方式等方面都有着自己的特点,他们会根据自己的兴趣爱好和审美观念选择媒介接收渠道和媒介内容,并要求大众传媒提供专业化和有针对性的信息服务。

二、融媒体时代新闻生产的流程再造

融媒体时代新闻传播流程的再造无疑是相对于传统媒体而言的。传统媒体的新闻传播流程往往采用线性模式,也就是从新闻内容的采访、写作、编辑、出版印刷到呈现在公众面前这个单向传播的过程。融媒体时代,新闻传播流程的改变反映在传播的各个环节上则表现为传播主体多元化、新闻来源多样、传播内容丰富、传播方式多媒体和超文本、传播

---

[1] 参见蔡雯:《媒体融合与融合新闻》,31页,北京:人民出版社,2012。
[2] 参见陆学艺:《当代中国社会阶层研究报告》,15页,北京:社会科学文献出版社,2002。

速度快、传播范围不受时空限制、传播的受众主动性和个人化等传播特点。本节主要从选取融媒体新闻来源、传播内容、传播受众三个角度来探究融媒体时代的流程再造问题。

案例精选

美国坦帕新闻中心融媒体的流程再造

一、基本问题与新闻选择标准

实践工作中常常会出现的基本问题是,并不是所有的新闻或事件都适用于不同的媒体。这就需要找到报道的交汇点。报道的共同兴趣包括调查性新闻、对消费者提供帮助的新闻、焦点新闻或爆炸性新闻、医疗报告等。在新闻中心,三个媒体拥有各自独立的决策机制,他们对于新闻的选择权是独立的,虽然对新闻的采集是合作完成的。在新闻的选择标准上,各个平台也会稍有不同。

二、坦帕新闻中心的规则与表现形式

对于同一屋檐下的这三家不同形式的媒体,新闻中心制定了如下规定来协调彼此之间的利益和关系:不能对不同平台的媒体新闻发布的标准品头论足、指手画脚;不允许说伤害感情的话;不允许因为报道方针的不同而迁怒于他人。

"新闻中心宣言"(News Center Pledge):明确了三个媒介平台之间的合作关系,但同时声明:他们彼此之间拥有独立、自由的编辑决定权。

三、新闻采访、报道和日常行为的准则

1. 精确和公平;
2. 快速纠正错误;
3. 让弱势群体发出声音,注意报道的差异性和全面性;
4. 引导人们注意隐私权;
5. 成为社区守望者并始终对其负责——包括对自己负责。

四、媒介融合的表现形式:合作

1. 小规模的合作体现在一个平台的新闻在一定情况下要优先供给另外的媒体使用;
2. 大规模的媒介融合包括认真准备和仔细研究对重大新闻的多媒体展示以及多方位报道。

五、坦帕新闻中心媒介融合所取得的成效

根据媒介融合当年7月份的市场调查数据显示,WFLA-TV收视率比前一年上升3%。《坦帕论坛报》的发行量较前年同期增长5,000多份。网站的进步更明显,2000年7月份的页面点击率比5月份上升35%。①

(一)融媒体时代的新闻采集

构建一个网络互联、信息共享的平台是媒介融合竞争的必由之路。在信息的采集方面,文字、声音、图片的单一收集已经不能满足融媒体生产的需要,集多种信息采写能力于一体的全能记者应运而生。同时,在运用全媒体技术进行日常的新闻生产的环节中,除了少数的官方爆料和群众提供线索,传统媒体通常选择进入到事件发生现场,将拥有较多社会资源、权威的一方作为消息来源。然而仅仅依靠少数记者深入基层自主发掘新闻线索,很难保证新闻信息的全面。受众运用新媒体参与新消息的及时发布,成为新闻报道来源的新力量。新闻内容来源之间的界限正在渐渐变得模糊。

1. 全能记者

媒介融合的推动,使得一专多能的背包记者成为新闻采访的主力军。所谓背包记者

---

① 参见蔡雯、郭翠玲:《美国坦帕新闻中心媒介融合的策略与方法》,载《中国记者》,2007(9)。

（backpack journalists）是指掌握了各种多媒体技能，能够同时承担文字、图片、音频、视频等报道任务，为多种不同媒介提供新闻作品的记者。背包记者是融媒体时代，数字技术和网络传播对多元化信息采集提出需求的特殊产物。记者带着视音频设备、电脑、照相机、录音笔等装备，在信息采集的同时传输文件。在新媒体的压力下，受众对新闻信息的时效性要求更高，相对于传统媒介的记者或自媒体而言，记者更要在有限的时间内，充分利用全媒体的资源设备，集十八般武艺于一身，拎起背包就能独立战斗。

在新媒体时代，记者在前方干什么？过去，前方记者通常所做的工作是描述，因为后方的编辑和受众看不到前方的情况。但是，现在网络全球化了，有一些时候，后方编辑和前方记者看到的是同一个画面，这时，前方记者应该做什么？换句话说，前方记者的功能是不是发生了微妙的变化？他们会增加评论性吗？当网络什么都有的时候，我们可以这样描述，如果一个国家领导人在海外的演讲可以在网上看到，那么，这意味着什么？意味着该国后方的编辑和前方的记者看到的东西是一模一样的，也就是说，"秀才不出门，便知天下事"。那还要前方记者干什么？换句话说，前方的记者还能够干什么？后方如何指挥前方的记者呢？实际上，在新媒体时代，记者在前方和编辑在后方的格局已经被打破了，在战争报道中，编采合一成为一种趋势，相当于编辑部前移。前方记者需要学习新媒体的知识，直接从前方把信息传播给受众。

2. 自媒体参与

媒介融合得益于数字技术和网络传播的推动，新媒体的发展为融合新闻的采写提供了更广阔的来源。在新的媒介生态环境中，每个人拿起手中的手机就成了自媒体，身边发生的新闻、言论瞬间就被记录了下来。在一些重大的突发事件中，最先发布信息的往往是非专业人士，他们发表言论或拍摄图片、视频，将第一手资料上传至网络。而后传统媒体记者才对相应事件进行详细报道。记者在传统新闻来源的基础上，利用互联网技术获得线索、搜集资料，扩充了信息来源。现在，访问门户网站、浏览微博等社交媒体和使用搜索引擎，已经

> **背景延伸**
>
> 全媒体记者的概念是从国外被引进的。西方报业为适应报业转型的需要，纷纷成立多媒体中心，开始全媒体报业的实验性探索。美国《那不勒斯每日新闻报》成立多媒体中心，要求记者同时采集视频新闻、广播新闻和摄影新闻。
>
> 国内最早的全媒体记者需要回溯至2001年，《沈阳日报》开始尝试全媒体报业，更出名的是《广州日报》的滚动新闻部，负责报纸、手机和网站三个部门的联动发稿。
>
> 较好地诠释了全媒体记者概念的是烟台日报传媒集团。2006年8月，新闻出版总署报刊司启动了"数字报业实验室计划"，计划得到很多报纸的响应和参与。烟台日报传媒集团组建了全媒体新闻中心。记者就向全媒体新闻中心提供原材料产品，不再局限于向哪家媒体供稿，而是向集团下所有的媒体供稿。
>
> 适用全媒体记者的场景：
>
> 1. 没有摄影记者或者视频记者到场。
> 2. 重大事件，需要整合采访力量。
> 3. 重大事件，采访名额有限。
>
> 来源：人民网（http://media.people.com.cn/GB/192301/192359/192370/16858990.html）

是新闻记者获取新闻信息来源的主要途径。融媒体能克服单一信息采集接收形式的缺点，对新媒体所记录下的新闻有了兼容并包之势，进一步聚合公民新闻、汇集民众声音。

（二）融媒体时代的内容生产

纵观融媒体时代的新闻传播过程，从早期的新闻信息采集到内容生产、传播再到受众对新闻信息的反馈，"内容为王"的优势越来越明显。具有很高新闻价值的内容，通过生产流程再造，打破原有的内容生产模式，更新表现形式，延伸出新的价值链，拓展了新的发展空间。

1. 多元化的内容与呈现

近年来走俏的读报类电视节目，就是报纸和电视两个传统媒介之间媒体联动、传播内容整合后的产物。早在1950年4月10日，中央人民广播电台开办的《首都报纸摘要》节目（也就是现在中央人民广播电台的《新闻和报纸摘要》），可视为广播电视读报节目形态的雏形。[1] 这个节目破天荒地把报纸的内容放到广播电视节目的生产中来，在众多报刊中选择最有价值的信息，归纳整合，不但增强了报刊重要新闻的被利用程度，"说新闻"的节目形态也让广大受众耳目一新。此后广播电视读报类节目遍地开花、不胜枚举。比如中央电视台经济频道的《第一时间》的《马斌读报》。10月20日，CCTV-2全面改版，改版后推出的《第一时间》是全天第一档资讯节目，其中《马斌读报》用电视这种媒介来传播文字信息，真正实现了"新闻每天都会发生，说法当然各自不同"的理念。电视读报人马斌曾说："读报原本是和电视特性不相配的。我们的节目能成功，胜在'内容为王'，虽然我们的消息来源是二手的，但每一条新闻都经过重新包装，融入了我们自己的观点和立场。"[2]

2. 基于数字技术的内容优化

报网互动是传统媒体和新媒体融合的另一个典型代表，传统纸媒和新媒体一改渠道资源利用率低、各自为政的局面，选择通过数字报纸、电子杂志和开办网站等形式来实现报网互动。数字报纸不是数字化技术和传统报业的简单叠加，而是基于数据库的生产模式，将传统报纸的资源建立在数字化技术之上进行全新的整合、共享和优化配置，是实现内容增值的过程。数字技术的产生打破了这些内容产品在技术上的壁垒，不同介质的内容产品都可以进行数字化处理和传输，增值后的新闻内容又通过不同的新闻传播载体表现出来，实现"一次生产、多次加工、多功能服务、多载体（渠道）传播"[3]。

3. 内容生产的碎片化

Web 2.0更注重用户的交互作用，用户既是内容的消费者，也可能是内容的制造者。

---

[1] 参见张方：《电视读报类节目"走俏"的思考》，载《青年记者》，2007（8）。
[2] 赵晓兰：《电视读报的五年回顾》，载《中国广播电视学刊》，2008（6）。
[3] 吴海荣：《论新闻信息资源增值》，载《广西大学学报》，2006（12）。

人是融媒体时代新闻生产即媒介运营的起始点，也是终极目标。随着微博、微信等平台被受众广泛应用，"微内容"的发布、转发、阅读已经成了新闻信息传播的常态。字数的限制使得传播内容碎片化更为明显。面对受众的个性化、多元化需求，媒介信息生产不能再按照过去"点对面""一刀切"的方式进行。1982年，美国预测学家约翰·奈斯比特就曾指出："将来编辑不会告诉我们该看什么东西，我们将告诉编辑，我们自己选择看什么东西。"他援引安东尼·史密斯的著作《再见，古登堡》，阐述了未来的读者或观众要看什么报纸、杂志或电视节目，将不再是由作者和编者来决定，读者将选择或创造自己要读要看的内容，"内容主权"将由作者和编者手中转移给接受者（读者或观众）。[1] 而现在，融媒体出现后，受众不仅可以选择自己想看什么东西，也可以选择以什么样的形式看。

所谓细分受众就是根据媒介市场的内在规律和受众的特定要求，以频率为单位对传播内容进行划分定位，使其内容与风格能够比较集中地满足某些特定领域受众的需求。从学理上分析，细分受众群就是将报纸的读者、广播的听众、电视的观众这些统称为受众的集合性群体，根据接触媒介类别、人口统计学特征、接触媒介的频率、不同的信息需求等进行细致划分。[2] 融媒体的一个优势就是将资源内容的多元化发展，通过能应对不同受众的新模式来满足受众个性化、大容量的信息需求。

（三）融媒体时代的内容反馈

"内容为王，渠道扩张"是融媒体数字化内容生产和信息发布的综合概括。技术的发展使得媒介接收终端的形式更为多样，新闻信息通过不同的渠道传播到受众手中，受众不仅接收信息，很多情况下还会对信息做出反馈和评价。循环往复对信息的补充、加工是对原有新闻信息的深入挖掘，是信息不断完善充实的过程。这个时候信息的生产者就有了多重身份，又成为信息的接受者、反馈者。如快速高效地将新闻内容传递到受众手中，同时接收受众的反馈信息、实现循环报道，是我们需要探讨的问题。

1. 信息接收技术升级

新闻信息的接收渠道，也就是我们说的接收终端，指的是新闻信息的接收器。随着三网融合时代的到来，新闻传播的渠道和平台越来越多，受众可以选择的信息也越来越多。面向不同媒介的资讯发布技术，媒介融合带给受众最直观的感受就是媒介终端在信息发送与接收时的及时、互动和融合等特性。过去，人们接收新闻信息的渠道主要来自报纸、广播和电视等传统媒介。媒介本身的局限性给信息传播带来很大阻碍，例如，报纸让人们无法及时接收信息，广播电视信息可选择性差、不易保存。要真正实现媒介融合，必须在媒介使用终端上有所突破，让受众能随时随地用终端设备查看各种不同媒介的新闻信息，实现互动。

---

[1] 参见王振铎：《讯息传播编辑论》，载《编辑之友》，1997（6）。
[2] 参见张鸣霄：《细分受众对大众传媒公信力影响》，载《学理论》，2011（7）。

2. 受众参与内容生产

融媒体时代，是受众为本的时代。受众为本，就是从过去以新闻工作者为主导的新闻报道转向以受众为主体的报道，这意味着融媒体时代的新闻报道应该视受众为合作伙伴，甚至与受众一起共同参与新闻线索搜集、新闻来源确认、报道角度选取等各个环节。新闻的交互式报道，简单来说就是受众参与报道新闻，并作出及时反馈，评论分享新闻信息，进一步推动新闻传播过程。新闻传播渠道随着计算机技术和互联网技术的改造升级，交互性逐渐成为媒介融合中新闻传播过程变化的另一特征。融媒体新闻的生产打破了传统媒体以记者为主导、单次刊发的方式，转向公众参与、循环报道的新机制。

三、融媒体时代新闻生产的未来

在融媒体时代的背景之下，新闻生产流程的再造很大程度上改变了传统媒体已有的传播过程：媒体结构以一种首尾相接、完整的整合性过程改变过去被不同介质割裂、不同部门管理造成的支离破碎的局面；新闻内容的优化整合提高了新闻生产效率和信息利用率，为新闻生产环节节省了大量人力物力；广大受众在这个过程中参与新闻信息的发布，提出不同意见，作出反馈，发出自己声音；一系列技术升级在为新闻工作者带来便利的同时也对当代新闻工作者提出了更高的要求。新闻工作者不仅要学习掌握媒介融合新技术，还要在信息传播过程中充分发挥把关人的角色，尽可能避免媒介融合过程而产生的一系列问题。与此同时，我们也应该看到新闻生产流程的再造也面临着由于宏观和微观上的特定限制所带来的挑战。

当前，各国的媒介融合事业在如火如荼地走上各自的发展道路，我国的三网融合依然面临着需要突破的藩篱。由于历史和社会原因，我国分管信息和广电的部门权力分离，政府政策支持力度也不一样，因此对于三网融合的推进仍步步为营。此外，微观方面新闻生产仍面临着融合所带来的"负效应"。比如，"全媒体"类型新闻工作者的盛行，多元媒介形态对于同一新闻事件的大规模报道，难免会使报道中出现内容重复、观点雷同的现象；生产再造意味着组织结构也必须随之进行调整，媒介产业的规制政策

要点小结

融媒体时代的新闻生产
一、融媒体时代的新闻生产
二、融媒体时代新闻生产的流程再造
三、融媒体时代新闻生产的未来

也会因此遭遇到利益壁垒的阻碍，而媒介融合的步伐也会因此面临诸多问题；按照受众需求出发的融媒体，是否步步紧跟消费主义而衍生出过于娱乐化、表面化、机械化的信息产品，而忽略了探究媒介对受众的正面影响？我国的传媒市场原本就是一个高度垄断的行政指令型市场，而且媒体肩负着意识形态功能，这种情况下放松对媒介产业的规制，是否会进一步加剧现有市场的垄断程度，而非促进竞争？而新闻生产如何突显品牌特色真正做到促进媒介市场的多元化？融媒体时代所带来的不仅仅是海量多元的信息，还有信息生产背后诸多矛盾和利益的博弈。

思考与研讨题

1. 传播和新闻传播的区别是什么？
2. 新闻可以通过哪几种渠道进行传播？
3. 几种常见的新闻传播模式有哪些？
4. 新闻的把关主要分哪几个层次？
5. 受众在新闻传播过程中可扮演哪些角色？
6. 融媒体时代产生的诱因有哪些？
7. 融媒体时代流程再造的表现形式有哪些？

chapter 8

第八章　新闻传播的伦理

本章要点 ■

1. 介绍、阐释新闻伦理的定义和起源，简要讲解伦理法规
2. 阐释几个重要的伦理流派，以及相关应用
3. 阐述新闻伦理重要的原则，分析几种违反伦理道德的现象

新闻传播伦理产生于新闻传播活动中，随着社会的发展，新的伦理问题也在不断涌现，新闻伦理的范畴也在不断变化，新闻伦理、新闻道德、新闻伦理法规联系紧密，相互影响、相互作用。新闻传播活动中存在多样化的伦理流派，"休谟法则""中庸之德""绝对命令""功利主义原则""无知之幕""人文主义"都包含其中，在如今的媒介环境中，仍然存在一些新闻伦理的问题，为维护传播伦理的和谐，就要在新闻传播活动中坚持真实、客观、公正等原则。

第一节　新闻传播的伦理范畴

一、新闻伦理

目前有关伦理方面的研究，已经逐步形成了一门学问，即伦理学。新闻伦理是伦理学的一个分支，也是其重要的组成部分。新闻伦理是随着新闻传播事业的出现而产生的，并且处在不断地发展之中，新闻伦理从广义上理解，是指一切新闻伦理道德行为的总和，用于调整新闻界与社会各个领域的关系，新闻伦理对社会伦理和道德有着重要的影响，对新闻传播中的传播者和受众都有着重要的作用，起着关键的调节、规范作用。

新闻伦理是一种规范和约束，其中包含着新闻道德。新闻伦理与新闻道德联系十分紧密，相互作用、相互影响。在实践的过程中，二者之间有着很多相同的性质和特点，有着很多互通的地方，从作用上来看，都是用于调节新闻传播秩序、维护社会稳定的规范、条例和准则；但是也不可以将二者完全等同起来，它们存在着一定的差异性，二者的表现方式、强制性、适用范围都存在着差别，新闻伦理不仅仅包含新闻道德，还涉及新闻传播活动的一切伦理关系，新闻伦理的要求比较笼统、抽象，是不成文的，然而新闻法规则具有一定的强制性，调整对象一般适用于那些违反法律底线的人群。

新闻伦理产生和发展的历史已经比较久远了，从早期的传播伦理到近代的新闻传播伦理规范、国外的新闻传播伦理以及现今中国的新闻传播伦理，新闻伦理发展得越来越完善、越来越贴合时代发展的趋势，适用性也更强。

新闻伦理产生于人类的新闻传播活动出现之后，如在古代，传送消息与公文的驿站就已经有了严格的保密制度。随着时代的前进，西方新闻传播活动的兴起，"黄色新闻"随后产生，给社会带来了一些负面的影响。于是"扒粪运动"大规模兴起，以反对一些不合理的媒介行为，从新闻伦理上对大众传媒进行规制；1943年，世界上第一部职业团体制定的新闻道德规范——《记者道德律》出台，这对当时社会的伦理秩序也产生了巨大的影响。新中国成立之后，我国进行了比较全面的伦理建设，出台了相应的法规与条例，如：《中国新闻工作者职业道德准则》《关于加强新闻队伍职业道德建设、禁止有偿新闻的通知》《公民道德建设实施纲要》等，我国的伦理建设进入了一个全新发展的阶段。这些都说明了新闻伦理建设越来越完善，也越来越受到人们的重视，新闻伦理向着更加成熟的方向发展。

> **延伸阅读**
>
> 新闻伦理研究始于最早实行新闻自由的美国，美国第一所新闻学院创始人沃尔特·威廉姆斯（Walter Williams）于1911年制定出《报人守则》，此守则为世界报业协会所采用。由于美国在《宪法第一修正案》中规定国会不得剥夺言论自由或新闻出版自由，美国新闻界在行使新闻自由权利时，几乎不受任何限制，由此也导致了媒体滥用新闻自由的现象，因此新闻业和社会各界人士强烈意识到，新闻从业人员在新闻实践中，必须负有社会责任感和进行自我约束，于是新闻伦理观念开始在美国发展，新闻伦理研究也因此得以蓬勃发展。早在1924年，美国就出版了纳尔逊·安特宁·克劳福德著的第一本新闻伦理学专著《新闻伦理学》。到20世纪90年代，美国已出版了几十本探讨与新闻伦理相关各种著作。
>
> 第二次世界大战以后，世界上大多数国家先后制定了《记者信条》一类的新闻道德准则，国际新闻记者联合会于1954年通过《记者行为原则宣言》，联合国亦颁布有《国际新闻道德信条》。针对新闻界滥用新闻自由，导致新闻伦理恶化的问题，欧洲国家也开始对新闻伦理展开了思考，欧洲许多国家创立了国家报业评议会制度。1953年，报业评议会制度首先在英国实行，欧洲许多国家纷纷效仿。

二、新闻道德

伦理学家斯温曾经说过："道德是关于遵守或违反被认为具有社会重要性的习俗的术语或概念，这种重要性存在于人与人之间以及人与社会之间的相互关系之中。"新闻道德属于新闻伦理的范畴，新闻道德不仅对新闻传播伦理事业有着巨大的影响，还对整个社会的道德状况有着重要的影响。新闻道德也是在新闻实践活动中的一种规范表现，起着调节人与人、人与社会之间的关系的作用，同新闻伦理一样，新闻道德的形式和内容也是随着社会的进步而不断发展变化的。

新闻道德最突出的特点就是没有强制性，其更多体现出来的是一种自律性的约束行为，是一种"责任感"的体现。新闻道德通过道德说教、沟通交流、影响感化等方式影响着传播对象，着重强调内心的感化和道德的感知。然而对于新闻传播从业者来说，新闻道德可以主要从"新闻专业主义"方面进行体现，新闻传播者作为新闻传播活动的"把关人"，理应具有高度的责任感和使命感，坚持正确的舆论导向，保持清正廉洁的作风，自觉维护新闻传播的良好秩序。

新闻道德是一种内化的规范，新闻传播者在进行信息传播活动时，要接受并遵守道德规范的相关理念，并将其转化成自我内心的信念，这样才能够发挥出最大作用。社会主义新闻道德是基于道德的基础上，结合社会主义国家的具体实际，制定有利于人民大众的道德传播规范，"全心全意为人民服务"和"实事求是"是社会主义新闻道德最基本的内容。

社会主义新闻道德所维护的是绝大多数人民群众的利益，因而区别于西方资本主义新闻道德的表现形式和内容。社会主义新闻道德的核心是要坚持新闻的真实性原则，尊重人民的知情权，并且确保拥有一支高素质的新闻传播队伍，维护媒体的清风正气，以马克思列宁主义、毛泽东思想、邓小平理论、"三个代表"重要思想为指导思想，坚持政治上正确的导向，发挥正确的舆论导向作用，时刻保障政治上的正确性，发挥团队团结协作的精神，切实将人民的利益作为出发点、立足点，将人民的利益放在首位，坚决不以权谋私。

三、新闻传播伦理法规

法律具有强制性，世界上绝大多数的法律条例同时也是道德规则，法律是不可抗拒的。从广义层面上讲，法律是体现并维护统治阶级利益的规范条例。"新闻法"就是国家制定并由国家保障强制实施的新闻传播方面的法律法规，是用于调整大众在新闻传播活动中各种社会关系的法律规范的总称。从狭义层面上讲，"新闻法"则是由国家政府制定，专门适用于新闻传播方面的法律规范。

新闻传播伦理法规与新闻道德相比，具有强制性，是法律规定在新闻传播活动中用来调节协调各种关系的法律规范，但是目前我国尚未制定出一部专门的新闻传播方面的法律，多是以一些规则和纲要进行规范，如《中国新闻工作者职业道德准则》，用道德引导、舆论引导的方式进行规制。

新闻传播伦理法规与新闻传播伦理联系紧密，互相影响。新闻伦理规范对新闻传播法律规范的制定具有指导意义，表现为某一阶级的新闻传播伦理可以用来为该阶级的新闻传播法律规范进行辩护。新闻传播伦理规范对新闻传播法律规范的实施具有促进作用，对新闻传播法律规范的不足部分具有补充作用。

新闻传播法律规范也反作用于新闻传播伦理规范：新闻传播的法律规范具有强制性，可以保障和维护新闻传播伦理规范更好地实现，有了法律的约束，能够将一些伦理规范的内容变成法律上的义务、职责，确保实现，在触及底线的一些问题上，伦理规范不能完全处理这些问题时，新闻传播法律规范可以进行规范处理，新闻传播法律规范是新闻传播伦理规范很重要的一部分内容，能够更好地保障伦理传播的和谐稳定。

要点小结

新闻传播的伦理范畴
    一、新闻伦理
    二、新闻道德
    三、新闻传播伦理法规

第二节　新闻传播的伦理流派

新闻传播的伦理流派多种多样，下文主要就"休谟法则""中庸之德""绝对命令""功利主义原则""无知之幕""人文主义"几个流派进行阐述。

一、"休谟法则"

"休谟法则"是哲学史上一条以哲学家的名字命名的法则，是哲学家休谟（David Hume，1711～1776）所提出的，休谟著有《人性论》，这部著作代表了对人性最高的理解水平，书中探讨了理性、道德与情感。"休谟法则"的主要内容："事实判断"不能够推导出"价值判断"，"价值判断"不能从"事实判断"中推导出来，事实与价值之间存在着一条"二歧鸿沟"，凡事要谨慎地进行判断后再决策。

将"休谟法则"运用到新闻传播的活动中，"应该"就是要遵守伦理法规，符合道德规范，不做违反伦理道德的事情，如若违反了伦理秩序，就是行为之"不应该"。因此新闻传播者要努力使传播的内容符合道德规范，达到"合德性"的要求，从媒体人自身的角度出发，要多做"应该"之事。

二、"中庸之德"

在公元前4世纪的希腊，亚里士多德（Aristotle，公元前384～公元前322）最早提出了"中庸之德"的理念，也称"中庸之道"。他对其进行了多角度的分析与论述，探讨了道德价值的多元性。

在亚里士多德的学术论著中，着重讨论了幸福和美德，主张采取中道性的原则，就可以避免两头极端所导致的罪恶，进而达到美德的要求。"中庸之德"是对以往学者学说的继承和发展，其中运用了辩证的眼光看待问题，追求和谐平衡，坚持适度原则，不走极端，使事物保持协调、稳定的状态。

将"中庸之德"运用到新闻传播活动中来，可以得到很多的启发。在以往的新闻报道中，更多体现的是一种自上而下的、相对比较僵化的宣传模式，对基层群众生活的报道比例比较小。然而，在近几年新闻界开展的"走基层、转作风、改文风"活动中，逐渐突破了以往新闻的报道模式和话语权模式，慢慢顺应了时代发展的潮流，如今的新闻报道已经改变了很多，一方面既注重宣传党和国家的政策；另一方面也重视了对群众心声和意见的传递，对两边都进行了平衡合理的报道，这种报道模式取得了卓越的效果，新闻变得更加具有"贴近性"，拉近了党和人民的距离，受到了群众的热烈欢迎，这就是"中庸之德"在我国新闻传播运用过程中的一种现实体现。

总之，结合实际，在新闻传播活动中运用"中庸之德"这一伦理原则能够产生积极的意义。

三、"绝对命令"

伊曼努尔·康德（Immanuel Kant，1724～1804）提出了"绝对命令"，"绝对命令"也称作"定言命令"，该理论将善行本身看作一种命令，是绝对正确的、没有任何条件的。康德认为"要这样行动，永远使你的意志准则能够同时成为普遍规律的原则。"因而可以把"绝对命令"理解为，对于一个人来说是正确的，那么对于所有的人来说都应该是正确的，要重视道德、责任、良心，道德和自律在社会上是普遍适用的。

康德

因而在新闻传播活动中，大众媒体不能够使用不道德、不正当的手段来获取相关的新闻信息，更不能将用不正当手段获取的信息进行传播，如果传播的信息是用不正当手段获取的，那将是不可原谅的。在新闻报道中要求客观真实地报道，不能因为任何原因进行欺骗、虚假地报道，新闻传播者自身的自律是十分重要的。

"隐性采访"也称为"暗访""秘密采访"。采访对象不知情，是在记者对采访对象隐瞒其采访目的、采访意图的情况下所进行的采访。由此可见，"隐性采访"在康德的"绝对命令"中就存在着一定的冲突性，按照"绝对命令"的理论原则，不能够使用欺骗的方式进行报道，因此就要谨慎运用"隐性采访"这种采访形式，这种采访方式必须控制在法律和道德都允许的范围之内，只适合某些特殊场合和特殊事件，以及与公众利益密切的重大新闻事件中，在使用的过程中，还应该与政府的相关职能部门紧密配合，不能随意使用，更不能滥用。

四、"功利主义原则"

19世纪，"功利主义"诞生于英国，以杰里米·边沁（Jeremy Bentham，1748～1832）和约翰·斯图亚特·穆勒（John Stuart Mill，1806～1873）为代表人物，因而功利主义的代表观点：最大的幸福就是大多数人的幸福，用于判断结果的标准能否为行为者带来最大的利益，在道德层面上正确地抉择，往往带来的应该是最大的好处，而不是坏处。所有最终决定哪种选择正确，哪种标准不正确，就在于趋利避害的程度，幸福是人类行为的唯一目的，应该以此检验一切行为，防止痛苦、促进欢乐是唯一理想的目标。

在进行新闻传播活动时，就需要在报道新闻的过程中细致估量出每一种可能出现的结果，思考所选择的传播方式是否对每个人都带来好的影响和效果，选择出对尽可能多人有益的方面进行传播，确定尽可能有好处的结果。

但是有时候"功利主义原则"的应用实施并不太容易，在很多紧急的时刻，当事人并没有过多的时间、精力去估量计算出最有利的效果，因而所做出的选择可能是不正确的。

案例精选

《饥饿的苏丹》

《饥饿的苏丹》是获得普利策新闻特写摄影奖的获奖作品，照片内容为苏丹的一个干瘦的小女孩即将死去，小女孩的身后有一只秃鹰紧紧盯着小女孩，待小女孩一死去，就去吃小女孩的尸体。《饥饿的苏丹》的作者凯文·卡特（Kevin Carter 1960～1994）因为这幅摄影作品引起了极大的争议，面对选择救下即将饿死被秃鹰吃掉的小女孩，还是选择将非洲水深火热的局面通过新闻摄影作品向全世界进行报道？作者选择了后者，受到了社会上很多的指责，最终不堪舆论重负而自杀。

其实这是一个宏观与微观的问题，作者可以在当时救出一个孩子，但是这幅新闻摄影获奖作品更深层次的意义在于表现出战争所带来的种种悲剧，引发世界对苏丹内乱以及内乱中受苦人民的关注，可见，"功利主义原则"的应用应该是以道德的原则为基础，在此基础上，做出最大利益的选择。

背景延伸

约翰·罗尔斯（John Rawls，1921～2002）1921年生于美国马里兰州的巴尔的摩，1943年毕业于普林斯顿大学，1950年获普林斯顿大学哲学博士学位，相继在普林斯顿大学（1950～1952）、康奈尔大学（1953～1959）、马萨诸塞理工学院（1960～1962）和哈佛大学（1962～2002）任教。罗尔斯的正义理论，可称作正义即公平的理论，得出这个理论的各项原则，首先需要说明一个前提，这就是社会契约是如何产生的。这里就必须做一个理性上或逻辑上的假设，罗尔斯把这个假设环境称作"原始状态"（original position），相当于自然状态在卢梭、洛克等人思想体系中的地位。

罗尔斯最著名的两个正义原则：第一，每一个人都有平等的权利去拥有可以与别人的类似自由权并存的最广泛的基本自由权。第二，对社会和经济不平等的安排应能使这种不平等不但可以合理地符合每一个人的利益，而且与向所有人开放的地位和职务联系在一起。

五、"无知之幕"

约翰·罗尔斯（John Rawls，1921～2002）在《正义论》中提出了"无知之幕"，其主要内容是：在将所有人都隐匿在"幕布"之后的情况下，保证了每一个人不会因为偏见、利益而造成不公正。"幕布"下谁也不知道对方的角色，在这种消除了一切的差别、消除了社会角色及社会身份的情况下，公平和正义才可以随之出现。

因而从"无知之幕"中可以获得两个原则。第一个原则，要求有一个最高程度的平等的基本的自由制度，确保每个人都拥有最广泛的政治自由的同时，社会整体也会拥有同样的自

约翰·罗尔斯

由。自由优先，因为它永远不会因为经济和社会利益而被出卖掉，因此，第一个原则永远是第二个原则的条件。第二个原则包括了自由以外所有的社会利益，而只有当这些社会利益有益于最弱小的群体时，才允许它们的不均匀分配。

在新闻传播活动中，要努力消除一切差别，平等、公正地对待每位采访对象，使得利益能够有利于最弱小的群体，不能因为一些受众对新闻的需求，而侵害到其他人群的权益。在新闻报道中，记者不应该无休止地纠缠、困扰那些陷入新闻风波中的采访对象。

六、"人文主义"

"人文主义"原则主张以人为本，将对人的关怀、爱心和尊重放在首要位置。在西方，"人文主义"出现于文艺复兴时期，是资产阶级反对落后封建教会进步的思想体系。坚持"人文主义"原则就要求媒体从业者持有一颗充满仁爱的心，给予采访对象仁爱、仁慈。基督教的教义强调兼爱——"像爱自己一样爱你的邻居"。爱是没有歧视、没有条件、给予人帮助的。亚当·斯密（Adam Smith，1723～1790）也曾经说过："与其说仁慈是社会存在的基础，还不如说正义是这种基础。虽然没有仁慈之心，社会也可以存在于一种不很愉快的状态之中，但是不义行为的盛行却肯定会彻底毁掉它。"因而坚持"人文主义"，就要时刻保有仁慈和爱心。

现今，在新闻传播活动中，应该要时刻秉承"人文主义"的精神。"人文关怀"已经成为新闻报道的一个重要的原则，人是最重要的。特别是在进行灾难新闻报道时，要特别注重新闻报道的"人本主义"，即"以人为本"，例如：在地震的时候，面对伤员，应该让伤员优先接受救治，不应该拦截伤员进行报道。这种情况下，采访报道不是第一位的，生命才是第一位的。应注重人的感受和情感，人是最为重要的，把对人的关爱放在新闻报道之上。

在新闻报道中融入"人文精神"的要素，既有利于新闻的传播，又有利于新闻品质的提升。特别是在如今构建和谐社会的背景下，"以人为本"的新闻报道对构建社会主义精神文明具有积极的作用，具有"人文关怀"的新闻报道更容易得到受众的认可与喜爱，在新闻报道中体现"人文精神"是当代文明发展的新走向。总之，新闻传播离不开"人文关怀"，只有加入"人文精神"的要素，新闻报道中才能够更好地呈现出"真、善、美"的统一，才能更好地被大众认同。

案例精选

"最美女记者"抢救溺水少女

2006年河南电视台都市频道的记者曹爱文在采访抢救溺水少女的现场报道时，面对溺水的少女，她不顾女孩身上和脸上的呕吐物，直接嘴对嘴进行了第一时间的抢救，其间女孩一直没有醒过来，她着急地掉下了眼泪。曹爱文抢救溺水女孩的行为打动了很多国人，被称之为"最美女记者"，曹爱文的这种做法就是在新闻报道中秉承了"人文主义"的精神，持有一颗仁爱之心，在危急情况下，将采访对象的性命放在第一位，新闻报道放在第二位，体现了对人的尊重，是值得学习的典范。

第三节 新闻传播的伦理和谐

一、伦理和谐的准则

（一）真实

新闻的形态可以千变万化，但是真实性是绝对不允许有丝毫的改变，原中共中央宣传

> **关键术语**
>
> 新闻真实，是在新闻传播过程中，要如实反映报道客观事物的原貌。真实性是基础，是新闻传播伦理的基本原则。真实性是新闻的基本属性，如果新闻中缺乏或没有真实，那么新闻伦理的和谐只会是无源之水、无本之木。

部部长陆定一曾经说过："新闻工作搞来搞去，还是个真实性问题。新闻学千头万绪，根本还是这个问题。有了这一条，有信用，报纸就有人看了。"

真实性是伦理和谐所必不可少的，既要追求"微观真实"，也要追求"宏观真实"；既要保证具体传播的真实性，同时也要保证总体传播上的真实性。具体真实包括：新闻不是无中生有，要保证确实发生，确有其事；新闻传播的几大要素也要真实，即"5W"和"1H"，时间、地点、人物、事件、原因、结果；引用的资料数据、反映的情况、细节都要真实；人物的思想活动和内心想法也要真实。此外，总体上的真实是指新闻宏观上的真实，具体真实和总体真实要辩证统一，就如整体与部分的关系一样，在每一部分都真实的情况下，保证多层次、多角度的真实，不做结论性的报道，随着事实的不断发展，跟进报道，确保部分所组成的整体的真实性。

（二）客观

客观原则也是伦理和谐所必须具备的准则，客观报道的理念在19世纪的西方曾经产生过重要而广泛的影响，其要求新闻报道要符合客观实际的情况，对事物要进行平衡、全面的报道，用事实说话，努力使主客观达成一致，观点、立场、方针接近于公正、不偏不倚的状态。

客观是不偏不倚的一种报道原则，新闻报道要保证客观性，不能因为报道者本身的情感而造成新闻报道的偏差，真实客观地报道发生的新闻事件，客观冷静地陈述相关事实，平衡、公正、客观地进行新闻事件的报道。记者不应以先入为主的观念进行报道，也不应戴有色眼镜进行新闻报道，不要涉及个人利益的因素，着重陈述事实，不做定性判断而影响报道的客观性。

（三）公正

公正也是保证伦理和谐的重要准则，公正原则是要给予每一个报道对象同等的话语权，公正而不偏袒地进行新闻传播，媒介要认识到自身的作用和责任，不论报道对象是怎样的，都应该公正对待，使得新闻自由的权利能够被每一位受众所享有。要用一种平视的眼光进行报道，平等、全面、公正地报道事实。约翰·罗尔斯曾指出，公正、正义旨在建立指导我们的道德能力，正义既是一种道德的理论，更是一种道德的感情。

作为新闻传播媒介，应该是持有清正廉洁的态度，对所报道的事实保证其公正性、公平性，不偏袒、不倾向于任何一方的报道对象，要追求社会的正义，要准确、平衡，没有偏见地进行报道，特别是给予弱势群体同样的尊重。尊重是一种美德，是内在修养的表现，在新闻传播活动中，无论是什么样的报道对象，都应该同样享受被公正报道的权利，要同情弱者，利用媒介这个平等的平台为普通大众进行呼吁，维护公正，对大众进行保护。

（四）自律和他律

"他律"更多地体现在法治方面，以法律来进行控制，而"自律"则是指德治，多以道德素养进行自我的约束。如要保证新闻伦理传播的和谐，他律是必需的，国家要根据实际情况制定相关的规则，通过相关法律规定进行引导控制。同时，行业内的自律也是尤为重要的准则，从新闻传播者个人来说，就是要具有高度的社会责任感和使命感，以社会的公共利益为出发点，不损害人民的利益，不违反道德原则，新闻传播所报道的事实要符合社会的道德观念和道德规范。

> **案例精选**
>
> **广电总局推出"限娱令"，加强建设道德类型节目**
>
> 近几年，各大电视台为了抢夺收视市场，电视台竞争硝烟四起，非常激烈，都竞相引进国外节目，买进国外综艺节目版权，经本土化处理后，推向受众。一段时间内，综艺娱乐节目在国内兴起，很多节目的类型都相似，各大电视台出现了同质化、低俗化竞争的倾向。
>
> 在这种情况下，2011年广电总局推出"限娱令"，限制卫视娱乐节目的数量与播出时间长度，"限娱令"要求各地方卫视从2011年7月起，在17:00到22:00黄金时段，娱乐节目每周播出不得超出三次。还颁布了《关于进一步加强电视上星综合频道节目管理的意见》，要求各大卫视要提高道德节目的播出量，34个上星综合频道要提高新闻类节目播出量，防止电视节目过度娱乐化和低俗化。
>
> 这对电视界有着积极意义。建设道德类节目，有利于提升国民素质，促使正能量的传播，让广大受众感受到学习更多积极向上的东西，而不仅仅被电视上的娱乐综艺节目所限制。电视给人们塑造了一种拟态环境，电视节目质量的高低直接影响人们的思想观念、行为方式，因而建设道德节目具有积极的作用，有利于伦理的和谐稳定。

作为受众，也应该遵守相应的法律法规。随着新媒体技术的不断发展，受众对信息的欲求也逐步高涨，在各方面条件的作用下，媒介环境和过去相比，已经发生了翻天覆地的变化，如今进入了"公民新闻"的时代。新闻传播者的界限发生了很大的变化，利用智能手机、数字电视、互联网等多样化的新型媒体，很多普通大众能够及时、迅速地接触并亲自发布新闻，很多公民都扮演起了"公民记者"的角色。因而在这种传播环境下，无论是对专业的新闻传播者，还是对作为非专业新闻传播者的公众，都应该自觉遵循新闻传播的规律，遵守相关的伦理法规。

二、新闻传播伦理的不和谐

（一）虚假新闻

虚假新闻是指没有客观真实反映事物原貌的新闻报道。造成虚假新闻的原因有很多，从报道主体来看，因为经济利益，违反新闻职业道德，进行失实报道是一方面原因，此外，还有其他主客观的因素，造成非故意失实。在传播中，要提高警惕，减少虚假新闻产生的概率。虚假新闻的危害性非常大，特别是在高度信息化的今天，一旦产生虚假新闻，就会以最快的传播速度进行传播，传播面积也会随之扩大，最终会扰乱社会秩序，使媒体失去公信力，因而传播者需要全面把控大局，提高报道者的责任意识。

> **案例精选**
>
> **"陈永洲"事件**
>
> 从2012年9月至2013年6月，《新快报》记者陈永洲报道了一系列有关中联重科股份有限公司的批评性报道，2012年9月26日，陈永洲在《新快报》首发了《独家调查 中联重科大施财技 半年利润"虚增"逾7亿》的报道，随后又发表了《中联重科资产图谱里的阴谋与阳谋》《年报季报连续变脸 验证销售涉嫌造假》《澄清？中联重科印证举报材料属实 核实？大客户销售数据与年报矛盾》等共计十余篇的新闻报道，这些报道带给中联重科极大的冲击和影响。
>
> 在这起媒体事件中，舆论的风向标不断发生偏转，一段时间内，新快报社与中联重科开展了一系列舆论战争，不断声援陈永洲，在2013年10月头版还刊登《再请放人》的报道，强调记者陈永洲的报道属于正常职务行为，没有发现违法和违反道德的行为。在随后的时间里，事实最终尘埃落定，经过警方调查，陈永洲在未经核实和实地调查的情况下，捏造了事实，其报道对中联重科产生了严重的负面影响，损害了公司的利益。
>
> 在报道期间，中联重科曾经要求陈永洲及新快报社到公司进行实地调研，停止刊登污蔑、诋毁的报道，但是陈永洲受到利益诱惑，采用了第三方提供的资料，没有实地调查，不断进行系列虚假报道。
>
> 《新快报》则利用了自身的媒体公权力，对报社记者进行包庇，没有履行好"把关人"的职责，而作为新闻媒体人的陈永洲不顾基本的新闻职业道德，受到经济利益的诱惑，故意失实，没有践行舆论监督的职责，没有坚持新闻真实性原则，捏造新闻，报道虚假新闻，利用新闻进行牟利，是典型的媒体寻租行为。

（二）新闻腐败

"新闻腐败"是指新闻界的一切非正当的腐败现象，其实质是社会腐败在新闻界的客观反映，是新闻权的滥用。"新闻腐败"的表现形式很多，在此，主要从"有偿新闻""新闻敲诈""新闻寻租"这三种形式进行说明。

1. 有偿新闻

"有偿新闻"是媒体把新闻作为一种获取利益的手段或方式，把新闻当作赢利的工具，用金钱交易的方式进行买卖新闻，是新闻传播者向被报道对象收取报酬的活动。有偿新闻的表现方式有很多，收取报道费用或者其他财物、出卖版面、发布新闻软文等都是其表现形式。

此外，与有偿新闻相对应，"有偿不闻"也是有偿新闻的一种特殊的表现方式，其性质和有偿新闻是一致的，即新闻报道者作为舆论监督者，却没有履行应有的舆论监督的职责，在监督的过程中与报道者发生了物质上或其他层面的交易，导致改变甚至终止监督报道的行为。

山西矿难发生后，真假记者排队领取"封口费"的现象被报道出来后，舆论界一片哗然，纷纷抨击这些因经济利益而进行"有偿不闻"活动的媒体人，这些媒体人丧失了应有的责任感和正义感，金钱蒙蔽了他们的双眼和内心，这种"有偿不闻"的行为是给新闻界抹黑，更是一种丧心病狂的行为。

2. 新闻敲诈

"新闻敲诈"也称作"新闻勒索"，是指新闻从业者不顾新闻职业道德，利用舆论监督的权力，对社会有不良影响的报道对象进行敲诈勒索，即"黑吃黑"。新闻媒介变成了一种牟取利益的工具，媒体敲诈者利欲熏心，以曝光、监督、报道之名对企业以及个人进行敲诈勒索。"新闻敲诈"玷污了新闻媒体的纯洁本性，敲诈群体中既包含了一部分假记者，也包含了一部分真记者，败坏了新闻传播的良好秩序。

3. 新闻寻租

"新闻寻租"和有偿新闻联系非常紧密，都是以获取非法的经济利益为目标，但是新闻寻租的表现形式不仅包括传统权威媒体的寻租形态，也包括新型媒介的寻租形态，随着新媒体的发展，新闻寻租的形式变得更加多样化。

关键术语

新闻寻租源于政治学、经济学中的"权利寻租"的概念，是指媒体人或者媒体机构利用手中所掌握的报道权利，通过寻租的方式，将社会资本转化成个人的利益，获取私人经济利益的腐败行为。

案例精选

搜索引擎"百度"寻租事件

2008年9月，中国奶制品行业出现了一次社会影响极大的奶污染事件，"三鹿奶粉"被爆出含有化工原料三聚氰胺。据数据统计，截至2008年9月21日，因为使用婴幼儿奶粉而接受门诊治疗咨询且已康复的婴幼儿累计达到39,965人，正在住院的达到12,892人，此前已经治愈出院达1,579人，死亡4人。三鹿奶粉制造商的失责，造成了严重的社会后果，然而在如此恶劣的新闻事件发生之后，百度搜索引擎在一段时间内屏蔽了大量有关三鹿奶粉的负面新闻，网络上大众能搜索到的三鹿奶粉的新闻很少。

用热门网络标题"三鹿，在小朋友的生命健康面前请不要表演"为关键词搜索，在2008年9月12日下午：谷歌显示11,400篇，而百度仅能显示11篇。2008年9月13日上午：谷歌显示11,800篇，百度仅显示54篇。

作为中国使用人数最多的搜索引擎，百度的这种做法，严重损害了大众的知情权，是网络媒体寻租的典型代表，在新媒体环境下，大众传媒更应该严格把关，提高职业素养，减少伦理失范行为。

（三）媒介暴力

"媒介暴力"是媒体通过强制手段侵犯受众的行为，媒介暴力体现在社会生活的很多方面,包括"真实暴力""虚拟暴力"以及"媒介行为的暴力",很容易给社会生活造成不良的影响,以下主要从"媒介行为的暴力"进行分析,"媒介偏见"和"媒介逼视"是其主要的表现形式。

1. 媒介偏见

"媒介偏见"是指媒体没有坚持真实、客观、公正的报道原则,不真实、不客观地呈现、报道新闻事件及新闻对象,造成有偏差的评价,总之为报道对象带来消极和负面的影响。媒介偏见出现的原因有很多,主要是因为新闻报道的不平衡以及媒体对新闻真实性原则的忽略。

西方媒体对我国的人权、政治、外交等方面都存在着严重的偏见,在国外的新闻报道中能够处处体现出偏见,例如:BBC纪录片《中国人来了》就严重歪曲了事实。纪录片中把中国的国家形象塑造成侵略性的,多次将中国对非洲人民的帮助,解读成带有企图性质的侵略扩张,试图抹黑中国形象,煽动非洲的反华情绪。诸如这种偏见还多次出现在其他西方报道中。

与此同时,在我国的媒体环境中,新闻媒介的偏见很多时候还体现在语言使用上的偏见,有些新闻报道中使用的语言不够专业和严谨。目前我国正处于社会转型期,存在着一些社会矛盾,对农民工、女性进行新闻报道时,明显存有一些偏见,多是报道猎奇性的负面新闻,制造夸张的效果,吸引人们的注意力。

2. 媒介逼视

"媒介逼视"一方面是由于媒介为获得报道效益而采取的不恰当的报道行为,对新闻事件和当事人带有强烈倾向性的报道;另一方面一些个体借助媒介的影响力,利用媒介进行逼视,给报道对象带来不应该承受的压力和负荷。媒介逼视造成了传播媒介的角色越位,"媒介审判"就是媒介逼视的一种具体表现形式。

"媒介审判"是指新闻媒介越过报道权限,不顾法律程序,在司法还没有进行审判的时候,运用不恰当的新闻报道方式,预先对报道对象、报道事件进行结论式的报道,影响了司法公正,误导了受众的判断。媒介审判是一种媒体越位的行为,严重影响了司法的公正性、公平性,对社会、媒体以及个人都带来了恶劣的影响,媒介审判干涉了公权力的行使。

媒介逼视会影响新闻传播媒介的公信力,会使媒介失去真实、客观、公正报道的意识,阻碍社会功能和新闻媒体功能的发挥。

(四)恶性竞争

随着媒介环境的不断发展与变化,为了生存与发展,媒体之间的竞争也变得越发激烈。正当的竞争有利于媒介的良性发展,能够达到优胜劣汰的效果,然而"恶性竞争"与"良性竞争"不同,是指新闻媒介不顾新闻传播的伦理原则和社会秩序,为了获取利益,使用不正当的手段进行竞争,恶性竞争一般会忽略媒体的社会属性,一味追求媒体的经济属性，追求利益最大化，这不仅会对媒介传播的环境造成恶劣的影响，而且还会对社会和个人都造成不利的后果。

在现今的社会中，尽管新闻媒介具有一定的商业属性，但是媒介的社会属性仍然是最重要的，应该将媒介的社会属性放在第一位，顾全大局，不能违反媒介伦理，从国家、集体的利益出发。

面对新闻传播伦理不和谐的种种现象，我们应该认真思考解决之道，保证伦理和谐，社会安定。

从宏观层面上思考，国家应该加强管理，逐步制定和完善相关的新闻传播法律法规，出台相应的法律政策是治理不和谐现象的重要手段，要制定具体的、可执行性的条文规范。

从微观层面上思考，大众媒体也要强化责任意识，提升专业素养，特别是从事新闻传播的媒体从业者，要加强自律，增强自觉性、正义感、使命感，不断提升自身素质、道德修养，在报道中坚持新闻专业主义原则，自觉虚心地接受各界的监督，当然，社会公众也要积极参与，加强对媒体的监督。同时媒体要加强对弱势群体的关注。

> **链　接**
>
> 我国新闻职业道德缺失的现象（吴向正）
> 一、传媒的编辑部门与广告、发行或经营部门混岗
> 二、有意将广告与新闻栏目或其他节目混淆
> 三、企业与传媒合办新闻性栏目或节目
> 四、受贿无闻
> 五、假新闻
> 六、制造"媒介事件"
> 七、无偿享用被采访单位或个人提供的各种方便
> 八、侵犯公民的各种隐私权
> 九、"媒介审判"
> 十、偷拍偷录成风
> 十一、拒绝更正与答辩
> 十二、恶炒明星绯闻和犯罪新闻
> 十三、无人性的冷漠新闻
> 十四、虚假广告和低俗广告

三、伦理和谐的重要性

（一）宏观层面

1. 伦理和谐与国家

新闻媒介作为舆论工具，扮演着重要的角色，伦理和谐与国家的安全密不可分，我国的新闻媒体更应该努力做好党和政府的"喉舌"，把握正确的政治导向，自觉维护党和国家的整体利益，坚持无产阶级新闻思想，维护国家安全。

国家的稳定与安全离不开一个稳定和谐的媒体环境。新闻媒介在维护国家安全、民族团结、社会稳定上起着很大的作用，在新闻报道上，要注意政治上的正确性，与党和国家的政策保持一致，维护国家团结，注意在报道中不要传递出不利于国家的信息，要具有高度的保密意识，特别是在政治、经济、军事等方面，要严格执行审查制度，防止国家秘密的泄露。

自觉维护国家安全、民族团结，维护国家秘密，也是新闻传播者义不容辞的法律义务，因而从传播者个人来说，也要时刻保持清醒和警惕。

2. 伦理和谐与社会

新的媒体环境下，伦理和谐对道德建设产生重要的影响，人们的媒介空间被大大地拓展，受到各种信息的冲击，新媒体传播很容易产生一些有悖于传统的伦理问题，如网络谣言、网络寻租等现象。社会的稳定离不开和谐的媒介环境，伦理和谐对社会秩序的维护也是至关重要的，媒介要宣扬积极向上的内容，通过媒体的作用，稳定社会秩序，维护社会稳定，不触碰道德、法律、社会规则的底线。封建迷信、邪门歪道、谣言、暴力、色情淫秽等内容会对社会产生负面影响，因而要进行预防和抵御，禁止消极、负面信息的传播。

谣言的产生在于缺乏事实基础，以捏造、谎报等方式传播不真实的信息，扰乱了社会的公共秩序。奥尔波特曾经给出了一个决定谣言产生的公式：谣言 =（事件的）重要性 ×（事件的）模糊性，因而可以得出这样的结论：越重要的事件如若越模糊，产生谣言的可能性也就越大，谣言是一种不确定性很大的信息传播方式，一般来说，谣言的作用多是负面性的，会扰乱社会生活，并对社会秩序进行破坏。在谣言传播的过程中，一些人利用谣言从中获取渔翁之利，给社会带来消极影响。

> **案例精选**
>
> **"军车进京"6人被拘 16家网站被关**
>
> 2012年3月以来，一些不法分子在互联网上无端编造、恶意传播所谓"军车进京、北京出事"等谣言，造成恶劣社会影响。北京市公安机关迅速展开调查，依据有关法律法规，对在网上编造谣言的李某、唐某等6人依法予以拘留，对在网上传播相关谣言的其他人员进行了教育训诫。
>
> 根据《全国人民代表大会常务委员会关于维护互联网安全的决定》《互联网信息服务管理办法》《互联网新闻信息服务管理规定》等法律法规，国家互联网信息办公室责成有关地方网络管理部门进行严肃查处，电信管理部门依法对梅州视窗网、兴宁528论坛、东阳热线、E京网等16家造谣、传谣、疏于管理造成恶劣社会影响的网站予以关闭。
>
> 针对新浪和腾讯微博客网站集中出现谣言，违反国家有关法律法规，造成恶劣影响的问题，北京市和广东省互联网信息管理部门分别对两个网站提出严肃批评，新浪微博和腾讯微博于3月31日上午8时至4月3日上午8时暂停微博客评论功能，清理后系统再开放。
>
> 北京市公安局有关负责人表示，利用互联网编造、传播谣言的行为严重扰乱社会秩序、影响社会稳定、危害社会诚信，公安机关对此将依法查处。希望广大网民自觉遵守法律法规，不信谣、不传谣，发现谣言及时举报，共同维护健康的网络环境和良好的社会秩序。

延伸阅读

1. 〔法〕让-诺埃尔·卡普费雷著,郑若麟译:《谣言——世界最古老的传媒》,上海:上海人民出版社,2008。
2. 〔美〕奥尔波特等著,刘水平等译:《谣言心理学》,沈阳:辽宁教育出版社,2003。

在新媒体传播的时代,媒介要公开、透明地进行传播,降低谣言产生的几率,维护社会秩序,保障伦理和谐。作为媒介的传者、受者都要做到不造谣、不传谣。公民在新媒体环境中更是应该承担起监督的责任,在行使言论自由的权利时,履行应有的义务。谣言产生后,必须及时辟谣。政府一方面保证公开确切的信息,另一方面要与民间辟谣团体合作。

媒介暴力在社会生活中也是时常存在的,1967年,美国传播学者乔治·格伯纳(George Gerbner)提出了"涵化理论",还提出了"暴力指标"的概念,电视媒介对人们存在着潜移默化的影响力,电视上的暴力严重影响受众的观念和行为。现实中,不仅仅包括电视,其他大众媒介也同样对社会有着重要的影响与作用,因而媒体在进行传播时,要履行好把关人的职责,禁止传播凶杀、暴力、色情等内容。我国是社会主义国家,人民是国家的主人,因而要始终把人民的利益放在首位,大众媒介有责任、有义务制造一个良好、清新、和谐的媒体环境。

此外,"封建迷信""邪门歪道"对社会的危害性也很大,会使人们盲目陷入一种疯狂痴迷的状态,导致人们失去分辨能力、判别能力,严重阻碍了人们的思想,影响了人们的行为,损害了人民的身心健康。封建迷信、邪门歪道是我国法律所禁止传播的,因而国家要通过制定并完善相应的条例,对这些不利于社会主义精神文明建设的内容进行严厉打击。

(二)微观层面

1. 伦理和谐与个人

每个人都生活在社会中,人与社会相互作用、相互影响,和谐稳定的社会是人类生存发展的基础,伦理的和谐与个人也是密不可分的,和谐稳定的伦理环境也能够使个人享受到应有的人格权利。"著作权"也称作"版权",是指创作者或者其他公民、法人、组织对创作的作品享有的人身权和财产权,不得侵犯公民持有的著作权。

"名誉权"是人格权利的一种,是指公民、法人享有对其自身表现的社会价值而获得社会公正评价的权利,任何人不得损害公民、法人享有名誉的权利,《民法通则》规定公民、法人享有名誉权,一般来说,"侮辱""诽谤""泄露隐私"都是对他人名誉权的一种损害,要严格禁止这些行为。

"隐私权"也是一项基本的人格权利,公民或法人依法享有不被非法打扰、公开、利用的一种权利,1948年的《世界人权宣言》中规定:"任何人的私生活、家庭、住宅和通信不得任意干涉,他的荣誉不得加以攻击。"宪法规定:"公民人身自由不受非法侵犯和限制，人身不受非法搜查，人格尊严不受侵犯。"现在，我们经常可以看到一些情感类电视节目对隐私权的侵犯。在中国，这种节目有愈演愈烈的趋势，不仅仅在地面频道播出，还上星了，看上去好像是老百姓在讲述自己的隐私，实际上是一群人消费另一群人的隐私，如同"文化大革命"的互相揭短，这类节目容易吸引老年观众。

在新媒体新闻采访的环境下，手机报道也在挑战传统的新闻采访。过去，手机通常只是用来做隐蔽拍摄，属于偷拍；现在，它有可能成为公民记者手上的工具。手机创造的是私下的采访环境，甚至在一定意义上改变了采访者和被采访者之间的关系，这是隐私权和公共权力的一种博弈。

人民是国家的主人，依法享有充分的知情权，因此知情权是一项重要的权利，政府机构的信息要保持公开透明，这是保障公民知情权的重要方面。我国早在2007年就颁布了《中华人民共和国政府信息公开条例》，用以确保人民知情权的实现。

2. 媒体对弱势群体的关注

大众媒体应该对弱势群体进行关注，这是大众媒体的应有责任，要防止媒体报道的冷漠与无情，要注重新闻传播的社会效益，通过媒体这个平等的平台，使弱势群体也享有话语权，这是新闻道德应有之义，通过媒体的力量，改变弱势群体的弱势地位。

比如说央视《新闻联播》应不应该播超市小推车撞飞老人的镜头？这涉及媒介伦理。对观众来说，这种镜头触目惊心，有教育意义，也能吸引注意力。但是，对死者家属意味着什么？新闻的传播是想让更多人看到，如果范围比较小，可能心理侵犯就会比较有限。而在网络时代，二次传播乃至多次传播的影响就更大。

总之，伦理和谐和个人权利的实现紧密相连，作为公民，应该自觉遵守相关的伦理原则，努力保证和谐稳定，才能够更好地实现公民自我的基本权益。

在新媒体环境下，很多媒体热点事件都通过新媒体进行大幅度传播，新媒体传播的内容丰富、成本低廉、速度极快，受到的限制比较少，因而在传播过程中，要利用新媒体这些传播特性，提供给大众一个平等的话语平台，促进社会不断进步，使伦理传播更加和谐。

要点小结

新闻传播的伦理和谐

一、伦理和谐的准则

二、新闻传播伦理的不和谐

三、伦理和谐的重要性

案例精选

"你幸福吗"

2012年国庆期间，中央电视台推出了《走进百姓心声》特别调查节目"你幸福吗"，节目中记者采访了很多不同的路人，要求被采访对象就"你幸福吗"这一问题进行回答。看似简单的一个问题，却得到了很多不同的回复，人们的答案丰富多彩，并涌现出很多"神回复"，有一位务工人员回答"我姓曾"，一位老人反复回答"我耳朵不好"等，都引来了网络热议，随后有人将节目片段放置网上，使这档节目产生了强大的社会影响力，微博上的评论量、转发量、点击量都非常高，"你幸福吗"一度成为最热门搜索话题之一。

分析"你幸福吗"兴起背后的原因，这是一种话语权的转移，新闻媒体对弱势群体加入了更多的关注，采访的对象不仅仅包括城市人群，还包括大量的工人、农民等弱势群体，尽管一些回答不是很契合，但是中央电视台没有剪辑掉这些问答，仍然播出了这些内容，尊重了普通大众的话语权，通过一个平等的媒体平台，展现了弱势群体的思想状态和价值观念，可以说是体现了对弱势群体的关注。

延伸阅读

1. 陈绚：《新闻传播伦理与法规概论》，北京：高等教育出版社，2012。
2. 黄瑚：《新闻传播伦理与法规实用教程》，北京：高等教育出版社，2011。
3. 王军：《传媒法规与伦理》，北京：中国传媒大学出版社，2010。
4. 陈绚：《新闻传播伦理与法规教程》，北京：中国传媒大学出版社，2007。
5. 蓝鸿文：《新闻伦理学简明教程》，北京：中国人民大学出版社，2001。

思考与研讨题

1. 新闻传播伦理研究的范畴是什么？
2. 社会主义新闻道德包含什么内容？
3. 简述真实、客观原则的含义以及运用。
4. "人文主义"原则在新闻报道中如何应用？
5. 名誉权、隐私权、知情权的定义是什么。

chapter 9

第九章 新闻传播的政策

本章要点

1. 阐述主要媒介控制理论
2. 介绍新闻政策的含义、内容和演变
3. 讨论新闻政策的调控优化

对于新闻传播政策的研究是传播控制研究的一个重要组成部分。新闻传播的政策是公共政策庞大系统中的一个方面，作为公共政策系统和新闻管理体系的重要组成部分，其职能的确立和发挥，是当今社会体系中至关重要的一环。

第一节 传播的控制

传播学中，对于"调控"的解释有双重含义：

一是主动的控制，是指传播者作为"施控者"对于信息的传播进行干预和影响。

二是被动受到控制，是指作为传播者，必然会成为"受控者"，会受到时代与社会的局限，受到诸多来自政治、经济、文化等方面客观条件的制约，不得不成为某种社会意志的代言人。

在传播活动中，传播者既是"施控者"，又是"受控者"，具有双重身份，所以对于传播控制的研究，一方面是研究传播者处理信息的活动中的施控行为；另一方面是分析传播者的受控情况，即社会系统依赖大众传播媒介系统，根据自身的政治法律制度、经济运行模式以及历史传统、道德习俗等，控制信息资源，对传播实施的各种各样的控制。

一、媒介的四种理论

媒介制度就是社会制度中对大众传播活动直接或间接地起着制约和控制作用的部分，媒介制度体现了社会制度或制度性的因素在各个方面对传播媒介活动的影响和控制。

由西伯特、彼得森和施拉姆合著的《传媒的四种理论》[①]是媒介控制理论的开山之作，揭示了新闻媒介与社会控制的关联。作者指出，书中所说的"报刊"（press）指的就是大众传播事业；"四种理论"指的是近代以来主宰世界各国传播事业的四种体制以及相关的四种观念。今天看，四种理论的划分方法已经过时了，它的产生背景有明显的冷战色彩，特别是在苏联解体以后，这种理论划分方式就显得更不合时宜了。尽管如此，这种美国式的划分仍然在传播学史上有经典的意义，只不过如今需要用批判的眼光来看。

（一）集权主义理论

集权主义理论是人类传播史上第一种传播制度理论，属于一种绝对控制的传播体制和观念。在大众传播萌芽的16、17世纪，大多数西欧国家的政府奉行集权主义理论，认为媒介不必为当权者所拥有，但必须为当权者服务。

集权主义理论的代表人物尼可罗·马基亚维利（Niccolo Machiavelli，1459～1527）在

[①] 参见〔美〕西伯特、〔美〕彼得森、〔美〕施拉姆著，戴鑫译，展江校：《传媒的四种理论》，北京：中国人民大学出版社，2008。

《君主论》一书中说:"国家安全高于一切,为保卫国家安全、维护国家利益,就必须严格制约自由讨论和信息的传播。"认为出于爱国考虑,国家完全有理由严格控制讨论和信息的大量传播,并且把它当作政治行动的基础。①

集权主义理论认为,报刊是国家的公刊,必须对当权者负责;大众媒介统一步调,国家才能顺利地为公众利益服务;所以,对报刊应严加控制和审查,对违反有关规则的应加重处罚。比如给予那些经过选择的驯服的人以经营报刊的权利,实行颁发出版许可证制度,法院对违法(如叛乱罪、煽动罪、诽谤罪)者提起公诉,加以处罚,等等。

在集权主义思潮盛行时期,西方各国的封建专制王朝对新兴的报纸、杂志和书籍实施严格的控制和垄断,其主要手段:给予经过选择的驯服的人以独占经营的专利权,采取"检查制",要求出版者获得"出版许可";对违法者在法律上以"煽动罪"或"叛乱罪"提起公诉。到后来演变出一些新的形式,如收买私营报刊或用公款给予津贴,规定特别税制度来限制印刷品的发行和利润,控制公众通信工具。

(二)自由主义理论

自由主义理论兴起于资产阶级革命年代,发端于17世纪的自由主义理论实际形成于18世纪,盛行于19世纪。

自由主义理论的思想基础是资产阶级启蒙时代的天赋人权观,反映了现代资本主义"观念公开的市场"和"自行调节的过程"的自由观念。其代表人物:英国资产阶级革命先驱、著有《论出版自由》的弥尔顿(John Milton,1608～1674),英法启蒙主义思想家洛克(John Locke,1632～1704)、卢梭(Jacques Rousseau,1712～1778)和伏尔泰(Francois Marie Arouet 1694～1778)等,美国《独立宣言》起草人杰斐逊(Thomas Jefferson,1743～1826)和被称为"独立战争的笔"的潘恩(Thomas Paine,1737～1809)等人也为自由主义理论的最终确立做出了极大贡献。

自由主义理论的主要思想是,报刊不应接收第三者的事先检查;出版、销售自由;抨击政府、官员(人身恶意攻击除外)合法;新闻的收集只要手段合法,就不得限制;新闻传递自由。自由主义思想家主张传播媒介最好是私营的,以建立完全自由不受政府干预的"观念的自由市场",任何错误和有害的思想观点会在与正确思想互相争辩和比较的过程中自行得以修正。

报刊的自由主义理论与集权主义理论相比是另一极端,它倡导一种绝对放任的传播体制,奉行一种绝对"自由"的传播观念,当资本主义自由竞争进入高度垄断时期后,报刊自由主义理论的危机也随之暴露得更加明显。无限制的新闻自由是危险的,19世纪末20世纪初,欧美等国的黄色新闻大战将这一传播体制的弱点尽显无遗。

自由主义理论至今仍是大多数资本主义国家传播体制的理论基础,它实质上是资本主义

---

① 参见〔美〕施拉姆等著,中国人民大学新闻系译:《报刊的四种理论》,5页,北京:新华出版社,1980。

自由竞争的经济制度在传播领域的反映。

(三) 社会责任理论

自由主义理论的弊端逐渐显现出来，20世纪50年代的美国，一些媒介为了赚钱，不惜败坏社会公德，毒害儿童心灵，迎合低级趣味，降低社会文化水准。传播行业受到越来越强烈的批评，特别是西方传播媒介日益严重的垄断化倾向，使自由主义的原则与社会现实完全脱节，成为虚伪的空谈。在这种背景下，社会责任理论诞生了。

社会责任理论被认为是传统自由主义理论的"替换"理论，是传统理论的一个新思想，是西方自由观发展的必然产物。社会责任理论主要认为：

（1）媒介要履行一定的义务，在履行义务时，要在法律的范围内自我约束，作为真正的职业传播者，应当遵循公认的道德准则和职业标准，切实关心公众利益和国家利益，不会为金钱而去做某些事。

（2）媒介必须多元化，要允许各种见解的发表；社会和公众有权介入传播。

它的进步性在于，认为自由是伴随着义务的，而且不排斥政府在必要时对媒介的干预；享有特权地位的报刊，就必须对社会承担某种主要职能。就社会控制的有效性和适用性而言，社会责任理论取得了更好的效果和进入了更高的阶段。

(四) 苏联共产主义理论

报刊的苏联共产主义理论诞生于美苏冷战时期，施拉姆认为，这一理论既是集

背景延伸

这一理论的核心内容，反映在美国新闻自由委员会的《一个自由而负责的新闻界》（*A Free and Responsible Press*）[①]和霍京的《新闻自由：原则的纲要》等著作之中。

美国新闻自由委员会在《一个自由和负责的新闻界》中对报刊提出五项具体要求：

1. 对每日的事件给予真实的、全面的和理智的报道，并将它们置于能显示其意义的特定的前后联系之中。也就是说，新闻必须真实全面；新闻报道必须理智，减少那种耸人听闻的煽情新闻和诲淫诲盗的细节描写；另外，新闻要作出合乎真实的解释，即把每一项重大事件放在特定的社会背景、各种事物的联系之中去分析其产生的原因、社会影响和后果。

2. 报刊要成为"交换评论和批评的论坛""社会中的所有重要思想观念都应该出现于大众传播机构之中"。

3. 报刊要反映出社会各个集团的典型画面。要求报刊对社会各集团、各种族、各阶层、各区域作出合乎实际的正确描述，彼此了解、理解，避免因误解引起各集团的冲突，以确保美国社会的稳定。

4. 报刊要澄清和提出社会的目标和价值观。大众传媒必须承担起教育和宣传的职责，因为受众或常跟潮流走醉心时髦思潮，或固执己见拒绝服从真理。

5. 报刊要"完全接近每日的信息"。这是对新闻时间性的要求，保证每个公民能平等地共同分享信息。

美国新闻自由委员会同时向政府提出了五个方面的要求：

1. 制定反垄断法；
2. 鼓励新投资者；
3. 采取措施保证公众及时、全面地了解政府的政策及政策制定的目的；
4. 必要时政府可以创办自己的媒介；
5. 切实保障新闻自由。

---

① 〔美〕新闻自由委员会著，展江等译：《一个自由而负责的新闻界》，北京：中国人民大学出版社，2004。

权主义的变体，也可以从马克思那里找到它的根，在列宁和斯大林的花园中看到它的茎。

施拉姆在这一理论的分析上带有明显的片面性、主观性和冷战色彩，他描述苏维埃的大众传播媒介为：大众传播媒介与组织传播媒介不可分割；大众传播媒介是作为国家和党的工具来使用的，并作为党实现统一的工具、发布"指示"的工具；它们几乎是专用于宣传和鼓动；传播者被强制性地要求承担严格的宣传责任；它们由国家经营和控制；传播者的自由和责任也不可分割地连在一起。[1] 这种由苏联首先创立的传播理论以及由此建立的传播制度的目的在于保证苏维埃社会主义制度的生存和发展，贯彻和实现苏联共产党为人民提出的各项政治目标。其主要内容：

（1）在这种制度下，媒介是公有财产，不允许私人占有；

（2）媒介为工人阶级服务，必须接受工人阶级先锋队——共产党的思想上和组织上的领导；

（3）媒介必须按照马列主义原理、社会主义的意识形态和价值体系来传播信息，宣传、动员、组织和教育群众；

（4）在服务于社会总体目标的同时，媒介应满足广大群众的愿望和需求；

（5）国家和社会有权监督和管理出版物，取缔反社会的传播内容。[2]

> **要点小结**
>
> 报刊的四种理论，远不能包容世界历史上丰富多样的传播形态，但其粗略划分了传播控制体制的基本类型，体现了有史以来四种基本传播体制下的控制观念，即君主独裁式、自由放任式、自我约束式和国家统管式。通过对这些传播体制进行比较研究，我们发现控制问题总是同特定的社会形态和历史文化背景相关，任何传播控制方式都是与一定的社会政治制度相适应的。

二、媒介控制理论的发展

从历史的观点看，任何传播体制都不是固定不变的，而是随着社会的发展变化而不断改变，传播体制的不断更新和完善是社会发展的需要，新的传播制度理论不断被补充进来。

（一）民主（受众）参与理论

20 世纪 70 年代以后，随着信息化社会的发展和不断集中的媒介垄断，在美国、欧洲、日本等一些发达国家出现了一种新的媒介规范理论——民主（受众）参与理论。

---

[1] 参见〔美〕施拉姆等著，中国人民大学新闻系译：《报刊的四种理论》，132～133 页，北京：新华出版社，1980。

[2] 参见郭庆光：《传播学教程》，142 页，北京：中国人民大学出版社，1999。

这一理论出现的背景,一方面,随着信息化社会不断发展,信息与传播的问题在社会政治、经济、文化生活中的作用越来越重要,并与每位社会成员紧密联系。另一方面,媒介集中垄断程度达到新高。在资本主义私有制下,媒介垄断使传播资源越来越集中于少数人手中,一般民众接近和使用传播媒介的机会越来越少。民主参与理论正是在一般民众要求自主利用媒介的意识不断提高,而现实中又缺乏可以利用的传播资源的矛盾状态下出现的,要求大众传播媒介向一般民众开放,允许民众个人和群体的自主参与。它的主要观点:

(1) 任何民众个人和弱小社会群体都拥有知晓权、传播权、对媒介的接近和使用权、接受媒介服务的权利。

(2) 媒介应主要为受众而存在,不应主要为媒介组织、职业宣传或广告赞助人而存在。

(3) 社会各群体、组织、社区都应该拥有自己的媒介。

(4) 小规模的、双向的、参与性的媒介比大规模的、单向的、垄断性的巨大媒介更合乎社会理想。民主参与理论的核心价值是多元性、小规模性、双向互动性、传播关系的横向性或平等性。

民众参与理论反映了一般民众因社会责任论没有改变现状而对其产生的失望心理,但在西方资本主义国家,民众参与理论属于体制外的规范理论。[①]

(二)《世界新闻多棱镜:变化中的国际传媒》——传播的五种理论

1981年,威廉·哈切登(William Hachten)在《世界新闻多棱镜:变化中的国际传媒》中首次提出了报刊五种理论模式。该模式在对"四种理论"分析研究的基础上,保留了集权主义和共产主义两种理论,而将自由主义和社会责任理论合并为"西方理论",并增加了两种新的理论:革命理论和发展理论。

哈切登认为,有关新闻以及大众传播的性质和作用的各种不同理解实际上来源于各种不同的政治体系与历史传统,而这些不同的理解实际上也都体现在当今世界现有的五种不同的新闻理念中,即(1)集权主义理念;(2)西方理念;(3)共产主义理念;(4)革命理念;(5)发展理念。不同的媒体体系体现了它们所在国家的政治与经济体系的价值取向。

哈切登指出,传媒总是在某种政府的、社会的,或是经济的束缚下运作。在政府与大众传媒之间的关系上,最根本的问题不是政府是否对媒体进行控制,而是这种控制的性质和程度如何,媒体系统必然要与不同程度的控制者打交道。[②]

[①] 参见郭庆光:《传播学教程》,139～140页,北京:中国人民大学出版社,1999。

[②] 参见〔美〕威廉·哈森著,〔美〕哈尔瓦·哈森整理,张苏、苏丹译:《世界新闻多棱镜:变化中的国际传媒》,第五版,23页,北京:新华出版社,2000。

(三)阿特休尔与《权力的媒介》

美国新闻学教授赫伯特·阿特休尔（J. H. Altschull）1984年出版的《权力的媒介》是批判学派的代表作之一。

美国传播学者阿特休尔在《权力的媒介》中指出，"报刊的四种理论"对苏联新闻事业的分析，充分反映出冷战时期明显的敌意，只是冷战时期的产物，不再适合解释当今的媒介制度。

阿特休尔在分析研究世界范围内不同的新闻媒介体系后，将世界的媒介体系分为三种模式，即"马克思主义计划经济模式""资本主义市场经济模式"和"第三世界国家模式"。他把它们形象地比作一部交响乐，进而把这部交响乐划分为三个乐章，并将三个乐章分别命名为"市场经济"乐章、"马克思主义"（计划经济）乐章、"进步中世界"（发展中世界）乐章。其中"市场经济世界"大致上指的是发达或次发达资本主义世界；"马克思主义世界"大致指以苏联为代表的信奉马克思主义哲学的社会主义国家；"进步中世界"则大致等同于第三世界或发展中国家。

阿特休尔指出，新闻媒介的"独立"已经不存在，大众媒介在每个社会体系里，只不过是那些握有政治、经济及社会权力者的代理人，"无论是过去还是现在，新闻媒介都没有展现出独立行动的图景，而是为那些所有者和经营者的利益提供服务。"媒介都是某种权势的媒介，从来都是某种权势的"吹鼓手"。[①]

阿特休尔进而指出，权势集团操纵媒介有四种形式：官方形式、商业形式、利益形式和非正式形式。

在官方形式中，报刊、电视广播内容是由规定、条例和法令决定的。有的新闻媒介本身就是国有企业，有的受政府支配，还有些可能被限制措施所操纵。没有哪个国家能够摆脱官方控制；所不同的只是来自准许范围内的自治程度的差异。

在商业形式中，新闻媒介内容反映广告商及其商业伙伴的思想观点。这些人常常本身就是新闻媒介的所有者和出版商。甚至在计划经济中，一些商业影响仍然有所表现。

在利益关系形式中，新闻媒介的内容反映金融企业，或政党、或宗教团体、或追求特殊目标的其他各类组织的利益。

在非正式形式的控制中，新闻媒介的内容则以反映亲朋好友的利益为目的。他们或直接提供资金，或运用他们的影响来确保人们能聆听到"吹鼓手"演奏的乐曲。

阿特休尔把他的观点主要概括为：

（1）在所有的媒介体系中，新闻媒介都是握有政治和经济权力者的代理人。报纸、杂志及广播电视虽然具备独立运作的能力，但并不能独立自主。

（2）新闻媒介的内容总是体现着为媒介提供资助者的利益。

---

① 参见〔美〕阿特休尔著，黄煜、裘志康译：《权力的媒介》，译者前言，2页，北京：华夏出版社，1989。

（3）所有的媒介体系都笃信新闻自由的价值，但对新闻自由的定义却南辕北辙。

（4）所有的媒介体系，都赞同媒介必须负起所谓的"社会责任"，宣称他们为人民的需求及利益服务，并且信誓旦旦地表示愿保障人民使用媒介的权力。

（5）各国的新闻学校都在传递所属社会的意识形态及价值体系，并且经常为那些控制媒介的权贵辩护。

（6）报业的实际表现都与新闻理论有着一大段差距。①

> **要点小结**
>
> **传播的控制**
> 一、媒介的四种理论
> 二、媒介控制理论的发展

（四）《报刊与民主的衰落》——民主社会主义理论

罗伯特·毕加德（Robert Picard）于1985年发表了《报刊与民主的衰落》，在书中他提出了一个带有综合性质的模式。该模式保留了西伯特—彼得森—施拉姆模式的全部四种理论以及哈切登"五种理论"中的"革命理论"和"发展理论"，其新颖之处在于增加了"民主社会主义理论"。

毕加德认为，民主社会主义理论和社会责任理论一样，要求媒介有多种声音，发表不同意见，而不能只有一种声音或只发表一部分人的意见，目的是保障每个公民的民主权利，推进全社会的民主发展。为了保证媒介做到这一点，国家可以介入媒介经济或拥有媒介所有权，但这种介入只是手段。

毕加德认为，最终这种体系下的媒介所有权将通过基金会、非营利性社团、新闻从业人员联合会和其他集体组织归公共所有，并不以营利为目的。在民主社会主义理论中，媒介被视为人民的工具，是公用事业；人民的呼声、愿望，以及对国家和社会的表扬与批评，都可以通过它得以广泛传播。在这种思想体系中，媒介的运行是为了公民的需要，为了保障公民的社会、经济和政治的权力。

---

① 参见〔美〕阿特休尔著，黄煜、裘志康译：《权力的媒介》，336～337页，北京：华夏出版社，1989。

第二节 新闻政策

一、新闻政策的含义

对于新闻政策，目前国内外对这一概念的解释各不相同，一般认为新闻政策是政党、政府对新闻事业规定的活动准则。

（一）新闻政策的定义

《中国新闻实用大辞典》给出的定义是，"新闻政策是指一个国家或政党把握新闻报道活动指导思想的总和，是政府或政党对其管理的媒介所颁布的新闻法规或一定时期内某些规定的总和。包括传播、宣传所遵循的政治方向，新闻报道行为规范以及一些政党、集团对新闻工作管理的基本要求，是社会权力机构管理、控制新闻报道的重要手段。"[1]

广义的新闻政策包括新闻事业管理的政策、新闻报道的政策、新闻队伍的建设方针；狭义上主要是指新闻报道的政策，有时又以宣传纪律的形式出现。

（二）新闻政策的内涵

根据新闻政策这个定义，对"新闻政策"的理解如下：

（1）新闻政策的主体是政党和政府，是对新闻媒体和新闻传播活动进行管理的工具和手段。

（2）新闻政策具有明确的目的性。新闻政策是传播政策的一部分，制定新闻政策目的在于调控传播系统和其他社会系统的互动，在宏观上构建起更加系统的传播政策体系，推动新闻事业和整个社会系统的和谐发展。

（3）新闻政策是一个动态的过程和体系。不同的政党和政府的新闻政策不同，同一个政党、政府在不同时期的新闻政策也会不同。新闻政策与时俱进，在与政策环境的互相作用下不断发展与完善。

（4）新闻政策是公共政策系统中的一个子系统，是政党、政府各种控制手段中的一种必要的控制形式，尤其是在我国或者其他新闻法尚未出台或新闻法规不是很完善的国家和地区，新闻政策在整个管理体系中处于主导地位，成为一种重要的行为准则或行为规范。

（5）新闻政策具有权威性和强制性，政策的执行者和新闻从业者必须与政策制定者在行为取向上保持一致。

---

[1] 冯健：《中国新闻实用大辞典》，19～20页，北京：新华出版社，1996。

二、新闻政策的源起和内容

施拉姆认为，报纸不论在什么样的制度之下也都受到同样的控制。[①] 也就是说，所有的制度都必然在某种程度上对它们的媒介加以管制和控制，推行相应的新闻政策。

（一）新闻政策的源起

一方面，任何社会都要运用社会控制体系来推行统治阶级所确定的社会价值观，来维护和确保控制者对控制对象预期的运转方式和目标指向。[②] 新闻传播系统是社会系统的一个子系统，与其他社会子系统相互依赖。社会系统论认为，社会系统运行的一致性，必然要求社会系统对于作为子系统的传播系统加以控制。

另一方面，新闻传播活动的本质特征要求新闻政策的控制。无限制的新闻自由是危险的，失去控制的传播必然导致媒体权力的滥用，也会造成新闻传播业的畸形发展。

这里就可以划分为硬制度和软制度。对新闻而言，新闻法就是硬制度；而新闻奖就是软制度，因此，有人把新闻评奖视为软性控制。软硬两种制度也可以有级别之分，比如说，就一个国家来看，一级硬制度就是军队和司法体制，二级是政府。再以新闻为例，所谓的舆论监督就是一级软制度，而新闻奖项可以说是内部软制度。

（二）新闻政策的内容

在现代社会，统治阶级及其政党对新闻事业的控制采取的是宏观控制方式，它并不直接参与新闻媒介的具体传播活动，而是通过立法和制定法规的方式决定新闻事业的所有制形式、数量规模和权利义务等，通过政策、纪律决定编辑部的工作方针、宣传口径，以期最终体现自己的意志。[③]

新闻政策的内容主要以下三种形式得到体现。

1. 新闻立法

其包括两个方面，一方面是国家机关依照权限规定，修改或废止关于保障新闻自由和限制滥用新闻自由的法律规范的活动，明确规定公民和新闻工作者在运用新闻手段方面所享有的各项自由权利，同时严格规定对侵犯公民新闻自由权利行为的制裁措施。另一方面是国家机关调整新闻活动的法律规范的总和。[④]

最早的新闻法是由西方国家提出来的，一些西方国家有专门的新闻法、出版法、新闻记者法，已经形成了比较完备的新闻法制体系。我国虽无专门的新闻法、出版法、新闻记者法等，但宪法、刑法、民法通则、突发事件应对法等都有与新闻传播紧密相关的条文。

---

① 参见〔美〕威尔伯·施拉姆、威廉·波特著，陈亮等译：《传播学概论》，183页，北京：新华出版社，1984。
② 参见郑杭生主编：《社会学概论新修》，北京：中国人民大学出版社，1998。
③ 参见何梓华：《新闻理论教程》，北京：高等教育出版社，2008。
④ 参见孙国华主编：《中华法学大辞典－法理学卷》，461页，北京：中国检察出版社，1997。

背景延伸

《中华人民共和国宪法》对于新闻工作基本方针和原则的规定

第二十二条 国家发展为人民服务、为社会主义服务的文学艺术事业、新闻广播电视事业、出版发行事业、图书馆博物馆文化馆和其他文化事业，开展群众性的文化活动。

第三十五条 中华人民共和国公民有言论、出版、集会、结社、游行、示威的自由。

第五十一条 中华人民共和国公民在行使自由和权利的时候，不得损害国家的、社会的、集体的利益和其他公民的合法的自由和权利。

第五十三条 中华人民共和国公民必须遵守宪法和法律，保守国家秘密。

2. 新闻法规

在新闻法长期缺位或不健全的国家和地区，新闻政策往往以行政法规和部门规章的形式得到体现。

如我国 1997 年颁布的《出版管理条例》（2001 年 12 月 12 日修订）《广播电视管理条例》《印刷业管理条例》，2007 年颁布的《中华人民共和国政府信息公开条例》等，主要集中规范了新闻单位的经营活动、管理涉外新闻传播活动、突发事件应对、国家信息安全、政府信息公开等方面的条例。

这些行政法规和部门规章涉及广泛，存在着法律效力不高、普适性不强等问题，但在一定程度上成为解决因新闻法缺位而带来的各种问题的有效途径。

3. 领导人的讲话和党的文件

党的领导人的讲话历来是新闻工作的指南，是新闻工作必须遵循的原则。

1985 年 2 月，胡耀邦在中央书记处会议上作了题为《关于党的新闻工作》的报告，提出媒体要"八分讲成绩，二分讲缺点"。1989 年 11 月，江泽民和李瑞环代表党中央在中宣部举办的新闻工作研讨班上分别发表了《关于党的新闻工作的几个问题》《坚持正面宣传为主的方针》的讲话，提出把握舆论导向和坚持正面宣传等问题。2003 年 9 月，江泽民在全国宣传部长会议上提出："以科学的理论武装人，以正确的舆论引导人，以高尚的精神塑造人，以优秀的作品鼓舞人。"2008 年 6 月，胡锦涛在视察人民日报社时发表讲话，对提高舆论引导能力提出"五个必须"的要求。

这些都是改革开放以来我国重要的新闻政策，为了贯彻领导人的讲话精神，宣传部门以及其他新闻主管部门，发布指导性文件，监督和促进新闻政策的贯彻与学习。

三、新闻政策的演变

政府对于新闻媒介的应对策略历经了三个时期，即从"媒体控制"阶段，到"媒体管制"阶段，再到后来的"媒体合作"阶段。[①]

[①] 参见叶皓：《政府新闻学案例》，2 页，南京：江苏人民出版社，2007。

1. 媒介控制阶段

媒介控制是指以管控、制裁、压制传媒及其传播活动，尤其是以管控非官方传媒及其传播活动为特征，以掌握与控制为基调的传播政策。这一时期，政治职能是传播政策的唯一职能，严控媒介、压制异己、维护统治是新闻政策职能的唯一内容。

在古代中国，自汉朝起，历朝历代的封建君主一方面通过严格的封建官报制度，用自编辑到发抄的整套制度将封建官报牢牢掌握在自己的手中，使之成为俯首听命的御用宣传工具；另一方面又制定了严厉的传播政策，打击以小报为代表的非法出版物及其制造者，从而掌控社会的舆论权，维护其专制统治。

在资产阶级革命之前的欧洲，各国制定的传播政策与中国大同小异，即各国封建统治者对报刊实施了严厉的管控措施：他们一方面出版封建官报，使之服务于自己的统治需要；另一方面又借助各种政治制裁手段，如出版许可制、内容审查制等，压制异己思想，管控传媒。

2. 媒介管理阶段

媒介管理时期，媒体组织呈现高度政治化和组织化，实行以宣传为核心功能的一元化新闻体制，只重视政策的政治职能和新闻传播的社会效果。

在改革开放之前，我国的新闻工作和媒介组织是高度政治化和组织化的，在那个特殊时期，中国传媒的财政体制是政府供给制，形成了以《人民日报》为中心，以党报为主体的公营报刊网，以新华通讯社为主体的国家通讯社网和以中央人民广播电台为中心的国营人民广播电台网。这源于执政伊始的中国共产党面临着严峻的国际、国内形势，新中国新闻事业建设的重点就是建立一个社会主义性质的公营新闻事业系统。我国这一政策一直执行到了改革开放以后。

延伸阅读

改革开放是我国新闻政策方向转变的分水岭，中共中央《关于当前报刊新闻广播宣传方针的决定》（1981年1月29日）体现了改革开放新时期中国新闻政策的重要内容。其基本点有：新闻机构必须严格按照中国共产党十一届三中全会以来的路线、方针、政策进行宣传；要坚定不移地贯彻"百花齐放、百家争鸣"的方针，又不能混同于资产阶级自由化；认真进行关于坚持社会主义道路，坚持无产阶级专政，坚持共产党的领导，坚持马列主义、毛泽东思想四项基本原则的宣传，大张旗鼓地宣传社会主义物质文明和精神文明建设；正确处理表扬和批评的关系，坚持以表扬为主的方针；文艺作品、文艺节目坚持为人民服务、为社会主义服务的方向；新闻机关要加强组织纪律性。

3. 媒体合作阶段

资产阶级革命后，民主宪政体制在广阔的政治地理范围内得以确立并不断发展，人类社会的政治文明由近代民主向现代民主过渡，市场经济体制逐步确立。大众传媒成为非国家权力制衡机制的主导力量和公共政策系统政策主体及政策环境的建构者，大众传媒与普选制、利益集团三位一体，构成了当代民主时期直接民主和半直接民主机制。

传播政策的政治职能呈现出新的质变，从单一的纯粹的管控职能转变为复杂的、综合

> **要点小结**
>
> 新闻政策
>
> 一、新闻政策的含义
> 二、新闻政策的源起和内容
> 三、新闻政策的演变

的合作职能。一方面,要求传播政策对媒介组织及其传播活动予以适当、适度、适时的管理与限制,以维护社会的稳定和国家的安全;另一方面,传播政策应当也必须借助政策效应,维护新闻自由,确保媒介组织相对独立性的实现,为大众传媒积极作用的发挥与重大效能的实现提供必要的生态环境。

在这一时期,传播政策的政治职能以传播政策系统与大众传媒的良性互动为特征,以合作为基调,以双赢为原则,这不仅直接促进了大众传媒更快、更好的发展,而且对于包括传播政策在内的整个公共政策系统及社会有机体的良性运转都有着至关重要的正向功能与作用。

第三节　新闻传播的调控优化

一、新闻传播调控的含义

19世纪20年代,美国政论家李普曼首次提出运用新闻舆论对社会行为实行调控,并研究了调控机制的一般状况。我国新闻学者自20世纪80年代开始运用系统论、信息论、控制论、社会学、传播学等理论和方法研究这一课题。

（一）新闻传播调控的定义及目的

《中国监督学大辞典》对新闻传播调控的解释包含两个方面的内容:一方面,是指新闻传播系统本身具有调节、控制社会运行和公众行为的机能,它主要通过新闻信息的沟通、新闻舆论的引导和公众意见的平衡发挥作用;另一方面,是指政府、政党、社会集团对新闻传播活动实施的调节和控制,由调控的法规、系统、程序等因素构成。这种调控是通过社会政治、经济、人事、法律、纪律对新闻传播活动进行控制。[1]

童兵认为,新闻传播的调控实质是传播的控制行为。从新闻传播学来看,新闻传播的调控,主要是指国家和政党利用法律、行政、经济以及新闻宣传纪律等手段,对新闻信息传播的流向和

---

[1] 参见郑力主编:《中国监督学大辞典》,226页,北京:中国财政经济出版社,1996。

流量进行强制性的管理和约束；从控制论来看，新闻传播的调控是施控方——新闻媒介机构及其新闻传播者——通过新闻传播通道，对受控方——新闻受传者——发送新闻信息的流向及流量所进行的调节和控制。[①]

（二）新闻传播调控的优化

实施新闻传播调控的目的，是为了谋求最好的社会效果，避免新闻传播的负面效应和不良效果。

它应该包含以下几个方面的含义：

（1）确保新闻传播活动和新闻传播事业的运作与社会发展的总方向一致，确保新闻媒介机构和新闻传播者进行新闻传播和媒介经营活动时，对国家安全、社会发展以及公民身心健康承担法律、道德责任与社会义务。

（2）国家监管新闻媒介机构的主要方式，是确保新闻媒介机构履行其编辑方针，以此调控媒介的新闻传播行为和媒介经营行为。在当代，不管实行注册登记制度还是申请批准制度的国家，创办人在申请创办新闻媒介机构时，必须申报其编辑方针。所谓编辑方针，是指所办报刊和电台、电视台、新闻网站的主旨、立场以及内容、形式等相对固定的总体设计。编辑方针一经新闻主管部门批准，就有履行的义务。

（3）引导新闻媒介机构的新闻信息的流向和流量，引导新闻媒介兼顾社会效益和经济效益，坚持正面向上的传播理念，为人民群众提供丰富健康的文化产品，满足受众的需求。

新闻传播的调控优化，实质是按照国家或政党的意志，对传播活动进行把关定向，通过制定法律或道德规范的形式，对所属或所管辖的新闻传播机构以及新闻从业者规定相应的社会责任，并对其传播活动进行监督，以达到控制者期望的效果。

二、新闻传播的调控方式

传播控制的双重含义，在新闻传播的调控行为中具体体现为外部调控和媒介自控两个方面。

（一）外部调控的主要形式

1. 政治控制

政治控制集中表现在政府部门对传播的限制与管理上，常见的手段如下：

（1）法制和行政管控。通过立法对传播实施控制，可以说是各国政府广泛采用的手段。它一方面可以通过法律程序使控制变得名正言顺；另一方面又可使国家机器行之有效地监视、管理、约束传播活动。它包括宪法、民法、刑法中的有关表达自由和新闻自由的

---

① 参见童兵：《理论新闻传播学导论》，182页，北京：中国人民大学出版社，2000。

规定,也包括与传播行为相关的法律,如新闻法、图书出版法、著作权法、广播电视管理法、电影管理法、许可证申请法等。

建立新闻传播管理部门,如美国的FCC、英国的BBC、中国的国家新闻出版广电总局等,实行对报纸、期刊、广播、电视、互联网新闻传播的行政管理手段,其通过行政措施对传播者施加直接与间接的压力,从而达到控制传播的目的。具体手段包括资助传播机构,对传播事业的发展制定总体规划或者实行国家援助;给予优惠或特权;进行有选择的配给;压抑不同政见的传播媒介;遴选传播从业人员;确定新闻教育的基本内容与方向;许多国家对空中电波频率实行分配制度和特许制度;直接或者变相地资助某些传播机构等。

(2)所有权控制。谁拥有媒介,谁就拥有了话语权,就有权决定传播的内容。政治势力通过规定所有制的方式划分媒介权力和权力范围,建立分配传播资源的长效机制。规定传媒组织的所有制形式。

目前一般把媒介所有制形式分为三种。

一是公营体制,即传媒为社会公共财产,如英国的BBC,日本的NHK。

二是国营体制,即传媒为政府所有,传媒运作的最重要经济来源是政府的财政拨款,社会主义国家的传播媒介大部分是国营的。

三是私营体制,即传媒为私营机构所有,如在美国,广播电视行业已经形成了成熟的私营企业制度。

(3)信源控制。操纵新闻的发布、控制消息的来源是一种十分风行的政府控制传播的手段,通过新闻发布会、记者招待会、试探性气球、吹风会等,利用官方媒介操纵新闻发布,一方面加强对外信息的监控,防止和干扰外国信息的流入,维护信息安全;另一方面控制消息来源,确保信息获得"官方"的解释,引导社会舆论。

(4)内容控制。政府禁止或限制的传播内容,在不同的社会制度下各有不同,各个国家也会根据国情和利益考虑而有所不同。

出于意识形态、公众利益和社会风气等考虑,以下几个方面在各个国家基本上都是要被禁止或限制的:涉及国家制度与国家意识形态的内容,与国防安全和国家机密相关的内容,涉及虚假信息和广告的内容,非法出版物,涉及淫秽色情的内容,涉及侵犯隐私权和名誉权的内容等。

> **延伸阅读**
>
> **中国国家新闻出版广电总局**
>
> 根据第十二届全国人民代表大会第一次会议批准的《国务院机构改革和职能转变方案》和《国务院关于机构设置的通知》(国发〔2013〕14号),设立国家新闻出版广电总局(正部级),为国务院直属机构。国家新闻出版广电总局设22个内设机构,机关行政编制为508名。其主要职责包括:

（一）负责拟订新闻出版广播影视宣传的方针政策，把握正确的舆论导向和创作导向。

（二）负责起草新闻出版广播影视和著作权管理的法律法规草案，制定部门规章、政策、行业标准并组织实施和监督检查。

（三）负责制定新闻出版广播影视领域事业发展政策和规划，组织实施重大公益工程和公益活动，扶助老少边穷地区新闻出版广播影视建设和发展。负责制定国家古籍整理出版规划并组织实施。

（四）负责统筹规划新闻出版广播影视产业发展，制定发展规划、产业政策并组织实施，推进新闻出版广播影视领域的体制机制改革。依法负责新闻出版广播影视统计工作。

（五）负责监督管理新闻出版广播影视机构和业务以及出版物、广播影视节目的内容和质量，实施依法设定的行政许可并承担相应责任，指导对市场经营活动的监督管理工作，组织查处重大违法违规行为。指导监管广播电视广告播放。负责全国新闻记者证的监制管理。

（六）负责对互联网出版和开办手机书刊、手机文学业务等数字出版内容和活动进行监管。负责对网络视听节目、公共视听载体播放的广播影视节目进行监管，审查其内容和质量。

（七）负责推进新闻出版广播影视与科技融合，依法拟订新闻出版广播影视科技发展规划、政策和行业技术标准，并组织实施和监督检查。负责对广播电视节目传输覆盖、监测和安全播出进行监管，推进广电网与电信网、互联网三网融合，推进应急广播建设。负责指导、协调新闻出版广播影视系统安全保卫工作。

（八）负责印刷业的监督管理。

（九）负责出版物的进口管理和广播影视节目的进口、收录管理，协调推动新闻出版广播影视领域"走出去"工作。负责新闻出版广播影视和著作权管理领域对外及对港澳台的交流与合作。

（十）负责著作权管理和公共服务，组织查处有重大影响和涉外的著作权侵权盗版案件，负责处理涉外著作权关系和有关著作权国际条约应对事务。

（十一）负责组织、指导、协调全国"扫黄打非"工作，组织查处大案要案，承担全国"扫黄打非"工作小组日常工作。

（十二）领导中央人民广播电台、中国国际广播电台和中央电视台，对其宣传、发展、传输覆盖等重大事项进行指导、协调和管理。

（十三）承办党中央、国务院交办的其他事项。

[来自《国家新闻出版广电总局"三定"方案公布 取消20项审批权限》，中国新闻网 2013—07—17]

除了政府的控制，政党和政治势力对传播媒介的控制也是存在的。政党和政治团体主办的大众传播媒介往往是"喉舌型"媒介，具有强大的归属感和具体明确的社会使命。政党或政治团体对大众传播实行垄断和控制，规定宣传报道方针，并将报道纳入其活动范围。在关键时刻，政党或政治团体首脑直接干预大众传播的细节。

2. 经济控制

经济控制具体体现在对媒介的所有权控制和广告诉求上，主要是指国家经济力量之外的其他社会经济势力，从一般性的企业到跨国经济集团的控制行为。在计划经济条件下，媒体外的经济力量不可能形成对媒体的控制；而在市场经济条件下，媒介集团对传播活动的控制，类似于政治控制。

经济控制的一般手段包括：

（1）广告控制：广告控制是最典型的经济控制方式，通过提供广告或赞助间接地控制和影响媒介的经济命脉，换取媒体的宣传服务，从而控制媒体的内容选择、刊播方式甚至包括新闻编辑方针。

（2）资本控制：以强大的资本作后盾成立超大型媒介企业，对大众传播事业的主要部分实行垄断。巨型媒介企业通过其强大的经济实力和影响力，影响议会党团或院外活动议程，进而对公营传播媒介的活动进行干预。

> **延伸阅读**
>
> 在西方资本主义制度下，传播媒介主要控制在垄断资本手中。
> 美国学者巴格迪肯（Bagdikian）研究发现，到 2000 年，美国的新闻和娱乐传媒行业几乎被五大财团垄断，分别是：美国在线和时代华纳集团、沃特·迪士尼集团、通用电器集团、新闻集团、维亚康姆（Viacom）集团。这些财团牢牢掌控着传播方向，例如鲁伯特·默多克的传媒帝国——新闻集团每天向全球 70 多个国家和地区的观众传送新闻和娱乐节目，辐射面积达到全球人口的三分之二。默多克为了贯彻其传播方针，曾在买下《泰晤士报》之后，3 年中数次更换主编。

3. 收受控制

传播收受者即受众，是传播信息的消费人群，体现在两方面：一方面，受众作为社会公众的一部分，拥有监督权、传播权、知晓权和媒介接近权，是媒体最有力的监督者。受众运用权力的过程，正是对于传播活动的控制过程；另一方面，受众作为最重要的传播效果反馈主体，支配着信息的选择权，是社会舆论主体中最活跃的一部分。受众对于媒体的传播方式、内容的评价和建议，往往会形成巨大的舆论效力或成为传播媒介活动的重要参考，在很大程度上调控媒体后继的传播行为，例如有的通过信件、电话直接表达意见建议，有的则间接显示态度和看法，如是否订阅报纸、收看节目等。

> **延伸阅读**
>
> **美国赫斯特《新闻报》关于总统麦金莱的报道**
>
> 1901 年，黄色新闻大亨赫斯特（Hearst）因支持落选总统的共和党领袖布莱恩而公然在《新闻报》上煽动刺杀总统麦金莱。同年 9 月，麦金莱遇刺身亡，从凶手的口袋里搜出这份《新闻报》。赫斯特随即遭到社会舆论的严厉谴责，《新闻报》销量大跌。1906 年，赫斯特不得不将《新闻报》解散，创办新的《美国人报》。
> 随着《新闻报》的退出，黄色新闻逐渐衰落。而风格庄重的报纸如《纽约时报》等则迅速崛起，成为美国的主流大报。同时，小型报开始逐渐形成独立流派，新闻专业化产生了分工。

受众对于传播的控制，是一种非强制的软性方式，并不能直接管理传播者的传播行为，收受控制的一些具体实现形式包括：

（1）个人的信息反馈。
（2）结成受众团体，以群体运作方式对媒介活动施加影响。
（3）诉诸法律手段。
（4）通过影响媒介的销售市场来制约媒介活动。

（二）媒介的自我调控

1. 行业自律

传播行业制定了统一的行业章程，包括统一的行业伦理道德准则或规范，要求行业内的所有成员严格遵守，进行自我控制，并成立了行业内相关机构对新闻传播活动进行监督。如美国1975年修订的《美国报纸编辑协会（ASNE）原则声明》，1991年我国通过的《中国新闻工作者职业道德准则》等。

1923年美国报纸编辑协会通过了《新闻规约》，1975年修订并更名为《原则声明》，摘录部分如下：

绪言

第一修正案保护言论自由不被任何法律剥夺，保证了人们通过媒体表达言论的宪法权利，并因此赋予报纸工作者一项特别的使命。所以新闻工作对其从业者，除了行业和知识的要求外，还要针对新闻工作者的特殊使命对其追求政治品质的情况有所要求。为此目的，美国报纸编辑协会制定本原则声明，作为职业表现和工作道德的最高标准。

第一条

责任。搜集和传播新闻与意见的最初目的是服务大众利益，将情况通知他们，使他们能对当时的情况作出判断。为个人私利或不值得的目的滥用自己专业工作者的力量的报人，将辜负公众的信任。美国新闻媒体是自由的，这不仅是为了告知大众，或作为一个争辩的论坛，也是为了能对社会中的力量，包括政府各级官员的行为，进行独立的检查。

第二条

新闻自由。新闻自由属于人民。必须保护新闻自由不受来自任何公共或私人集团的侵蚀与破坏。新闻记者必须时时警惕，关注公共事务是否在公开场合下讨论解决。他们必须同任何利用新闻媒体为自己牟私利的企图进行勇敢的斗争。

第三条

独立性。新闻记者必须避免任何表面或实质上的不适当、表面或实质上的利益冲突。他们既不应该收受任何东西，也不应该参加任何看起来有可能伤害他们正直性的活动。

第四条

真实与准确。来自读者的良好信任是优秀新闻的基础。应该不惜一切努力保证新闻的准确、没有偏见、平衡表达各方意见。社论、分析文章和评论，在准确性上应该与报道中的事实做同样的要求。严重的事实错误和疏忽产生的错误，都应该做最快的和突出的更正。

第五条

公正。公正并不意味着新闻媒体不应该进行质问，或者不应该发社论表达意见。但是，它却要求媒体在新闻报道和媒体意见之间为读者划出一个清晰的界线。其中有观点和个人意见的文章应被明确标志出来。

第六条

正义性。新闻记者应该尊重被报道的人们的权利，遵守普通的正派的标准，对其报道的准确性和正义性向公众负责。被公开指控的人应该在最早的时间得到做出反应的机会。保证为新闻来源保密是要花很大代价的，因此不应该轻易许诺。除非有十分清楚和急切的要求为新闻来源保密，他们应该被明确地指出来。

目前，世界各国新闻传播界纷纷建立新闻评议会，受理受众投诉，监督媒体及其从业人员的不正当行为，通过有关行业机构调查传媒从业人员的业务素质和道德素养，收集社会对传媒行业和机构的评价反馈，进而提出改进意见。

这种行业调控介于法律控制和道德约束之间，鼓励自律行为，纠正不正之风，逐渐落实成为一种奖惩机制，有利于传播活动良性发展。

2. 组织规章

组织规章指媒介组织的所有者为了达到传播目的、落实传播方针，通过制定传播媒介内部的规章制度的方式，来约束和管理本机构人员的新闻传播活动。

规章制度是媒介所有者意志的体现，传播从业人员只有认可和接受媒介组织的纪律要求和方针政策，才会被接纳，成为合格的一分子；如果他们违反规章，就会受到惩罚甚至会被取消工作资格。

延伸阅读

某公司新闻制度（部分摘录）

第三章 新闻管理的主要内容

1. 统一口径

集团品牌管理部制定集团统一口径相关内容，并由各公司营销体系对各公司的相关部门进行监督；向集团品牌管理部门提供各项目的统一口径，及时更新，每月一号抄送集团品牌管理部。

2. 新闻发言人

集团新闻发言人为总裁或副总裁。

各公司新闻发言人为各公司总经理，如有特殊需要则由各公司总经理指定人选，并通报集团品牌管理部，原则上不能多于2人。

……

第四章 新闻发布应遵循的基本原则

1. 要遵循公司相关的信息保密规定
2. 不要议论和攻击媒体，不要评论、比较或贬低其他媒体
3. 不要对竞争对手作攻击性评论或负面评论，也不要提及竞争对手的名字

……

---

3. "潜网"说

沃伦·布里德在《新闻编辑部的社会控制：功能分析》中提出"潜网"理论，布里德在对美国几十家报纸和100多位记者进行调查之后发现，在报社内部始终存在一张微妙而又非常强劲的控制网络。它的存在一方面确保媒介组织的传播意向顺利贯彻下去，另一方面旨在防止不规矩的新来者对媒介组织的既定行规造成袭扰。[①]"潜网"的具体内容，没有明文规定，也没有人对它做过明确解释，它就是人们所说的"潜规则"，存在于暗中，只可意会不可言传。

布里德认为，任何社会的主要问题都在于维持秩序和加强凝聚力，其中最重要的是保

---

① 参见吴文虎：《传播学概论》，129页，武汉：武汉大学出版社，2000。

持价值体系的一致与完整，因为意识形态的混乱势必会导致整个社会的土崩瓦解。所以说，传播活动中的"潜网"是对社会控制体系的折射，"潜网"对于传播者的控制实质上来自于整个社会系统。布里德的研究表明，传播媒介无时无刻不受到特定社会环境的影响，承担着相应的社会控制的职能，这类潜移默化的控制现象被形象地概括为"潜网"。

面对传播行业的"潜规则"，新来的传播从业人员只有在活动中一点一点适应它，才能慢慢领会。

三、新闻传播调控的优化

（一）新闻传播政策调控的趋势

随着人类社会现代民主化进程的快速进行，市场经济不断推动传媒市场的逐渐形成和完善，新闻传播调控的定位及其原则、基调与内涵，无论从理论角度还是从实践角度，都有了崭新的诠释。在新的社会生态环境下，国家、政党和集团进行新闻传播调控的方向有以下两个方面的趋势：

1. 新闻管控逐步松动

对于新闻媒介的非核心业务，控制者逐渐放开管制，不再直接干预。如允许传媒企业化经营，允许刊播商业广告，允许部分传媒集团跨行业、跨地区经营，新闻政策实行严格控制的基调发生了变化，呈现逐步松动的态势。

2. 从被动反应走向主动自觉

逐渐由严格管控，被动地对传媒主体提供反映，转向为新闻传播活动主动提供经济、文化、政治等多层次、多元化政策性服务。

（二）我国新闻传播调控的优化

我国新闻传播进行调控优化的可能性：

一是整个社会制度的系统性变迁为其提供了社会大环境和时机；

二是实行市场经济制度后带来的观念的变革为其做了思想上的准备；

三是整个社会信息化程度的提高，信息业、媒介业等的变革也为其变迁提供了实践条件。

改革的必要性：

一是广播电视媒介宏观管理制度的计划模式已经远远不能适应市场经济的需要；

二是广播电视业的发展与其他媒介业、文化产业、娱乐产业、信息业的进步密切相关，因此，必须主动变革、创新，才能在未来的发展中保持地位和实力。[①]

1. 推动法制进程

长期以来，我国的广播电视媒介管理依靠方针政策和行政手段进行。虽然我国刑法、

---

① 参见胡正荣：《我国媒介管理运行体系研究》，载《北方传媒研究》，2007（2）。

民法通则、突发事件应对法等都有与新闻调控紧密相关的条文，但有关广播电视的法律法规数量少，包含面窄，法律效力等级较低，而且不完善、不配套、不协调，距离形成完备的法规体系有很大的差距，甚至不少领域还是法律法规的空白点。

新闻立法问题渐渐凸显出必要的一面。执政党在进行新闻传播调控时，除党纲、党章以外，没有专门的法律规定；我国尚无专门的新闻法、出版法、新闻记者法等；社会集团和行业组织参与传播活动以及媒介行为的管理，也需要以法律为准绳。

因此，广播电视媒介管理需要建设维护新闻自由权利和防止滥用新闻自由的法律体系，建立健全完备的广播电视法律法规体系及依法管理的制度。

建立完备的新闻传播法律法规体系是指以《广播电视法》为核心，以行政法规为骨干，以部门行政规章为基础，以地方性法规和规章为补充的系统而完善的广播电视法律法规体系。这一体系的建设要坚持引导性、前瞻性、公平性、强制性、惩戒性的特色。只有这样，这一体系才是科学的、成熟的。

> **延伸阅读**
>
> 我国广播电视媒介管理的法制体系建设两步走策略：
>
> 第一步是"九五"期间，主要是颁布施行法规规章，特别是涉及社会化管理的法规规章。在实施《广播电视管理条例》的基础上，通过不断总结经验，为形成行业大法做准备。同时，加强地方法规建设，使广播电视法规体系内部结构更加科学规范、和谐统一，从而提高广播电视法制工作的整体水平。
>
> 第二步是到 2010 年，基本形成以《广播电视法》为纲，以专项法规和配套法规为目的，符合现代广播电视发展、符合社会主义市场经济体制要求的广播电视法制管理体系。①
>
> （胡正荣《我国媒介管理运行体系研究》，2004 年 8 月 11 日，人民网《学者专栏》）

2. 完善监管机制

新闻传播的调控优化意味着政府职能的变化，要加快政府职能向引导、监管、服务的转变：

一方面，加强行政管理，规范新闻媒体经营活动，防治"有偿新闻"现象；坚持依法行政、公开行政、公正执法，坚决废止以言代法、以权代法、"暗箱作业"等违法操作行为，保证被监管者也应该依法享有申诉辩护的权利。

另一方面，推动新闻传播机构政事分离，从职责、机构、人

> **要点小结**
>
> 新闻传播的调控优化
>
> 一、新闻传播调控的含义
>
> 二、新闻传播的调控方式
>
> 三、新闻传播调控的优化

---

① 参见胡正荣：《我国媒介管理运行体系研究》，载人民网《学者专栏》，2004。

员编制、经费以及管理方式等方面着手，将政府机构和事业单位分开，切实解决越位与缺位的问题；集中财力、人力办好公益性新闻事业，把新闻传媒产业推向市场，促进新闻传媒产业的多元化、多层次发展。

思考与研讨题

1. 简述媒介的四种理论。
2. "权力的媒介"是如何批判和继承媒介四种理论的？
3. 如何看待国家新闻出版广电总局的一系列规范性通知？
4. 如何看待新闻调控和新闻自由之间的关系？
5. 如今进行新闻传播调控优化的可能性和必要性在哪里？

chapter 10

第十章 新闻传播的法制

本章要点

1. 介绍英国、美国和法国等西方国家的传播法主要内容及其核心理念
2. 阐述我国现行新闻传播相关法律条例的法律渊源和基本内容
3. 探讨在新媒体时代下如何在法律框架内实现媒介监管

在中国讨论是否出台新闻法的时刻，我们探讨新闻传播的法制就显得格外重要。此外本章还对新媒体时代的媒介监管做了分析。

第一节 西方的传播法

新闻传播的法制发展同现代新闻业的产生与发展一样，与资本主义经济的发展息息相关。资本主义商业贸易服务的手抄报纸出现在14世纪欧洲的一些商业性城市；15世纪末，不定期的印刷报纸和活页印刷品问世；16世纪初期，宗教改革兴起，印刷报纸和小册子大量涌现，并开始带有宗教论战的性质，后来又发展为政治论战的性质。面对这种情况，政府开始通过立法手段规范和钳制印刷媒介的传播活动，早期的传播法开始形成。

1586年，英国女王伊丽莎白颁布了皇家出版法庭命令（星法院法令），确立了各项审查制度，核心是特许制：命令一切印刷品需送皇家特许公司登记，除教会同意者外不再允许出版商的登记申请，皇家特许出版公司对秘密出版物有搜索、扣押、没收及逮捕嫌疑犯的权力。[①]欧洲其他封建国家的情况也基本相似，法国大约在1537年建立了对报刊的审查制度，记者的自由采访权受到了限制，有关时事政治的问题成为记者采访的禁区。传播立法成为封建统治阶级压制言论自由的强有力工具。[②]资产阶级革命爆发后，刊有资产阶级进步思想内容的报纸开始冲破封建统治者对新闻业的约束管制，使印刷传播媒介成为反对封建主义、维护资本主义的重要武器，资产阶级的传播自由体制最终确立。

> **延伸阅读**
>
> 特许出版制度是英王室控制印刷出版的措施。1528年，英王亨利八世下令限制印刷业的发展，1538年正式建立皇家特许制度，规定所有出版物均须经过特许，否则禁止出版。1557年，玛丽女王下令成立皇家特许出版公司，规定只有经过女王特许的印刷商才能成为公司的会员，只有公司会员和其他特许者才能从事印刷出版。

一、以"判例法"为代表的英国传播法

（一）英国传播法的侧重

英国是世界范围内最早发生资产阶级革命并确立近代资本主义民主法制的国家。1641年，皇家特许出版公司、皇家出版法庭被撤销，标志着英国传统传播法的终结和资产阶级传播法的开始，该国新闻法制建设一直走在世界前列，影响着其他各国新闻法的形成与发展。

---

① 参见田磊：《传播法学》，5页，上海：上海交通大学出版社，2004。
② 参见肖玮：《法国大革命前夕争取报刊自由的运动》，载《安徽史学》，2009（5）。

英国属于普通法系的国家，以不成文的判例法为主要的法律存在形式。它首先确定新闻是自由的，不受权力机关干预，然后以判例法和各种成文法中的有关条款，来限制和禁止对新闻自由的滥用。① 英国的传播法侧重于对传播的审查，传播法更多地表现在成文法中。英国传播法律关系的主体也是传播法律关系的根本要素，指传播法律关系的参加者或当事人，即在传播法律关系中权利的享有者和义务的承担者，或派生享有权利，或承担义务的个人或组织。②

(二)《诽谤法》的主要内容

英国的新闻传播法以《诽谤法》为代表，一般认为，如果某人的言论是为了达到下列目的中的任意一个，就是诽谤：使被谈论者受到仇恨、讥笑或藐视；使被谈论者受到孤立或冷遇；使社会上思维正常的人对被谈论者评价降低；贬低被谈论者在服务机构、职业或行当中的声誉。进一步来说，诽谤需要"言词是诽谤性的、言词指向原告、言词已经发表"这三个构成要件。

诽谤诉讼中的答辩理由包括：言词是真实的；公正评论，即言词是对与公共利益有关事务的公正评论；特权，分有限特权和绝对特权两种，它规定某些种类的言论不受法律追究。绝对特权适用于公正而准确地对英国境内司法程序的同步报道；有限特权则保护公正而准确的同步或非同步的司法报道和对议会活动的报道；如果能够证明被告有恶意，则有限特权这种答辩不能成立。诽谤言词的发表是无意的且发表者已经做出了更正的承诺；无辜散布的，主要是指印刷者、发行者及图书馆等可以此为由不承担责任，等等。

在英国，民事诽谤的责任形式主要是损害赔偿，包括经济损失赔偿和精神损失赔偿两部分，这种损害赔偿的数额可能是非常高的。

从历史上看，诽谤既可能是一种民事侵权行为，也可能是一种犯罪。但刑事诽谤是极其罕见的。总的来说，英国的诽谤法已经历了很长的时间，各方面制度比较完善，较好地保护了新闻自由和公民名誉权。

延伸阅读

从20世纪后半叶至今，"诽谤旅游"已经成为英国法院受理诉讼案过程中引起争议最多的一种现象。"诽谤旅游"是诽谤择地起诉的夸张说法，例如，由Geoffrey Robertson提出的"诽谤旅游"一说就特指非英国原告为了得到更加令人满意的结果宁肯到英格兰和威尔士提起诽谤诉讼的现象，即所说的择地起诉。卷入"诽谤旅游"案的原告大多来自欧洲和美国，他们宁肯从本国跑到英国起诉，总是感觉国内维护被告否定贬损言论的辩护原则太宽，而"旅游"到伦敦提起诽谤诉讼则有更大的把握胜诉。其实，许多诽谤案与英国的关系并不大，但是英国法院却乐于受理，于是不仅有了"诽谤旅游"的戏说，而且伦敦也因此被"誉"为"诽谤之都"。据英国法律出版机构Sweet & Maxwell 2009年的统计，在2006和2007这两年的时间里，择地英国起诉的诽谤案增加了三倍，截至2009年5月31日，过去一年里的诽谤案增长了32%，其中五分之一多的诽谤案是名人诽谤案，而新媒体诽谤案增长一倍多，由商业起诉的诽谤案则增长了三倍。

---

① 参见孙旭培：《新闻法：最需要的法律 最困难的立法》，载《新闻知识》，1999（9）。
② 参见夏晓鸣、马卉：《传播法概论》，43页，武汉：武汉大学出版社，2006。

二、美国的传播法及其五大司法原则

美国曾经是英国的殖民地,其传播法是以英国法律为基础建立和发展起来的,以习惯法和判例法为主要的法律渊源,是典型的海洋法系国家。但由于美国的政治体制、经济文化结构等方面都与英国存在较大的差异,美国的传播法具有自己的特点,相比于英国侧重对传播的审查,美国更侧重传播的自由。

在美国著名的启蒙学者、资产阶级革命的领导人和开国元勋托马斯·杰斐逊的倡导和努力下,美国国会于1789年通过了《宪法十条修正案》(1791年生效),即统称的《人权法案》,明确规定了人民有宗教信仰自由、言论出版自由以及集会、请愿等权利。

美国的《宪法第一修正案》第一条规定:"国会不得指定关于下列事项的法律:确保宗教或禁止信仰自由;剥夺人民言论或出版的自由;剥夺人民和平集会及向政府请愿的权利。"这一条款在以后的大量新闻诉讼案例中被法官加以具体解释,成为美国处理新闻法律与道德问题的最高原则,也对其他许多国家产生了巨大影响。①

托马斯·杰斐逊

经过新闻自由法律规范的不断发展,美国通过司法判例形成了五个司法原则。②

(一)坏的倾向原则

该原则认为:受到指控的作品或言论,只要从其本身的倾向中发现其有导致暴力行为的倾向,即使距离实际非法活动的发生还远,也足以成为制裁的理由。该原则是在"吉劳特诉纽约州案"中提出的。吉劳特为社会党左翼全国委员会委员,因为发表《左翼宣言》倡导以武力暴动的非法方式推翻政府,被纽约州法院判决有罪。他上诉至最高法院,最高法院认定《左翼宣言》既非抽象学说,亦非对经济制度发展过程中必然发生的动乱及大罢工结果的预言;而是以激烈的言词鼓吹来号召人们采取具体行动,并因此造成工业暴乱及政治性大罢工的革命运动,用来破坏及推翻政府,此行动属于纽约州刑法能够处罚的行为。

(二)明显而即刻危险原则

该原则在美国实行多年,其核心是强调某一言论是否"实际有害",即某一表达行为只有成为某种犯罪的直接起因,才可以予以禁止。在1967年"五角大楼文件案"中,《纽约时报》刊登五角大楼越南战争文件被政府禁止,联邦法院判决美国政府败诉。理由之一

---

① 参见顾理平:《新闻传播法学》,34页,南京:江苏教育出版社,2012。
② 参见魏永征等著:《西方传媒的法制、管理和自律》,28~30页,北京:中国人民大学出版社,2003。

亦是因为政府没有举出公布文件对美国安全构成直接威胁的证据。不过同时很多人认为该原则过于暧昧，使用时常常会掺入法官个人的看法，很难成为客观判断标准；表达者和出版者由于事先不可能了解自己的言论是否会得到保护，也会影响他们充分行使自己的权利。①

（三）利益平衡原则

20世纪50年代以后的冷战时期，"明显而即刻危险"原则被淡化，改用平衡原则——在公益和私利不能兼容之际，权衡轻重以谋求相对平衡。

首席法官文森提出："当一个案子对于《宪法第一修正案》保护的自由权的不利影响比较轻微，而对公益的有利影响较大时，如果将明显而即刻的危险作为一个刚性原则来使用，这对于国家安全显然是荒谬的。在这种特定场合下，法院的责任就在于决定着两方的利益，哪一方面需要更大的保障。"②也就是说，法院在个案中将言论自由的价值与限制言论自由所追求或保护的社会利益进行比较、做出选择。这相较于"明显而即刻危险"原则的意义在于对言论自由有了一种更加宽容的态度，允许在言论自由与其他利益冲突时可以被选择。

（四）绝对主义原则

该原则的代表人物大法官布莱克提出：《宪法第一修正案》禁止国会制定剥夺言论自由的法律，是因为其有不可磨灭的价值，不容许政府借口所谓"更重要的利益"予以限制，表明言论自由有十分广阔的范围。他对"明显而即刻危险"原则和"利益平衡"原则都持保留态度。他的主张遭到反对，人们认为如果容许诽谤而不会遭到追究，那么民主制将付诸东流。

不过，绝对主义者指出反对者有所误解——他们只是主张言论应当受绝对的保护，在言论范围内自由可以不受约束；而法律要制裁的是行动而不是言论。所以重要的是把言论和行动区分开来。

（五）实际恶意原则

1964年的"沙利文诉《纽约时报》案"确立了一种"新的宪法性的诽谤法"，给新闻媒介批评公共官员和公众人物以特殊的宪法保护。此原则按照美国联邦最高法院的解释是指：明知争议中的陈述为谬误而公布于众。也就是说，在美国，只要不是怀有敌意针对公职人员的虚假及诽谤性的报道、评论、批评都不构成违法犯罪，即非故意的说谎和诽谤，都受到美国联邦宪法的保护。在1967年的两个判例中，最高法院又把"实际恶意原则"推广到"公众人物"上。所谓的"公众人物"除了指社会知名人士（完全公众人物）外，

---

① 参见孙旭培：《新闻传播法学》，141页，上海：复旦大学出版社，2008。
② 海县人民法院某刑庭法官：《司法报道的法律保护与限制——对中美相关制度的比较研究与思考》，http://www.thfy.gov.cn/show.asp?id=1326。

还包括那些自愿跻身于重要的公众辩论中希望影响舆论的人。[①] 美国媒介法学者认为，这个判例在美国确立了一种新的宪法性的诽谤法。

> **背景延伸**
>
> **沙利文诉《纽约时报》案**
>
> 1960 年 3 月 29 日，《纽约时报》上刊登了一则题为《请倾听他们的呐喊》的广告，这是一则政治宣传广告，由黑人民权领袖马丁·路德·金等 4 名牧师联合 64 位著名民权人士购买了《纽约时报》一个版面发布，旨在声援南部学生的抗议示威，争取黑人选举权，为受到伪证指控而有可能入狱的马丁·路德·金博士筹集诉讼费用。广告有 64 位知名人士签名，落款是"保卫马丁·路德·金和为南部自由而斗争委员会"。广告谴责南方几个地区对黑人民权运动的压制，并且指责亚拉巴马州蒙哥马利市的警察"包围"了一所黑人学校，旨在镇压他们的和平示威，指责"某些南方违法者"曾经用炸弹袭击马丁·路德·金的家，殴打金本人；警察局先后 7 次以"超速""闲逛"等莫须有的罪名逮捕金，还指控金"作伪证"。
>
> 广告刊登后收到了支持种族平等的公众欢呼，读者们踊跃捐款，但是也引起了很多人的不满。因为广告对事实的描述与真相不符：广告中说有几位黑人学生因为领导和平示威而被警察驱出大学校园，实际上这几位学生是因在一家仅供白人就餐的餐厅前静坐抗议，使餐厅无法正常营业，违反了当时亚拉巴马州的种族隔离法和社会治安法而被驱逐，警察的行为基本上属于依法行事。广告称亚拉巴马州立学院的"全体学生"都抗议警察的这一行动，实际上只是大部分学生。马丁·路德·金被捕了 4 次，但广告上说是 7 次。4 名黑人牧师的名字是在本人不知情的情况下，被列入广告的署名中。
>
> 沙利文是亚拉巴马州蒙哥马利市公共事务委员会的 3 名民选委员之一，负责监管警察局、消防局、公墓局和测绘局。虽然该广告并没有提及他的名字，但是他在看到这则广告后，认为这损害了他的名誉。于是他在广告刊登的第二天就致信《纽约时报》，希望报社尽快发表声明，撤回之前那些"荒诞不经的诽谤性言论"，但是报社拒绝了这一要求。报社在答复中提到："我们感到很困惑，为什么您会认为广告针对您本人呢？既然您要求我们作出撤回声明，您恐怕得告诉我们：广告所说的哪些事是指向了您本人？"一个月后，亚拉巴马州州长约翰·帕特森致信《纽约时报》，声称：该广告意味着对该州最高行政长官州长本人的指控。《纽约时报》随后撤回了这则广告。沙利文在收到书面的答复之后，以阿伯纳斯等 4 名在广告中署名的黑人牧师和《纽约时报》严重损害了他作为警方首脑的名誉、犯有诽谤罪为由，将他们告上法庭，并要求 50 万美元的名誉损害赔偿。在亚拉巴马法庭的判决中，沙利文胜诉，获赔 50 万美元。

三、大陆法系代表——法国的传播法

法国是典型的大陆法系国家，其法律渊源主要是成文法。1881 年 7 月，法国制宪议会通过激烈辩论，通过了《出版自由法》，又称《新闻自由法》，该法律赋予法国一个世界上自由度最大的新闻体制，《人权宣言》所保证的新闻出版自由至此才得以实现。《出版自由法》颁布之后，除了战争或紧急状态时期曾全部或部分停止执行外，至今仍是法国新闻法制的主要依据，被称为新闻出版业的宪章。《出版自由法》对世界各国的新闻立

[①] 参见夏晓鸣、马卉：《传播法概论》，47 页，武汉：武汉大学出版社，2006。

> **要点小结**
>
> **西方的传播法**
>
> 一、以"判例法"为代表的英国传播法
>
> 二、美国的传播法及其五大司法原则
>
> 三、大陆法系代表——法国的传播法

法也有重大意义,成了许多国家制定新闻传播法律的楷模。[①]

法国的《出版自由法》主要包括以下内容。

(1)印刷和出版自由。

(2)等级制。创办日报或定期出版物,在出版物出版之前,向检察官申报即可,贩卖或分送出版物则向居住地省政府或市、镇政府申报即可,无需事先批准,也无需交纳保证金。未经申报即出版日报或定期出版物、从事或贩卖或分送出版物活动者,属违法行为,处以罚款或监禁。

(3)版本记录制度。除小件印刷品外,所有公开发行的印刷品均需注明印刷者的姓名及地址。定期出版物还需在出版物下端注明经理姓名。

(4)缴送样品制度。所有印刷品在出版时,其印刷者需向有关政府部门送交两份备案,以便国家收藏。

(5)版本备案制度。仅使用于日报或定期出版物。此类出版物出版时应由经理署名两份版本交由共和国检察院备案。

(6)更正和答复制度。公共当局代理人因日报或定期出版物未能对其职务内事务准确报道,向该日报或定期出版物要求更正时,经理须在最近一期的首要位置免费将更正刊出。更正篇幅不得大于原报道的两倍。对一切日报或定期出版物提及或点名的人的答复,经理须在接到答复后3日内,如3日内无新版则在最近一期上予以刊载。答复应以原文章同样字号在同一位置刊出。篇幅未超出原文章两倍的答复免费刊登;如篇幅超出此限,则仅需付超出篇幅的费用。费用按司法公告标准计价。

(7)关于新闻及其他出版途径产生的犯罪。分四个方面:煽动重罪和轻罪;妨碍公共事务的犯罪;妨害个人的犯罪;伤害外国国家首脑和外交官员的犯罪。犯有上述四方面犯罪之一的,一般都处以罚款或监禁。

(8)责任者实行"瀑布"制度。如下人员可作为新闻重罪和轻罪的责任承担者,其次序:经营和出版者;无上述人员时,作者;无作者时,印刷者;无印刷者时,出卖、散发和张贴者。

(9)诉讼程序。规定非常详细,规定了从提起诉讼到传讯到审判到上诉等各个环节的程序。

[①] 参见田磊:《传播法学》,6页,上海:上海交通大学出版社,2004。

第二节　中国的政策和规制

中国的新闻传播法可以追溯到古代的"言禁""书禁""报禁"制度，到清末1906年7月颁布的《大清印刷物专律》，中国才有了第一部具有近现代意义的新闻传播法规。[①]中国当代新闻传播法的演进主要经历了新型传播法制的创立（1949～1956）、中国传播法制的严重破坏（1957～1976）、中国传播法制的充分发展（1978年至今）三个阶段。[②]

一、我国现行新闻传播相关法律的渊源

（一）《中华人民共和国宪法》

宪法是国家的根本大法，是由全国人民代表大会经过特定立法程序通过的，是制定普通法律的法律基础，是我国法律体系的基石，也是我国新闻传播法制建设的基本依据。

我国新闻传播法制的基本原则源自宪法中有关新闻传播活动的原则性规定，主要有三条：一是言论出版自由的原则；二是"两个服务"（为人民服务、为社会主义服务）方向的原则；三是国家发展与行政管理的原则。[③]从广义上说，我国现行宪法所规定的我国的社会制度、政治制度、经济制度、文化制度、公民的权利与义务等都指导和制约着新闻传播活动，新闻传播活动从内容到方式不得与宪法的基本内容和基本精神发生任何抵触。[④]从狭义上看，宪法对新闻传播活动有具体条款规范，如宪法第二十二条关于新闻出版广播电视事业为人民服务、为社会主义服务的方向的规定，宪法第三十五条关于公民言论、出版自由的规定，宪法第四十一条关于公民对国家机关及其工作人员提出批评建议的权利的规定，宪法第四十七条关于公民进行科学研究、文艺创作和其他文化活动自由的规定等，都是对新闻活动具有根本意义的法律规范。[⑤]2004年修宪时，在宪法第三十三条增列"国家尊重和保障人权"作为该条第二款。

（二）基本法律

我国现行法律体系中三组最重要的基本法律是《中华人民共和国刑法》和《中华人民共和国刑事诉讼法》、《中华人民共和国民法通则》（下简称《民法通则》）和《中华人民共和国民事诉讼法》、《中华人民共和国行政诉讼法》和《中华人民共和国行政处罚法》，这些都与新闻传播活动有着密切的关系。刑法确定犯罪和刑罚，作为最高的禁止性规范，包含了对传播活动的约束。新闻传播活动中大量的社会关系，特别是公民作为受众、被报道

---

① 参见黄瑚：《新闻传播法规与职业道德教程》，265页，上海：复旦大学出版社，2010。
② 参见雷润琴：《传播法》，58页，北京：北京大学出版社，2005。
③ 参见黄瑚：《新闻传播法规与职业道德教程》，18页，上海：复旦大学出版社，2010。
④ 参见魏永征：《新闻传播法教程》，第三版，9页，北京：中国人民大学出版社，2010。
⑤ 参见李扬、韩迅：《试论中国新闻传播法的基本原则》，载《南腔北调》，2011（12）。

者和作者的身份与新闻媒介之间发生的关系，都具有民事关系的特征，所以在没有专门的传播法的情况下，《民法通则》对于保障民众在新闻传播活动中的权利具有重要意义。[1] 其他全国人大常委会制定和修改的法律，主要调整某一方面的社会关系的具体内容和具体实施方法，部分法律与新闻传播活动相关。[2] 如：

关于重要信息的公布，有统计法、测绘法、防震减灾法、证券法、气象法、立法法、突发事件应对法等法律作出规定；

关于维护国家安全、保守国家秘密，有保守国家秘密法、军事设施保护法、国家安全法、档案法等加以规范；

关于新闻传播活动中的知识产权，有著作权法等加以规范；

关于广告活动，有广告法等加以规范；

关于公民、法人的人格权保护，除《民法通则》外，还有未成年人保护法、妇女权益保障法、反不正当竞争法、消费者权益保护法、预防未成年人犯罪法等对保障特定群体的权益作出规定；

关于以行政处罚制裁尚不构成犯罪的传播非法内容的新闻，有《治安管理处罚法》等加以规范。

（三）行政法规

管理各类传播媒介的专门行政法规有《音像制品管理条例》《电影管理条例》《出版管理条例》《印刷业管理条例》《广播电视管理条例》《电信条例》《计算机信息系统安全保护条例》《计算机信息网络国际联网管理暂行规定》《互联网信息服务管理办法》等加以规范。

新闻传播活动中对某一具体事项进行单向管理的行政法规：关于新闻出版方面的有《关于严厉打击非法出版活动的通知》《外国常驻新闻机构和外国记者采访条例》；关于广播电视方面的有《广播电视设施保护条例》《卫星电视广播地面设施管理规定》等。

其他行政法规中与新闻传播活动有关的规定，如 2007 年国务院制定颁布《政府信息公开条例》，于 2008 年实施，就政府公开信息的内容、方式、限制以及公民申请公开的程序和救济途径等作了全面规定，[3] 人们认为这部旨在保障公民知情权的行政法规将对新闻采访报道活动产生有益的影响。

（四）地方性法规

地方性法规是由省、自治区、直辖市及其政府所在地的市和经国务院批准的较大的市的人民代表大会和常务委员会，根据本行政区域的具体情况和实际需求，在不与宪法、法

---

[1] 参见罗静：《我国新闻领域法律体系的构成与缺陷》，载《新闻记者》，2006（2）。
[2] 参见魏永征：《新闻传播法教程》，第二版，10 页，北京：中国人民大学出版社，2006。
[3] 参见张新民、项琳、李建丽：《政府信息公开目录与中国政府公开信息整合服务平台的对接思考》，载《图书馆建设》，2010（1）。

律、行政法规相抵触的前提下，按法定程序所制定的规范性文件。[①] 与规范报刊出版活动有关的地方性法规，如《上海市图书报刊市场管理条例》《北京市图书报刊音像市场管理条例》等；规范广播电视活动的地方性法规，如《陕西省广播电视管理条例》《江西省广播电视管理条例》等；以新闻管理为名的地方法规至今只有一部，这就是1996年河北省人大常委会通过的《河北省新闻工作管理条例》。

（五）部门规章

部门规章是指国务院所属部委根据法律和国务院的行政法规、决定、命令，在本部委的权限内按照规定程序所指定的规定、办法、实施细则、规则等规范性文件。[②] 在我国新闻法的体系中，部门规章有着重要作用。大致包括以下几类：[③]

关于新闻媒介管理的规章，如新闻出版总署发布的《期刊管理暂行规定》《报纸管理暂行规定》；关于广播电视方面，有广播电影电视部发布的《有线电视管理规定》《广播电台电视台设立审批管理办法》。

关于取缔、打击非法出版物的规章，如新闻出版总署发布的《关于认定淫秽及色情出版物的暂行规定》《关于部分应取缔出版物认定标准的暂行规定》，公安部和新闻出版总署联合发布的《关于鉴定淫秽录像带、淫秽图片有关问题的通知》，为打击淫秽和其他非法出版物提供了详细依据。

保密法规章，如国家保密局、中央对外宣传小组、新闻出版总署、广播电影电视部联合发布的《新闻出版保密法规定》，是传播工作中贯彻执行"保密法"的具体规定。

有关传播单位经济活动的管理规章，如新闻出版总署和国家工商行政管理局联合发布的《关于报刊、期刊社、出版社开展有偿服务和经营活动的暂行办法》，在当时对报业经营活动的开展和报业经济的发展起了有益的推动作用。

有关新闻队伍建设的规章，如《关于加强新闻队伍职业道德建设，禁止有偿新闻的通知》《关于禁止有偿新闻的规定》等。

（六）其他相关法律法规

（1）香港、澳门回归祖国建立特别行政区以后，根据基本法的规定，当地大多数法律继续有效，特区立法机构还根据形势的发展制定新的法规，这些法规中涉及新闻传播的内容也属于我国新闻传播相关法律的一部分。

（2）我国同外国缔结或参与的国际条约中与新闻传播活动有关的内容，也属于我国的新闻传播法来源。我国已于1992年加入《世界版权公约》和《伯尔尼保护文学和艺术作品

---

① 参见许俊伦：《地方人民政府规章制定的基本特征》，载《中国法学》，1992（1）。
② 参见张予宪、杨艺文：《试论国务院部、委规章的概念及其与地方性法规的关系》，载《法学杂志》，1991（4）。
③ 参见田磊：《传播法学》，17页，上海：上海交通大学出版社，2004。

公约》。1997年10月我国签署了《经济、社会及文化权利国际公约》，且于2001年2月经全国人大常委会批准，该公约中关于文化权利的内容与新闻传播活动有关。2001年我国加入世界贸易组织，相关协议也涉及传媒业，为此我国在"入世"前后对有关的法律法规，如《著作权法》《出版管理条例》等做了重要修改。

二、我国现行新闻传播相关法律的主要内容

我国现行新闻传播相关法律的主要内容大致分为以下几部分。

（一）新闻传播与国家安全、社会秩序

新闻传播法制旨在维护国家安全、荣誉和利益；保守国家秘密；维护民族平等和团结；严禁传播淫秽色情内容；严禁传播封建迷信和邪教；严禁渲染凶杀暴力、赌博、恐怖等。

宪法第五十一条规定："中华人民共和国公民在行使自由和权利的时候，不得损害国家的、社会的、集体的利益和其他公民的合法的自由和权利。"①

为维护国家安全，我国针对新闻传播活动的禁载规定中，首先，禁止的是危害国家安全和利益的内容，禁止煽动分裂国家、颠覆政权、抗拒法律的实施，禁止窃取、泄露国家秘密等。如刑法第一百零三条第二款规定：煽动分裂国家、破坏国家统一的，处五年以下有期徒刑、拘役、管制或者剥夺政治权利；首要分子或者罪行重大的，处五年以上有期徒刑。

其次，禁止妨害社会公共秩序的内容。我国法律禁止的传播破坏社会秩序的行为包括：散布谣言；宣扬邪教，宣扬淫秽、色情；渲染暴力、凶杀。如对禁止"黄色出版物"即淫秽、色情和夹杂淫秽内容的出版物的问题，全国人大常委会1990年专门颁布了具有法律性质的《关于惩治走私、制作、贩卖、传播淫秽物品的犯罪分子的决定》（现已收入刑法），该决定草案规定，"淫秽物品是指具体描绘性行为或者露骨宣扬色情的淫秽性的书刊、影片、录像带、录音带、图片等物品。有关人体生理、医学知识的科学著作和夹杂淫秽内容的有艺术价值的文学、艺术作品不是本决定所称的淫秽物品。对黄色的、不健康的书刊、影片、录像带、录音带和图片的处理，应与淫秽物品加以区别，决定草案对此未做规定，可以由国务院另行规定行政管理办法。"② 除此之外，国务院还颁布了有关行政法规，最高人民法院和国家新闻出版管理机关也制定了有关司法解释和部门规章。

（二）新闻传播与公民权利

我国新闻传播法关于公民权利的问题主要包括保障公民的表达权和知情权。知情权和表达权是人民民主的核心和基础，也是新闻媒体赖以生存的根基。③

---

① 引自《中华人民共和国宪法》，第五十一条。
② 引自《关于惩治走私、制作、贩卖、传播淫秽物品的犯罪分子的决定（草案）》（1990年）。
③ 参见李良荣、张春华：《论知情权与表达权——兼论中国新一轮新闻改革》，载《现代传播》，2008（4）。

宪法第三十五条规定的公民基本权利在理论上被称为表达权。其中言论、出版自由引申到新闻活动中时，被理解为依法运用新闻工具发表意见，表达自己意志的权利和自由。宪法规定了公民对任何国家机关和国家工作人员提出建议和批评的权利，专指对国家和社会事务发表意见的特殊的表达权。①

当公民所表达的内容具有一定的独创性并具备某种物质形式而构成作品时，就受到《中华人民共和国著作权法》的保护。著作权是指作者或其他著作权所有人对文学、艺术和科学技术作品依法享有的专有权利。② 著作权的内容包括人身权和财产权，人身权包括作者的身份权、署名权，作品的发表权、修改权，保护作品完整权等；财产权包括复制权、出版发行权、表演权、播放权、展览权、摄制权、演绎权、编辑权等。

知情权是指公民获得、知悉信息的自由和权利。我国法律体系中对于知情权的保护，只是作为一种原则散见于各种法律法规中，包括让公民自由选择所需要的信息；规定有关部门、组织有通过传媒公开发布有关信息的职责或义务；为满足知情权而对其他权利作适当的限制；对新闻媒介的传播行为提出质量要求和标准。③

（三）新闻事业的行政管理

在我国，对新闻事业进行行政管理的国家机关主要是新闻出版广电总局。我国新闻媒体实行批准登记制，新闻行政管理部门依法执行审批权。批准登记制是我国新闻业管理的基本制度之一。对报刊的批准登记依据《出版管理条例》及《内部资料性出版物管理办法》（新闻出版署1997年颁布），对广播电视媒体批准登记方面，1997年国务院颁布的行政法规《广播电视管理条例》以及国务院广播电视行政管理部门颁布的规章如《有线电视管理规定》（1994年）、《广播电台电视台设立审批办法》（1996年）、《广播电视无线管理办法》（1988年），都对申请、批准、登记的管理手段予以规定。

以报刊出版为例，我国《出版管理条例》规定：国务院出版行政部门制定全国出版单位总量、结构、布局的规划，指导、协调出版事业的发展。在此前提下，该条例第十一条规定设立出版单位应具备下列条件：（1）有出版单位的名称、章程；（2）有符合国务院出版行政部门认定的主办单位及其主管机关；（3）有确定的业务范围；（4）有30万元以上的注册资本和固定的工作场所；（5）有适应业务范围需要的组织机构和符合国家规定的资格条件的编辑出版专业人员。关于审批程序，按照该条例的要求，主要是按"申请—批准—登记"的步骤办理。④ 第十二条规定："设立出版单位，由其主办单位向所在地省、自治区、直辖市人民政府出版行政部门提出申请；省、自治区、直辖市人民政府出版行政部门审核同意

---

① 参见陈力丹：《论宪法精神与新闻工作》，载《新闻与传播评论》，2003（年刊）。
② 参见蓝鸿文：《新闻伦理学简明教程》，130页，北京：中国人民大学出版社，2001。
③ 参见吴瑛：《网络假新闻的法律解读》，载《新闻记者》，2002（3）。
④ 引自《出版管理条例》（2001年），第十一条。

后，报国务院出版行政部门审批。"^①在得到批准后，主办单位应向所在地省级出版行政部门办理注册登记手续，填写报纸或期刊申请登记表，领取出版许可证（"报刊登记证"），编入"国内统一刊号"，方可出版；同时还需向工商管理部门领取营业执照。该条例还规定了申请书应当载明的事项，以及明确行政部门审批期限为90日，主办单位在得到批准后办理登记的期限为60日。

（四）特殊信息和新闻的制定发布

在我国，重要政务新闻由新华社统一发布，由《人民日报》负责刊载。

对有关党和国家主要领导人的作品实行事先审查制度，相关法律见诸于《关于对描写党和国家主要领导人的出版物加强管理的规定》《关于发表和出版有关党和国家主要领导人工作和生活情况作品的补充规定》《出版管理条例》《图书、期刊、音像制品、电子出版物重大选题备案办法》。

有关重要证券信息的发布由指定报刊披露。证券信息的披露和传播具体要遵循以下规则^②：重大信息和文件限时公布规则；重要文件审查验证规则；误导性信息及时澄清规则；内幕信息控制规则。关于证券信息的真实、准确、完整方面必须保证不得有虚假记载、不得有重大遗漏和不得有误导性陈述。《中华人民共和国证券法》第一百一十三条规定，证券交易即时行情由证券交易所公布，"未经证券交易所许可，任何单位和个人不得发布证券交易即时行情"^③。

有关气象预报信息实行统一发布制度。气象预报，是涉及整个国民经济建设、社会生活和千家万户日常生活的重要信息。准确、及时地制作发布气象预报，开展气象预测，可以预防和减轻气象灾害，合理开发利用气象资源，借以保障人民生命财产的安全，促进经济建设和社会发展。我国规范气象工作的法律是1999年颁布的《中华人民共和国气象法》。在气象预报统一发布制度中，新闻媒介主要承担两项义务^④：准确及时传播气象台站的气象

要点小结

中国的政策和规制

一、我国现行新闻传播相关法律的渊源

二、我国现行新闻传播相关法律的主要内容

---

① 同上，第十二条。
② 参见石研：《论我国证券信息指定报刊披露制度的悖论》，载《中国出版》，2011（12）。
③ 引自《中华人民共和国证券法》（2005年），第一百一十三条。
④ 参见刘立成：《简论当代中国气象传播四大观念及其演变》，载中国气象学会2006年年会"气象史志研究进展"分会场论文集。

预报；不擅自发布重要气象新闻。有关汛情、疫情、震情，我国也实行统一发布制度。

> **延伸阅读**
>
> 最高人民法院、最高人民检察院于2013年9月召开了新闻发布会，公布"两高"关于办理利用信息网络实施诽谤等刑事案件适用法律若干问题的解释。
>
> 据悉，该司法解释于2013年9月5日由最高人民法院审判委员会第1,589次会议、2013年9月2日由最高人民检察院第十二届检查委员会第9次会议通过，自2013年9月10日起施行。
>
> 《解释》明确了适用公诉程序的条件即"严重危害社会秩序和国家利益"的七种情形：引发群体性事件的；引发公共秩序混乱的；引发民族宗教冲突的；诽谤多人造成恶劣影响的；损害国家形象，严重危害国家利益的；造成恶劣国际影响的；其他严重危害社会秩序和国家利益的。
>
> 《解释》规定，利用信息网络诽谤他人具有下列情形之一的，应当认定为刑法第二百四十六条第一款规定的"情节严重"，可构成诽谤罪。
>
> 同一诽谤信息实际被点击、浏览次数达到五千次以上，或者被转发次数达到五百次以上的；造成被害人或者其近亲属精神失常、自残、自杀等严重后果的，则不问诽谤信息实际被点击、浏览或者被转发次数，即可直接认定为"情节严重"，同时规定二年内曾因诽谤受过行政处罚，又诽谤他人的，也认定为"情节严重"。
>
> 最高法发言人称，网民通过网络检举、揭发他人违法违纪行为的，有关部门应及时公布调查结果。即使网民检举揭发的部分内容失实，只要不是故意捏造事实诽谤他人的，或不属明知但捏造损害他人名誉事实而在信息网络上散布的，不应以诽谤罪追究刑责。

第三节　新媒体时代的媒介监管

新媒体已经成为广大民众积极参与政治，进行舆论表达，对政府进行监督的最重要的平台。它不仅主导着新闻报道和社会舆论，还深刻影响着中国的政治、文化生态，并且成为经济产业发展的重要引擎，深度渗透至社会的存在方式中。然而，新媒体出现的"自由言论"与国家、社会、个人利益之间发生冲突，使各国开始思考如何合理利用新媒体的问题，并出台一系列的法律法规，力图对新媒体的言论进行适度的限制。

一、政府对新媒体的利用与监管

面对新媒体给政府自身建设带来的挑战，各级政府首先要认识到新媒体对社会治理和政府决策的影响，重视新媒体在政府社会管理中的作用，改变附着在原有政治体制内保守的看法，要抱着开放的心态来对待新媒体，逐步改变以往政府与媒体之间的关系，重新确定政府与新媒体在社会管理中的角色定位和相互之间的关系，将新媒体作为政府与民众进行沟通的渠道。

然而，新媒体也亟须政府对其施以有效监管。媒体发展的脉络基本上就是从个人向组织的过渡，媒体组织越来越强大，传播者的影响力越来越大，结果是受者的抵抗力越来越低，受众的地位越来越低，受众越来越容易被渗透。正是在这种历史背景下，政府对新媒体的监管就显得非常必要。①

---

① 参见刘宏：《政府应该如何监管网络》，载《新闻与写作》，2009（3）。

（一）提高政府对新媒体的驾驭能力

面对层出不穷的新媒体舆情事件，政府应下大力气提高政府官员对新媒体的认识，及应对新媒体舆情突发事件的能力和对新媒体的驾驭能力，以便更好地对新媒体进行监管，化被动为主动，运用新媒体处理解决危机。

比如说如今的官方微博办得怎么样？在新浪微博上，政府官方微博的明确显示有很多个，其中还不包括警方的微博。这些微博普遍都比较官方化，多使用官方语言，不够活跃。官方微博有点像网络新闻发言人，而微博本身是比较个人化的，这就带来一个问题，官方语言能够和网络语言融合吗？

（二）打造权威信息发布平台

打造权威信息发布平台，可以从以下两方面入手①：一是建设畅通、有效的官方网站，并设立专门的信息发布与沟通栏目。当突发事件爆发时，民众可以在第一时间从政府官方网站上得到权威、真实的信息，防止类似山西地震谣言的事件再次发生。二是建立健全网络新闻发言人和信息发布制度，将新闻发言人制度与新媒体信息传播方式结合起来，构建政府信息公开的新渠道。建立网络新闻发言人制度，旨在通过网络及时、主动、准确地发布权威消息，尽快澄清虚假、不完整信息，消除误解、化解矛盾，正确引导网络舆论，进一步凝聚网民，营造良好的舆论环境。

最高人民法院、最高人民检察院于2013年9月9日出台司法解释规定，"同一诽谤信息实际被点击、浏览次数达到5,000次以上，或者被转发次数达到500次以上的"，应当认定为诽谤行为"情节严重"，从而为诽谤罪设定了非常严格的量化入罪标准。这既是对网络谣言的又一严厉的打击手段，同时也提醒政府在面对网络谣言时应该有更积极的作为，真正做到用信息的公开透明消灭"500次转发"这样的谣言。李克强总理在2013年9月18日主持召开的国务院常务会议上，要求一些地方、部门解决在信息公开上不主动、不及时，以及面对公众关切不回应、不发声的现象。这个要求很及时，是网络时代、话语时代需要加强的。信息公开是保障公众知情权、参与权、监督权的重要保障。为使公众更加方便地获取党和国家发布的政策信息，国务院公报已在腾讯网开通了微信。2013年9月18日，该微信发布了《国务院办公厅关于批准常州市城市总体规划的通知》。此前，3月17日，该微信发出了《国务院办公厅关于调整国家森林防火指挥部组成人员的通知》的第一份文件。②

"国务院公报"代表的是国务院，由于信息发布的渠道正规，也就可以用权威化解百姓疑问。有了官方的透明信息，才能减少"大V"的谣言，才能减少更多的"500次转发"。可以说"国务院公报"的上线，就是政府主动适应网络新形势。

---

① 参见武广志：《新媒体背景下信息传播与政府监管》，北京：中央民族大学硕士论文，2012。
② 参见2013年9月19日人民网消息，http://js.people.com.cn/html/2013/09/19/256669.html。

(三)建立信息监管体系

为了加强网络新媒体管理,国务院新闻办专门成立了网络新闻管理局,负责网络新闻传播的管理。我国互联网政府管理机构的法律依据是《互联网信息服务管理办法》,该办法第十八条规定:"国务院信息产业主管部门和省、自治区、直辖市电信管理机构,依法对互联网信息服务实施监督管理。新闻、出版、教育、卫生、药品监督管理,工商行政管理以及公安、国家安全管理等有关主管部门,在各自职责范围内依法对互联网信息内容实施监督管理。"[1]

栾轶玫提出了构建"信监会"的设想,"我们不能仅仅把媒体的作用视为社会技术治理手段,而应当扩大媒介的公共性,最大范围构建全社会的舆论沟通平台。而要做到这一点,就要建立有中国特色的信息监管体系,在这个体系中,非常重要的一环可能就是成立信监会,就是信息业监管委员会。"[2]这一设想的提出是针对我国在信息监管方面长期以来都是以零碎化的政策来实现调控,缺乏一个长效的机制来实现对信息尤其是新媒体领域的监督管理的问题。建立信监会能够使目前一些隐性的信息监管变成显性的公开监管,真正实现政府对全局的把控和从国家角度对全国信息政策的调整。

二、完善媒体监督机制

(一)成立独立的媒体监管机构

从英国进行媒体监管的经验来看,独立于政府和行业的第三方组织也是实施监管的一条途径。

2005年英国媒体窃听王室事件曝光,2011年默多克所在的国际新闻公司被爆出非法截取、窃听众多名人电话丑闻,促使英国三大党派于日前发表公开声明,成立新的新闻监管机构,确保媒体行为规范。

英国首相卡梅伦指出:"仅仅依靠新闻投诉委员会(PCC)这样的组织来实现媒体自我监管是不太现实的,现在需要一个全新的机制,这个机制必须真正独立,既独立于传媒,也独立于政府。"2012年3月8日,英国新闻投诉委员会宣布解散媒体自我监督机构并筹建新机构,以挽回媒体因窃听丑闻受损的社会形象。[3]

英国政客于2013年3月就媒体监管达成了一项协议,这一新规旨在解决该国丑闻缠身的媒体最严重的弊病。这项协议被英国首相卡梅伦称作"英国史上最严厉"的传媒业协议,提议建立监管机构将独立于媒体,同时有权要求媒体在违反监管机构规定时刊登显著的道歉声明或者缴纳最高100万英镑(约合938万元人民币)的罚款,并要求媒体对本身

---

[1] 祁述裕、王列生、傅才武主编:《中国文化政策研究报告》,59页,北京:社会科学文献出版社,2011。
[2] 刘宏:《政府应该如何监管网络》,载《新闻与写作》,2009(3)。
[3] 整理自网易新闻专题《英国媒体监管新规竟如何?》,http://view.163.com/13/0328/17/8R2P9ONV00012Q9L.html。

不当行为在报纸显著位置公开道歉。与此前的 PCC 相比,新的媒体监管机构有权责成报纸修改头版文章的错误,并在头版刊登道歉声明,媒体则无权否决对监管人的任命。加入监管机制是自愿的,但不愿接受监管的媒体集团如果其报道与英国的司法体系相违背,将有可能遭受额外的损失。新的监管机构旨在弥补此前新闻投诉委员会的一些缺陷。报纸主编将失去对监管机构成员任命的否决权,而外部团体也可以提出投诉。相比而言,原有的投诉委员会的决定对媒体并没有约束力,也无权对违规媒体进行处罚。

(二)加强新闻媒体行业自律

新闻自律,即新闻从业人员通过自我约束,使自己的行为符合社会道德规范的要求,[①]它相对于行政法规而言是一种新闻界内在的、非强制性的自我约束行为。行政法规对新闻传播活动具有"强制性"的特征,只管"硬件"即行为,不管"软件"即思想意识。而一套完善的新闻自律机制不但能在外在层面上对违反新闻道德的行为进行约束,而且能把新闻职业道德内化为一种由内而外、自觉遵守的习惯,保证新闻事业的专业性和纯洁性。

1949年7月31日著名新闻工作者范长江在华东新闻学院讲习班的讲话中提出的人民新闻工作者的四个信条,可以看作是对我国新闻工作者自律的最早归纳和要求。这四个信条分别是新闻绝对真实;思想要正确;群众观点的建立;建立自我批评。[②]

(三)学习新闻工作者职业道德规范

我国第一个成文的新闻职业道德规范条例是1981年由中宣部新闻局和中央新闻单位共同商拟制定的《记者守则》(试行草案)。该守则的十条重要内容分别是:与党中央保持政治一致;深入调查研究,充分掌握第一手资料;严格尊重事实,严禁弄虚作假;学习和掌握唯物辩证法,切忌主观主义、片面化、绝对化;工作严肃认真,一丝不苟;坚持真理,敢于斗争;积极向领导机关反映情况;遵守宪法、法律、党纪和所在单位的制度,不泄密,不搞不正之风;谦虚谨慎,向群众学习,甘当人民的小学生;认真学习马列主义、毛泽东思想和党的路线方针政策,苦练采访、写作基本功。[③]

三、提高全社会媒介素养

关于媒介素养,美国媒介素养研究中心定义是,媒介素养是指人们面对媒介提供的各种信息时的选择能力、理解能力、质疑能力、评估能力、创造能力和制作能力,以及思辨的反应能力。它包括人们对各种信息的解读能力,除了现在拥有的听、说、读、写能力之

[①] 参见顾理平:《新闻传播法学》,49页,南京:江苏教育出版社,2012。
[②] 参见郑保卫:《崇尚真实、坚持真理、热爱人民、淡泊名利——学习范长江的品行与风范》,载《新闻爱好者》,2010(1)。
[③] 参见顾理平:《新闻传播法学》,54页,南京:江苏教育出版社,2012。

外，还应具备批判性地观看、收听和解读影视、广播、网络、报纸、书刊和广告的能力，还有对大众媒介信息的制作能力。简而言之，媒介素养是指正确地、建设性地享用大众传播资源的能力，能够充分利用媒介资源完善自我、参与社会进步的能力。主要包括受众利用媒介资源动机，使用媒介资源的方式、方法和态度，利用媒介资源的有效程度以及对传媒的批判能力。①

> **要点小结**
>
> 新媒体时代的媒介监管
> 　　一、政府对新媒体的利用与监管
> 　　二、完善媒体监督机制
> 　　三、提高全社会媒介素养

（一）提高受众媒介素养的必要性

在我国，大众媒介是党、国家和人民的喉舌，是思想舆论的重要阵地。长期以来，媒介作为宣传工具发挥着重要作用，导致媒介强制色彩较浓的教化模式和受众对媒介传递的信息丧失了基本的警觉性。在一些媒体报道失实的情况下，比如在失实、不公正的批评性报道中，受众往往不加思辨，一味相信媒体的报道，最后可能给受众、被报道企业或个人造成某些极其负面的影响，即使事后媒体给予更正报道，也很难挽回不利的影响。因此，我们必须一方面采取各种措施尽力提高公民的媒介素养，另一方面通过法律手段保证媒体的真实报道。

（二）受众媒介素养的培养

由于我国媒介素养教育一直迟迟未能有效开展，公民缺乏对新闻信息和大众传媒的正确认识，而新媒体时代，每一个公众又都成为事实上的传者，这就进一步增强了公众传受双重身份的素养责任。首先，新媒体时代公众媒介素养体系中最为重要的一点，是提高公众自主接近信息源以及生产、加工与传播信息的能力；其次，应培养公众正确运用话语权的能力，要能够对可能出现的传播效果进行恰当的预估；最后，要增强公众作为信息接受者自主处理信息的能力，面对信息裂变传播造成的信息爆炸，公众应当提高对信息的理解、质疑、评估能力，尤其应提高对信息的质疑和批判能力。

（三）推进新闻法制化进程

在我国"新闻法"没有出台之前，我们能不能一方面推进其

---

① 参见师峰涛：《有关媒介素养的思考——提高公民媒介素养的实施途径》，载中国管理传播网，http://manage.org.cn/article/200609/38472.html。

立法进程；另一方面，针对现有的法律中有利于促进社会进步的规定，对新闻界的活动进行规范。展江认为，"我国出台的《政府信息公开条例》还不是一部法律，它是一部行政法规。它原来不属于'新闻法'的范畴，但是政府信息的公开特别重要，这种公开又离不开传媒，所以也被纳入广义的新闻法。民法通则、刑法中也有可能涉及传媒的内容，如名誉权的保护、诽谤罪、侮辱罪等规定，这些条款的认真执行、运用也能促使新闻界扩大其基本的权利，限制新闻界的一些不当作为。我赞同这些观点，但是不能因此否定专门的'新闻法'的价值。"①

新闻立法事实上是一个行业立法，行业立法的规则是保证该行业的利益的同时，对该行业所应承担的社会责任和义务作出规制，以协调该行业和其他社会利益集团的关系。"新闻法"应是规范整个新闻传媒业的"行规"，只不过这个"行规"不是由新闻从业者自身制定的一种"自律"，而是代表人民利益的立法者制定出来对新闻行业进行的"他律"；这种他律既保障了新闻传播主体的特殊权利，也对其传播行为进行监督，对违反法律规定的行为进行惩罚。

30多年的改革开放使中国走上了自强发展的道路，作为社会体系关系重大的一环，新闻事业的法治化是改革的必由之路，也只有依靠法治化，我们才能将新闻事业做大做强，才能使世界更好地了解中国，促进我们和世界各国共同发展。

案例精选

造谣帖被转发500次 中学生被刑拘

17日下午，甘肃省张家川回族自治县初三学生杨某被警方以涉嫌寻衅滋事罪刑拘，此前杨某曾发微博质疑该县一名男子非正常死亡案件有内情。

昨日，《北京青年报》记者通过联系杨某的父亲了解到，他儿子杨某17日被当地警方带走，依法刑事拘留。杨某的父亲告诉《北京青年报》记者，"我和儿子母亲一直在北京，儿子在老家和爷爷一起生活。"

18日，张家川县官方对外通报称，9月12日早6时17分，警方接到报警，称在张家川镇原明盛楼对面的人行道上发现一人躺在马路上，生死不明。民警赶到现场后发现男子已死亡。警方办案中多次要求家属配合尸检，均遭拒绝。警方称，为防止事态扩大，尽快破案，张家川县公安局决定依法强制尸检。经过综合调查取证，警方确定死者系高坠致颅脑损伤死亡。

该案调查阶段，死者家属拒绝对尸体进行尸检，在对死者死因未明确定性情况下，死者家属主观臆断并利用他人炮制舆论散布死者高某系他人殴打致死并抛尸，以此误导群众，混淆视听，严重干扰公安机关依法办案。依照相关法律规定，张家川县公安局已对在"9·12"案件中利用网络平台虚构事实，扰乱公共秩序的违法人员给予治安处罚（其中行政拘留1人，罚款5人），对情节严重，发帖转载500次以上的1名犯罪嫌疑人依法刑事拘留。

中学生父亲认为转帖不到500次

杨某的父亲告诉《北京青年报》记者，杨某今年16岁，在张家川镇中学上初三。杨某曾在北京上学，现在家乡上初中。

9月14日中午，杨某在微博发布消息称，张家川"9·12"杀人案发生后警方不作为，且多次与群众发生争执甚至殴打死者家属。当晚，再发微博，称警方强行拘留死者家属，与群众发生冲突。9月15日晚，杨某又发微博称，钻石国际KTV（案发地）的法人代表是张家川县人民法院的副院长苏建。后经警方调查，此微博内容不实。

---

① 人民网2009年6月19日报道：《〈新闻法〉为何至今悬而未立》，http://media.ifeng.com/news/tradition/other/200906/0619_4273_1211003.shtml。

杨某的父亲告诉《北京青年报》记者，"现在儿子链接至QQ空间'说说'的帖子均已被删除，但是我认为发帖转载没有到500次。"杨某父亲表示，儿子根本就不认识死者，跟他没有任何关系。自己打算在北京找一个好点的律师，回当地了解一下事件的具体过程，然后请律师帮忙处理这件事情。

据悉，"两高"于9日出台司法解释，同一诽谤信息实际被点击、浏览次数达到5,000次以上，或者被转发次数达到500次以上的，应当认定为诽谤行为"情节严重"，可构成诽谤罪。

思考与研讨题

1. 你认为我国是否应该出台专门的新闻法？
2. 甘肃张家川回族自治县一初三学生杨某发微博称该县一男子非正常死亡案件有内情，后杨某被警方以涉嫌寻衅滋事罪刑拘，这成为"两高"的"500次转发即获刑"的司法解释出台后第一个因此获刑的人，对此你有何看法？该司法解释是否存在漏洞？
3. 西方国家在媒介监管上有什么值得我们借鉴的举措？

chapter 11

第十一章　新闻传播的研究方法

本章要点

1. 介绍马克思主义新闻观
2. 阐述新闻传播的研究方式及对新型研究方法的展望

在19世纪和20世纪之交诞生的新闻传播学,作为一门年轻的学科有着自己独特的传承体系。新闻传播学科吸取了传统新闻学的实用价值,同时融合了传播学理论假设和研究方法。在新闻学与传播学经过20多年的磨合之后产生了新闻传播学独具特色的理论和研究方式。新闻学不再拘泥于传统的报刊,范围扩展到电视、新媒体以及公共关系领域,这也就意味着社会学、心理学、人类学等更多层级的学科开始融入到新闻传播学中,国内外学者在这一方面都做了有益的尝试。马克思主义新闻观也是这一有益尝试的结果,经过几代人的不断完善,马克思主义新闻观指导着新闻传播理念走向成熟。最后,在日新月异的新时代背景下,新闻传播的理论和研究方法需要不断地与时俱进,更好地适应社会的需求。

第一节 马克思主义新闻观

新闻观简单来讲就是人们对于社会中的新闻现象和新闻活动的看法和观点,它涉及人们对于新闻现象和新闻活动的性质、地位、作用、意义乃至衡量准则和现实价值的总的看法,也是对新闻工作中应该恪守的基本原则和思想方法的集中概括,是世界观和价值观在新闻领域的集中体现,深刻地影响着新闻从业者的新闻态度乃至新闻传递的角度,也对受众的新闻理解视角产生很大的影响,在人们的心理和行动方面产生多方效应。

一、马克思、恩格斯的新闻观

马克思主义的新闻观,相对于传统的资本主义新闻观而言是一种更有时代意义的新闻观,"它指的是马克思主义经典作家和后来党的主要领导人关于信息传播、宣传、新闻、文化、传播政策以及党组织内部思想交流等等的论述"[①]。马克思主义新闻观的形成是一个与时俱进,不断充实、完善、创新和发展的过程。马克思和恩格斯作为创立者和奠基者提出并深刻阐述了一系列基本理论和基本观点,100多年来,经历了以列宁为代表的俄国布尔什维克党人和以毛泽东为代表的中国共产党人不断继承、创新和发展的长期过程,逐步形成了科学、系统的理论体系。它是在批判资本主义新闻观的立场上形成的有独立体系的新闻视角和价值判断标准。马克思主义新闻观不是有关新闻传播的成体系的理论,而是后人根据这些伟大领袖的思想归纳和梳理出来的。这也就意味着它有丰富的理论发展空间。

马克思和恩格斯是马克思主义新闻观的创始人和奠基者。马克思和恩格斯以文字撰写书籍、在报刊上发表文章等形式,创办和参与编辑了一批卓有影响力的报刊书籍,在这一过程中逐渐形成了他们自己关于新闻业的看法和观点,确立了马克思主义新闻理论的基本

---

① 陈力丹:《马克思主义新闻观教程》,2页,北京:中国人民大学出版社,2011。

观点，形成了马克思主义新闻观。

马克思和恩格斯的新闻观是一种全新的无产阶级的新闻观，是在辩证地批判了资产阶级新闻观的基础上形成的独立的新闻观。作为对资产阶级新闻观的辩证的批判，无产阶级新闻观也借鉴了资产阶级新闻观中的有益成分。

马克思和恩格斯的新闻观，包括两部分的内容，一部分是他们对新闻领域一些基本问题的看法；另一部分是他们关于无产阶级党报工作的一系列思想观点，这一部分的内容构成了马克思主义新闻观的主要内容。

马克思主义新闻观的基础部分是马克思和恩格斯关于新闻传播的一系列看法。首先就是要根据事实来描写事实，不能歪曲或根据个人需要臆造。新闻传播的真实性是马克思主义新闻观的根本要求。马克思在1843年1月担任《莱茵报》主编期间发表的《摩泽尔记者的辩护》[1]中多次强调新闻要用事实说话。这里的真实性是指新闻报道同其所反映的客观事实应该是相符合的。一切传播活动的根本目的都是建立在传播必须有效的基础之上的，所以根据事实进行描写传递是新闻传播的根本出发点。马克思主义的新闻观指出，辩证唯物论和实事求是的思想路线，要求新闻从业者必须真实客观地反映新闻事件，坚持报道的真实性才能实现报道的有效性，在新闻传播的思想上始终要保持忠于新闻事件、忠于新闻发展的全部过程，不添加任何额外内容，要坚持只有通过真实的报道才能实现新闻的传播使命。

其次，马克思和恩格斯强调了报刊作为社会舆论的纸币的强大作用，它如同纸币一般承担社会关系的流通和中介作用。马克思和恩格斯还指出报刊是社会的耳目和社会的捍卫者，是对当权势力的披露者，它能监听社会每一个角落发出的声音，并将其传达出去，它无时无刻不监视当权者的一举一动，以难以控制的速度将每一个不合时宜的举动展现给社会大众。同时，报刊也是人民日常思想感情的表达者，在马克思和恩格斯眼中，"报纸最大的好处就是它每日都能干预运动，能够成为运动的喉舌，能够反映出当前的整个局势，能够使人民和人民的日刊发生不断的、生动活泼的联系"[2]。他们认为，报刊应该成为人民所期待的意见传递途径，是人民的喉舌。

马克思和恩格斯认为报刊具有自己的内在规律，如同植物的生长规律。马克思在承担《莱茵报》的编辑工作之后，面对普鲁士当局对人民报刊以及众多先进报刊的限制，写下了《〈莱比锡总汇报〉在普鲁士邦境内的查禁》等一组（共七篇）文章，公开抗议普鲁士专制政府对进步报刊的迫害。在第二篇文章《〈莱比锡总汇报〉的查禁和〈科隆日报〉》中，马克思提出了"报刊的内在规律"这个概念，"要使报刊完成自己的使命，首先必须

---

[1] 1842年年底，《莱茵报》驻摩泽尔记者彼·科布伦茨如实报道了摩泽尔河畔的一些小葡萄园酿造者的贫困生活，遭到了莱茵省总督冯·沙培尔的无理指责。在仔细分析各种材料并进行实地调查研究的基础上，马克思以摩泽尔记者的名义，发表《摩泽尔记者的辩护》，以详尽的事实和无可辩驳的论证对冯·沙培尔的指责作出了全面、客观、深刻的答辩。
[2]《马克思恩格斯全集》，第7卷，3页，北京：人民出版社，1959。

不从外部为它规定任何使命,必须承认它具有连植物也具有的那种通常为人们所承认的东西,即承认它具有自己的内在规律,这些规律是它所不应该而且也不可能任意摆脱的"[1]。报刊的内在规律这一观点虽然在马克思后期的研究和论述中并没有做详尽的叙述,但是无论就报刊本身还是传播学的发展乃至哲学的发展这一观点都产生了重大的影响。此外马克思和恩格斯还指出报纸作为一个整体,处在一种有机运动的过程之中,而对出版自由的放宽应该是所有自由的前提,是其他自由的保障。

马克思主义新闻观除了以上内容,还具体地体现在马克思和恩格斯提出的党报思想上。马克思和恩格斯认为,党报党刊是党的重要思想武器和政治阵地,是党存在和发展的标志,是精神气质;党报党刊必须遵守和阐述党的纲领和策略,按党的精神进行编辑工作,党报党刊应当真正代表和捍卫无产阶级和人民大众的利益,成为他们自己的报纸;党报党刊要成为党内批评的强大武器,敢于开展新闻批评是一个党有力量的表现;党报党刊要处理好与党的领导机关的关系,在党的领导和监督下开展工作,党组织要加强对党报党刊工作的领导和监督。

与此同时,马克思和恩格斯在方法论上阐述了"交往"这一概念。

人们在世界地理大发现之后开始了大范围的交往活动,但是,由于自身的成长和相应的文化背景,人们很难摆脱固有的观点和"偏执",很难摆脱国家所带来的无形的文化传统和社会意识的影响。马克思和恩格斯认为自己之所以能摆脱局限的视角看问题,正是因为他们不属于任何"祖国","我是世界的公民,我走到哪儿就在那儿工作"[2]。马克思和恩格斯重视"交往",尤其是在现代社会,伴随铁路、电报和工业的兴旺,"交往"变得越来越重要,他们提出"精神交往""民族交往"到"世界交往"。马克思和恩格斯都主张要站在世界的角度去观察事件,利用交往所产生的力量来解释和传递信息,他们预言在未来的信息社会之中,"交往"将会产生更多能量,带来更多变化。

马克思主义新闻观发展的100多年以来,经历了社会的变迁和时代的进步,马克思主义新闻观得到不断传承与发展,主要是

> **背景延伸**
>
> 古代社会中,人们对于世界的理解往往都是以"自我"为中心的,这是以对世界的无知为前提。但随着时间的发展,世界地理大发现颠覆了传统的世界,大大扩展了人们的视野,世界有了真正的意义,人们之间开始进行"交往"。

---

[1] 《马克思恩格斯全集》,第1卷,397页,北京:人民出版社,1995。
[2] 中共中央马克思恩格斯列宁斯大林著作编译局:《摩尔和将军》,90页,北京:人民出版社,1982。

以列宁为代表的俄国布尔什维克党人和以毛泽东为代表的中国共产党人。

二、列宁对马克思主义新闻观的传承

列宁是马克思主义以及无产阶级事业的忠诚继承者，他在传承了马克思主义新闻观的基础上，结合了自己从事报刊活动的大量实践经验，认为报刊对于革命活动有着至关重要的影响，由此列宁进一步发展了马克思主义新闻观。

首先，列宁说，"报纸不仅是集体的宣传员和集体的鼓动员，而且是集体的组织者"[1]，强调了党报的组织功能和作用。列宁将党报比作正在施工的建筑物的脚手架，指出党报是人们借助完成宏伟建筑的工具，是参与整个过程的一部分。

其次，列宁明确了党报的党性原则，强调了党对党报的领导和监督责任。列宁首次使用"党性"一词，并对党性这一概念作出了理论阐述。列宁认为"写作事业应当成为整个无产阶级事业的一部分，成为由整个工人阶级的整个觉悟的先锋队所开动的一部巨大的社会民主主义机器的'齿轮和螺丝钉'"[2]。党报党刊应是党的工作机构，应成为党组织的机关报，应当接受党的领导和监督。只有真正按照党性原则工作的报刊才是真正的党的报刊。党组织要关心和重视党报工作，要加强对党报的领导和监督，要清洗违背和破坏党性原则的成员，使党报党刊成为真正的党的事业。列宁强调要坚持党性原则，谴责一切违背和破坏党性原则的行为。列宁对于如何判定报刊及其工作人员是否违反党性原则、如何区分某一观点是"党的观点"还是"反党的观点"规定了明确的标准。他提出的三个标准：一是是否按照"党纲"要求，二是是否符合"党的策略决议和党章"，三是是否遵循"党的全部工作经验"。列宁认为由此就可以避免少数人滥用、乱用自己在党内拥有的地位和权力任意迫害他人。与此同时，列宁也指出这种规则的制定并不违背党报的自由宗旨，因为它始终以社会主义思想代表着劳动人民，列宁将报刊的党性与为劳动人民服务结合起来，党的报刊同时是人民的报刊。列宁关于报刊党性原则的思想是对马克思主义新闻观的重大发展，这一系列理论为后来各国无产阶级政党报刊指出了坚持党性原则的方向和途径。

同时列宁也揭示了资产阶级新闻自由的实质，从阶级分析入手，阐明马克思主义的新闻自由观。列宁同马克思一样认为出版自由、报刊自由是人类文明进步的成果，他认为无论资产阶级还是无产阶级都可以利用出版自由为自己的思想做宣传；但同时他冷静地以阶级眼光分析了出版自由，他认为出版自由是需要被讨论的，要明确是什么样的出版自由，是哪一个阶级的出版自由。列宁强调资产阶级的出版自由是由经济占有有利地位的阶层所决定的，富人才拥有买卖报纸、出版书籍乃至控制言论自由的可能，列宁指出只有无产阶级的新闻自由才是劳动人民真正拥有的自由，由此揭示出新闻自由的阶级属性，丰富了马

---

[1]《列宁选集》，第5卷，8页，北京：人民出版社，1959。
[2]《列宁选集》，第12卷，93页，北京：人民出版社，1987。

克思主义新闻观。

在俄国十月革命取得胜利,苏维埃政权建立之后,经济建设逐渐成为整个社会的中心,由此,列宁将马克思主义新闻观运用于经济宣传领域,提出了社会主义经济宣传的思想和方法,"他的这一基本思想可以用他所说的'少谈些政治'和'多谈些经济'来概括"[①]。他在经济宣传思想中指出,社会主义报刊要把生产宣传放在第一位;社会主义报刊要善于从政治上说明经济;社会主义经济宣传要有切实的内容,要杜绝空谈;社会主义报刊要善于运用实例和典型开展经济宣传;社会主义报刊要善于运用表扬和批评两种形式对群众进行经济教育;领导机关和领导干部要善于运用报刊来指导经济工作。列宁将这些思想落到实践当中,要求报刊扩大经济宣传部分,减少政治偏向,从而促进了无产阶级在经济宣传方面的道路探索,成为马克思新闻理论的重要组成部分。

列宁对于新闻传播的贡献着重体现在他所倡导的新闻自由和以经济为中心方面,他的一切新闻理论和方法的前提都来自社会的需要、来自实践的要求,具有很强的时代气息。

三、毛泽东对马克思主义新闻观的传承

毛泽东关于新闻的研究概括是在运用了马克思列宁主义前提下结合中国革命的建设需要而形成的实践产物,是对先进报刊思想的继承和发展。毛泽东和马克思、列宁一样始终都将报刊工作视为革命和发展所需要的重要手段,他将个人新闻实践和集体新闻实践相结合,为中国无产阶级新闻事业开辟了道路。

毛泽东认为报刊是一定社会经济基础的反映,他认为报刊是运用新闻手段对社会现存的经济状况进行反映的一种方式。同时,毛泽东指出,报刊的作用在于及时有效并且能广泛地宣传党的方针政策,毛泽东十分重视报刊的作用,他与早期的无产阶级革命家一样视报刊为革命的重要手段,是阶级斗争的重要工具。毛泽东还提出了全党办报的思想,还要允许批评的自由和批评者的自由,指出"人民的言论、出版、集会、结社、思想、信仰和身体这几项自由,是最重要的自由"[②]。毛泽东还指出办报要讲究宣传的策略和艺术,要实事求是,同时也不忘自己要坚持的文风,体现出实事求是和为人民服务的良好态度。除此之外,毛泽东也着重强调了新闻事业的性质和宗旨,是党宣传思想的工具,是反映群众生活的必要手段。他还指出新闻工作的党性原则,认为党性原则是党的新闻事业的基本原则,要把新闻事业看作党领导人民革命和社会建设的重要组成部分,除了坚持实事求是的原则外还应该无条件地宣传党的路线方针,始终和党保持高度一致,做到为人民服务,忠于人民、忠于党。

---

① 陈力丹:《马克思主义新闻观教程》,88页,北京:中国人民大学出版社,2011。
② 《毛泽东选集》,2版,第3卷,1070页,北京:人民出版社,1991。

毛泽东提出了"舆论一律"和"舆论不一律"。毛泽东认识到，要使舆论整齐划一是不现实的，他提出允许人民内部出现舆论的不一现象，这是人民进行自我批判和自我审视的一种手段。同时他也指出，舆论一律和舆论不一律是两种矛盾，出现了舆论不一，就经过反思和批评使得舆论一律，然后又会出现新的舆论不一，他认为这应该是一个不断螺旋上升的矛盾过程。同时，毛泽东也强调，对于敌人必须要坚持舆论一律，"这里不但舆论一律，而且法律也是一律"[①]。坚持矛盾相长的方法论和态度，同时分清敌我界限，实施相应的新闻传播手段。

四、邓小平对马克思主义新闻观的传承

邓小平在继承马克思、恩格斯以及毛泽东新闻思想的同时，根据改革开放和社会主义现代化建设新时期我国经济、政治、文化以及社会发展的需要，对新闻事业进行了又一层的理论提升。

邓小平"要求所有的媒体转变工作重心，从习惯性地以阶级斗争为纲，转变到以经济建设为中心"[②]，认为报纸、广播以及电视要成为维护社会安定的思想传递工具。在改革开放初期，邓小平结合我国的国内实际，将新闻事业的任务主要放在稳定国内大环境方面，旨在为我国社会主义经初期济建设提供一个良好的舆论环境，集中精力发展经济。这一点在当时的社会背景下有着特殊的意义，是适合时宜的决定。同时邓小平也认为党的报刊要无条件地宣传党的主张，而党的主张来自人民，为人民服务，造福广大劳动人民。

在以经济建设为中心的社会大环境下，邓小平也辩证地提出了他的理论和思想，提出反对"一切向钱看"的文化倾向，要将全社会的效应放在第一位。邓小平认为，思想文化教育都要以社会效益为一切活动的唯一准则，他们所属的企业也要以社会效益为最高标准。他主张有效吸取发达国家在这方面所做的有益尝试，结合自己的实际需要为社会主义社会所用、为人民所用。在提到新闻所产生的舆论监督作用时，邓小平认为，报纸等所产

要点小结

一、马克思、恩格斯的新闻观

二、列宁对马克思主义新闻观的传承

三、毛泽东对马克思主义新闻观的传承

四、邓小平对马克思主义新闻观的传承

---

① 毛泽东：《驳"舆论一律"》，载《共和国领袖大辞典·毛泽东卷》，1993。
② 陈力丹：《马克思主义新闻观教程》，139页，北京：中国人民大学出版社，2011。

生的批评应该是一种建设性的批评，党的组织和共产党都必须要接受监督，报刊新闻监督就是其中一种有效的监督途径，社会主义要发展、能发展，首先就是老百姓有话说、能说话，监督和批评的目的不是产生矛盾，而是化解矛盾，更好地服务于人民。邓小平对于新闻报刊的文风也提出了一定要求，他反对新闻宣传中存在的形式主义思想，强调要继续落实毛泽东所提倡的理论联系实际、实事求是、批评和自我批评相结合的路线。邓小平反对表面文章，认为语言的反复和累赘只会造成有效信息的不明确，给党和人民的沟通造成障碍，影响发展的效率和进度，所以要从根本上制止假大空的文风作风，在新闻宣传中要分清鼓劲与吹嘘的界限，一切都要从实际出发，实事求是。

第二节　新闻传播的研究方式（新型研究方法展望）

新闻传播的研究方法是根据新闻传播的学派划分，形成经验学派研究方法和批判学派研究方法，但是也有学者将新闻传播研究的方法论划分成三个派别，在经验主义和批判主义之外又划分出了技术主义，国内学者陈力丹将其称作经验—功能、技术控制论和结构主义符号—权力方法论三个学派，其实质是将技术控制方法论从经验主义或者批判主义的归类中抽离出来独立存在。

一、经验—功能学派和实证方法

经验—功能学派主要是根据多数人的生活经验和感受以及已有的认识来确定传播所产生的社会功能。之前将传播学分为经验学派和批判学派，经验学派的主要代表学者有哈罗德·拉斯韦尔、拉扎斯菲尔德、卡尔·霍夫兰、威尔伯·施拉姆，他们在各自的实践中都形成了自己的研究方法。拉斯韦尔通过一系列的实践不断完善他的"5W模式"；拉扎斯菲尔德实践调查美国大选；霍夫兰在第二次世界大战之后就美国军方的战时宣传进行了一系列心理控制实验，由此提出了信息源条件、信息本身条件、说服者条件以及说服过程等诸多观点；施拉姆更多的则是在进行总结和宣传，他的主要研究对象和贡献都来自对传播学的推广以及传播学教育的扩展上。

经验—功能学派的基本研究方法以当时热播的"火星人进攻地球"的广播剧对人们所产生的影响事件为研究对象，通过抽样调查、个人访谈以及对报纸报道的分析，经验—功能学派的学者得出导致听众把广播剧作为真实新闻而产生不同反应的心理条件和社会氛围，尤其以其中一部分受到惊吓的观众为例，经验—功能学派的学者对他们进行了分析，认为这些受到了惊吓的受众的共同特性表现为：他们都非常信任广播，他们中的多数属于低收入和教育程度不高的人群，因此他们普遍相信专家并且虔诚地信仰宗教，他们相信世界末日即将到来，由此他们更容易相信广播剧是真的。而没有受到"火星人进攻地球"惊吓的人们有更强的判断力等。这种细致的分析是经验—功能学派一个经久不衰的研究方式，通过讨论一个变量和几个变量之间存在的因果关联，从中得到可以成文的规律性现象。实证方法是这个学派最具典型的研究方式，后期经过不断地完善形成了实验、调查、文献分析和实地了解四种研究方法，更加完备的研究方法依然秉承的是实证方法。

"在研究方法上，经验功能主义除了深化量化研究（如对实验方法的运用与改进），更应该提倡质化研究，贴近转型社会实际，运用田野调查以至人类学的民族志研究方法，发现、思考并解决反映社会脉动的'真问题'。同时，适当借鉴哲学思辨的研究方法，使对传播活动的洞察和解释更具思想的深度和内涵。"[①]经验—功能主义相信实证的研究方法，他们确信世界是有序的，存在规律的，且规律可以被观察和了解，所以经过对现象科学的分析是可以来找寻、解释并最终利用规律的。这也就意味着经验—功能学派的研究对象是可以被感知的传播对象，对象要能够被规律精确地测量，规律性的现象是可以重复的，研究中要严格保持中立的价值立场。因此可以说经验—功能学派得出的研究成果大多都来自众多人的经验和体验。这种实证的研究方法对于分析具体的传播现象是十分有效的，能够提出比较明确的结论，有助于解决现实中的问题。但是，就事物背后所产生的社会现象而言，这种方式过于简化，在关于复杂的人类情感和思维的研究上不免难以招架。如同陈力丹所总结的一般，"经验—功能学派具有杜威实用主义的明显特征：大胆假设，小心求证"[②]。

二、技术控制论学派和控制论

技术控制论学派的理论中，控制论思想起着核心作用。控制论看重的是原因对结果所起的决定性作用。工业国家的传播路径随着科技的发展进步不断增加的同时，信息逐渐成为一种可计算的通信符号。科技大发展带来的是作为信息载体的媒介变得越来越强大，正如陈力丹所言，社会变得机器化，将人的行为按照机器活动的原理来理解或者努力让机器拟人化，像人一样思维和传递信息，这一系列的思考都是从自然科学的角度论证传播现象，信息论为控制论奠定了一定基础。学者申农在前人的基础上提出了著名的"五W+噪音传播模式"，由此说明"传播不是一个偶然的过程，而是涉及信息、信息传递、信道、编码、解码、再解码、信息冗余、噪音等等的问题"[③]。学者维纳补充了申农的观点，他将传播看作社会的神经系统，是结果的原因，从一个人到一个社会都是一种系统，系统的存在和维系依靠信息的流动，"接受—反馈—接受"就是这样一个过程，说明了信息的流动。

---

① 张勇锋：《经验功能主义：还原、反思与重构——对中国语境中传播学经验功能主义的再认识》，载《中国传媒大学第六届全国新闻学与传播学博士生学术研讨会论文集》，2012。
② 陈力丹：《传播学是什么》，52 页，北京：北京大学出版社，2007。
③ 陈力丹：《解析中国新闻传播学》，193 页，上海：上海交通大学出版社，2006。

同时，如果一个系统与其外在的环境很少甚至不能发生交互关系，这个系统很可能就处于内部混乱解体的境地，与此相反，开放的系统肯定就有着积极的信息交换，不断有新的信息加入其中。另外，控制论还讲求"系统平衡"。如果一个系统由于环境的变换而从正常状态走向混乱状态，为了回到正常的状态，它就需要进行充分的信息交流。进而分析到社会层面，稳定的社会实质就是有着丰富信息交流的社会，社会反馈是社会控制的要义，传播者要对反馈的信息做出积极的反应和调整，这一点要落实到各种管理程序当中。系统论最早是由奥地利生物学家贝塔朗菲提出，系统论给予控制论和信息论以整体大于各个孤立部分之和的思想，它将研究对象视为有动态反应的整体，这种从整体上的理解，比仅仅从物理或生理现象上的分析更加透彻。同时，系统论在政治传播和国际传播的研究中发挥了十分重要的作用。

信息论、控制论和系统论都属于自然科学的研究范畴，它们都是以承认非人的生物体、计算机、人类社会和思维之间存在相似性作为前提，看重的是人机交流的物理功能设计和传播过程的技术特性。这一理论不断得到完善和发展，在新传播技术不断创新的当下，显示出了特有的生命力。这一理论常用来研究新闻传播流程：新闻传播者将信息"编码"传播给受众，受众通过对接收到的信息"解码""释码"，然后将意见"编码"反馈给传播者。这一双向乃至多向互动、循环的过程就涉及新闻传播符号的"编码""解码"和"释码"以及新闻传播模式和新闻选择等问题。

三、结构主义符号—权力学派

结构主义符号—权力学派的论证前提在于人的思维和信息的传播，这两者都受制于传播的基本符号系统，也就是语言，而语言中所包含的是每个国家历经千年所形成的文化意识和传统，这些传统通过语言内化为社会成员的集体心智，由此而得出的结论就是：任何传播实际上都是早已被"结构"了的，从这样的研究中，我们可以得知在传播中符号所蕴涵的深层意义，是符号背后所隐藏的政治、意识形态或者经济和文化的权力。

结构主义符号—权力学派囊括的学派学者十分庞大，从法兰克福学派到英国文化学派、政治经济学派、欧洲大陆的结构主义符号学派和一些独立学者，从整体来看，他们反对将自然科学的研究方法直接运用到对人的传播现象的研究上，他们认为传播学的研究主体是有思想和主观能动性的人，要并传播和媒介置于历史、社会、文化的背景下进行研究。他们的理论往往比较深刻和犀利，他们将传媒视为有价值倾向的中介，如马尔库塞的《单向度的人》提醒受众，在大众文化日益流行的今天，人们所需要的往往并不是实际上每个人所需要的，而是社会认为或者说社会规定每个人所需要的，人们的需要在传播中被扭曲，反馈的信息与人们当初的需求是不一样的甚至是相悖的。"生活在日趋舒适的知识成果中，人们往往只是在忙于掌握越来越多的知识——当然是借助于单向度传播，谁还会

> **要点小结**
>
> 新闻传播的研究方式
> （新型研究方法展望）
>
> 　　一、经验—功能学派和实证方法
> 　　二、技术控制论学派和控制论
> 　　三、结构主义符号—权力学派

想到人类在不知不觉中已经完全成为知识和文明的奴隶。置身于物质生活的温柔乡中的人们或许说：够了，生活，你太让我迷离了。是的，人类一旦迷离，理性也将不复存在。无怪乎，马尔库塞痛心地告诫我们，单向度的社会已经彻底窒息了社会中的异己声音。"① 因此，结构主义符号—权力学派批判被工业流程化了的文化工业理论，认为这些文化产品就如同流水线所生产的商业产品一样，有组织有规划地产出，然后给大众消费，进而使其中蕴涵的文化暗示在受众心中滋生。

这一学派的理论和研究方式都给人以深刻的思索和反思。然而，从某些方面来讲，结构主义符号—权力学派过于敏感，他们全然不相信社会建立起来并提供给每个社会成员的行为准则，他们无视大众传播在技术和形态上的日新月异的重大变化，没能对新的传播环境做出有力论证，这也就导致他们的判断或者本身就存在一定的片面性。

将这三个学派的研究方式来分析新闻传播活动，我们会发现，经验—功能学派着眼于既定的政治、经济目的，关注发现新闻传播活动中能够切实解决具体问题的方法，或能够对新闻传播现象加以科学解释的规律；技术控制论学派着眼于媒介机器与人的交流设计，关注不同新闻媒介的传播对社会影响的比较和新的新闻媒介对社会影响的前瞻研究；而结构主义符号—权力学派着眼于"符号—认识—权力"之间的相互运作，关注新闻传播制度、传媒意识形态性以及传媒对人的异化和控制。"传播科技发展的今天，传播学的三大方法论学派已经开始交融，出现了后实证主义、解构主义、新传播效果理论等融合各种研究方法的研究。"② 因此，新闻传播学需要紧跟社会实践的发展而更新，充分体现当代社会的信息性特征。在新的新闻传播环境下，三个方法论学派的任何一个都难以充分阐释如此丰富和复杂的新闻传播现象，需要在方法论上相互补充、相互支撑，这样才能真正推动新闻传播学研究的发展和新闻传播事业的进步。

■ **思考与研讨题**

1. 怎么看新媒体环境下的马克思主义新闻观？
2. 除了书中提到的新闻传播学研究方法之外，你还知道哪些？

---

① 马立新：《单向度传播论》，94 页，长春：吉林文史出版社，2009。
② 陈力丹：《解析中国新闻传播学》，200 页，上海：上海交通大学出版社，2007。

结语　新媒体对新闻传播理论研究的挑战

今天，已经很少有人提出这样的问题，报纸会消亡吗？而代替的是，报纸在什么时间消失？可以理解，很多报人不愿意看到报纸消失。剩下的问题就是，报纸文明也会消失吗？报纸也许会消失，但是，报纸文明很难消失。如今已经很少有人会想到呼机了，作为一种过渡性媒介，它灭亡了，重要的恐怕是它没有成为一种文明。电报也退出媒介的历史舞台了，它也没有形成一种文明。目前，实体书店越来越少，然而，书籍文明依然存在。有意思的是，很少有人提出刊物灭亡论。现在，倒是有了电视将亡论，虽然还不像报纸消亡论那样给出了时间表。

这就是我们现今的研究环境。我们能够看到的是，新媒体对经典媒介研究产生很大的冲击，现在看一些30年前的大师级著作，会感叹今日新媒体对学术的破坏力，因为当年这些大师赖以研究的媒介基础已经发生了巨变，虽然他们当年也用天才的想象力对今天的传媒做了理论上的判断，只不过未来学式的研究似乎终归赶不上历史型的研究。

我们曾经站在传统媒体的基础上来研究新媒体，然而，我们的一只脚迈入了新媒体，另一只脚还留在旧媒体阵营。接下去，我们可能会面对这样的一种状态，就是站在新媒体的角度来研究旧媒体。这似乎是我们的研究转向，新媒体不再是一种条件或者前提，而是一种环境。

以往的新闻理论大体可以划分为两种：一种是传播者主导型，也可以叫做专业类型；另外一种是媒体所有者主导型，又可以分为政府所有和私人所有。在新媒体时代，我们有可能迎来一种新型的新闻理论，就是受众主导型，这种理论的出发点是受众。

新媒体的本质究竟是什么？假如按照旧媒体的生存周期来看，我们也许现在才刚刚接触到新媒体的本质，并且我们还可能走了一段弯路，因为我们一直把新媒介视为一种媒体，好像它不得不延续传统媒体的某些特质。新媒体的本质仿佛不是为传播信息而生的。我们已经熟悉旧媒体的本质，现在是时候来理解新媒体的本质了。从某种意义上说，新媒体颠覆了我们以往的新闻定义和新闻价值观，网络新闻价值观和传统媒体新闻价值观是有区别的。前者更偏向网民，更强调趣味性，更突出时空分离；而后者更关注重要性和显著性，更在乎时空同步，更偏重传播者的价值取向。新旧媒体在选择新闻上似乎有不同的偏好，新媒体喜欢选择那些有话题的、刺激的，更适合年轻人阅读的新闻；旧媒体喜欢选择独家的、严肃的，权威的新闻。虽然新媒体还没有什么采访权，但是，这似乎并不影响它通过整合的方式来表现出新闻的偏好。于是，我们可以在传统媒体上看到更多的政治新闻。

再从新旧媒体的舆论顺序差异来看，传统媒体往往是把自己看成舆论的代表，所以，他们的终点站似乎才是舆论。而新媒体就不同了，它们好像从一开始就求助于舆论，舆论是它们的助推器，只有舆论哗然，才能使新媒体受到重视。尽管新媒体的舆论显得负面一点，但是，感觉它离社会舆论场近一些。因此，我们能够看到新媒体是舆论在先，新闻在后。而传统媒体的顺序却正相反。

我们恐怕不得不承认，新媒体甚至已经影响到了新闻传播的研究方式。过去，媒体研究通常有两种方式，一种可以称之为媒体式，也可以说是媒体中心论，很多研究者与媒体相关，属于媒体思路，研究的鼎盛时代是在传统媒体发达的时期，但是这种研究方法在新媒体研究中遇到麻烦。另一种可以叫做非媒体式，它把媒体当作研究平台，而非中心，这一派的研究者背景往往是社会学或其他，看上去他们和新闻学者似乎不是一个圈子。

在这种情况下，我们首先需要面对的是研究对象的改变，或者说是载体的变化。如果报纸消失了，那么，从报纸发展出来的一些新闻传播理论怎么办？它们还继续有效吗？假如说是继续有效，那么，它们将会依赖什么样的载体来存活呢？接下去，如果电视也消亡了，那么，围绕电视建立起来的那些理论会过时吗？对于大部分研究者来说，报纸和电视是提供研究素材的两大平台，一旦这两者出现了问题，就会影响我们的研究根基。

其次，我们需要考虑的是，我们的新闻传播研究要不要新媒体化？这意味着我们的研究重心要前移，移到新媒体。但是，这又会带来某些不确定性，或者说是不稳定性，因为新媒体的发展方兴未艾，技术驱动是十分明显的，市场因素也是不能忽视的，比较而言，政治和文化因素反而没有我们开始预计的那么突出。

图书在版编目(CIP)数据

新闻传播理论/刘宏,栾轶玫著.--北京:中国传媒大学出版社,2016.11(2020.8重印)
(广播电视新闻专业"十二五"规划教材)
ISBN 978-7-5657-1753-6

Ⅰ.①新… Ⅱ.①刘…②栾… Ⅲ.①新闻学－传播学－高等学校－教材 Ⅳ.①G210

中国版本图书馆CIP数据核字(2016)第160408号

广播电视新闻专业"十二五"规划教材

新闻传播理论
XINWEN CHUANBO LILUN

著　　　者	刘　宏　栾轶玫
责 任 编 辑	姜颖昳　司马兰
特 约 编 辑	刘　英
装帧设计指导	吴学夫　杨　蕾　郭开鹤　吴　颖
设 计 总 监	杨　蕾
装 帧 设 计	刘鑫等平面设计创作团队
责 任 印 制	李志鹏
出版发行	中国传媒大学出版社
社　　址	北京市朝阳区定福庄东街1号　　邮编:100024
电　　话	86-10-65450528　65450532　　传真:65779405
网　　址	http://cucp.cuc.edu.cn
经　　销	全国新华书店
印　　刷	艺堂印刷(天津)有限公司
开　　本	787mm×1092mm　1/16
印　　张	14.5
字　　数	304千字
版　　次	2016年11月第1版
印　　次	2020年8月第2次印刷
书　　号	ISBN 978-7-5657-1753-6/G·1753　　定价　45.00元

版权所有　　翻印必究　　印装错误　　负责调换